KB042764

『일본서기』는 위서僞書다

백제의 왜국 통치

이원희 지음

● 일러두기

1. 현대 일본어의 표기
   ① あ.い.う.え.お. : 아.이.우.에.오　② か.き.く.け.こ. : 카.키.쿠.케.코
   ③ さ.し.す.せ.そ. : 사.시.스.세.소　④ た.ち.つ.て.と. : 타.치.츠.테.토
   ⑤ な.に.ぬ.ね.の. : 나.니.누.네.노　⑥ は.ひ.ふ.へ.ほ. : 하.히.후.헤.호
   ⑦ ま.み.む.め.も. : 마.미.무.메.모　⑧ ら.り.る.れ.ろ. : 라.리.루.레.로
   ⑨ わ.ゐ.ゑ.を. : 와.이.에.오

2. 고대 일본어의 표기
   ①, ②, ⑤, ⑦, ⑧항은 위와 같음.
   ③ さ.し.す.せ.そ. : 사.시.수.세.소
   ④ た.ち.つ.て.と. : 타.티.투.테.토
   ⑥ は.ひ.ふ.へ.ほ. : 파.피.푸.페.포
   ⑨ わ.ゐ.ゑ.を. : 와.위.예.워

3. 일본어의 인명과 지명, 관직명 등의 표기에 관하여
   1) 고대의 그것은 고대 일본어의 발음으로 표기하였고,
      ex. ① 이파위(磐井) : 현대 일본어로는 '이와이'
          ② 오포파투세(大泊瀬) : 현대 일본어 '오오하츠세'
          ③ 수쿠네(宿禰) : 현대 일본어 '스쿠네'
   2) 현대의 그것은 현대 일본어의 발음으로 표기하였다.
      ex. 오사카(大阪). 후쿠오카(福岡). 교토(京都)
   3) 한국인들에게 익숙한 인명, 지명 등은 관례대로 표기하였다.
      ex. 쓰시마(對馬島). 헤이안(平安)시대

『일본서기』는 위서僞書다

백제의 왜국 통치

이원희 지음

주류성

목차

들어가면서

1. 19세기 이후의 한국 근세사를 서술하기로 마음 먹는다면, 좋은 의미든 나쁜 의미든 일본의 역할을 빼놓고는 도저히 쓸 수가 없을 것이다. 그만큼 일본의 영향력이 절대적이었기 때문이다.

   반대로 일본의 근세사를 기록할 때에는 한국을 빼놓아도 별 문제가 없을 것이다. 약간의 생각할 점과 허전한 느낌이 없지는 않겠지만, 별 무리 없이 엮을 수 있다고 생각된다. 한국의 영향력이 대수롭지 않았기 때문이다.

2. 시간을 거슬러 올라가 5~7세기의 고대사는 어떨까? 근세사와는 정반대의 현상이 벌어질 것이 분명하다. 즉 일본의 고대사를 기록하기 위하여는 가야와 백제 등 고대 한국 여러 나라에서 건너간 기마문화, 스에키라 불리우는 획기적으로 발전된 토기, 환두대도 등의 무기. 귀걸이와 금동관 등의 장신구, 무덤의 형식인 횡혈식 석실, 불교와 한자문화 등등, 고대 한국의 문화와 한국에서 건너간 도래인의 역할을 빼놓고는 도저히 서술할 수가 없을 것이다.

   그러나 이 무렵의 고대 한국사를 쓴다고 할 때에는, 왜를 제외하고도 별다른 문제나 아쉬움 없이 쉽게 써내려 갈 수가 있을 것이다. 왜의 한국에 대한 영향력은 지극히 미미하였기 때문이다. 한국의 왜에 대한 영향력은 절대적이었지만, 그 반대로 왜의 한국에 대한 영향력은 거의 없는 것이나 마찬가지였다. 이는 근세사에서 한국에 대한 일본의 영향력이 절대적이었던 반면, 일본에 대한 한국의 영향력은 아주 미미하였던 것과 완벽하게 동일한 현상이다.

   한국은 근세에 35년간 일본의 지배를 받았고, 서구의 앞선 근대문물을 일본을 통하여 받아들인 바 있다. 그런데 고대에는 이와 정반대의 현상이 벌어졌다. 즉 가야와 백제가 왜를 지배하였기에, 훨씬 선진적이던 이들의 여러 문물이 왜지를 점령하다시피 하였던 것이다.

3. 그런데 일제강점기에 일본의 발달된 문화만 한국으로 도입된 것이 아니었다. 수많은 일본인들이 한국으로 건너와 지배층이 되어, 인구의 절대다수를 차지

『일본서기』는 위서(僞書)다 ‒ 백제의 왜국 통치 ‒

하였던 한국인들을 지배하고 통치한 바 있다.

고대의 왜지에도 이와 동일한 현상이 벌어졌다. 즉 한국의 문화만 왜로 건너 간 것이 아니라, 수많은 한국인들이 집단으로 그리고 조직적으로 도왜하였고, 그들이 왜왕과 지배층이 되어 왜인들을 통치하였던 것이다.

그런데 『일본서기』는 이와는 정반대이다. 즉 왜가 백제와 가야의 여러 나라, 신라, 나아가 고구려마저도 지배하였던 것으로 되어있다. 이는 사실을 180도 뒤집어, 붓끝의 창작으로 가공의 역사를 날조하였던 것이 분명하다. 근세의 한국이 수십년간 일본을 점령하고 지배하였다고 강변하는 것과 무엇이 다르겠는가?

4. 필자는 2015년부터 『천황과 귀족의 백제어』와 『일본열도의 백제어』, 『천황가의 기원은 백제 부여씨』, 『속국 왜국에서 독립국 일본으로』, 4권의 졸저를 상재하였고, 또한 작년 여름에는 비매품으로서 자료집인 『전라도천년사를 비판한다』를 펴낸 바 있다.

이 책은 5권에서 정수를 모아 1권으로 압축한 것이다. 독자들이 5권을 다 읽지 않고 이 책 한권만 읽어도 충분하도록 정리하여 보았다. 그렇지만 이번에 새로이 집필하여 추가한 내용도 많으므로, 5권의 졸저를 전부 정독한 분이라 하더라도 일독의 가치는 충분하리라 생각된다.

종전에 나온 5권의 내용을 간단명료하게 요약하면,

「백제가 왜를 통치하였고, 『일본서기』는 창작된 위서다」

라는 내용이다. 약간 살을 붙이면,

① 『일본서기』에 나오는 시조 신무부터 37대 제명까지 37명의 왜왕은 창작된 가공인물이다.

② 실제 왜왕은 백제에서 파견된 왕자, 지배층은 백제의 귀족들이었다.

③ 따라서 『일본서기』와 『고사기』는 창작된 역사를 기록한 위서이며, 임나일본부는 후세인의 허무맹랑한 가필이다.

④ '~마로', '~다리' 등 귀족들의 인명은 모두 한국풍이었다.

⑤ '백제천(百濟川)', '이마키(今來)', '~골' 등 백제풍의 무수한 지명이 있었고, 지금도 많이 남아있다.

⑥ 불교, 건축, 공예, 회화, 음악, 의복, 오락 등 상류층의 문화도 모두 백제풍이었다.

⑦ 왜어에도 수많은 백제어가 침투하여 지금도 많이 남아있다. 특히 일본의 방언에는 지금도 펄펄 살아숨쉬는 듯한 고대 한국어가 무수하게 남아있다.

즉 대부분의 문물이 백제풍 일색이었던 것이다. 근세 일제강점기 일본인들이 한국의 지배층이 되어 통치하면서, 모든 면에서 엄청난 영향을 끼친 것과 전혀 다를 바 없는 현상이 고대의 왜국에서 벌어졌던 것이다. 오히려 백제인들이 왜지에 미친 영향은 근세 일본인들이 한국에 끼친 그것보다 훨씬 더 심대한 바 있다.

5. 태평양 전쟁에서 패망하자 한국이 독립하였고, 지배층이던 일본인들은 본국으로 돌아갔다. 그러나 백제가 어느날 갑자기 멸망하자, 왜국 지배층이던 백제인들은 돌아갈 본국이 없어졌다. 본국 백제는 모든 면에서 선진적이었으며 강력한 백그라운드였으나, 그것이 한순간에 사라지고 말았다.

이제 왜지에 고립되어 남겨진 백제인들, 그들은 자신들의 힘만으로 인구수에서 압도적인 왜인들을 통치하여 나가는 수밖에 없었다. 만일 그것이 실패하여 왜인들이 "백제인 고 홈"을 외치며 민족분규라도 일으킨다면, 태평양 바다 이외에는 갈 곳이 어디 있겠는가?

그리하여 그들은 백제인으로서의 정체성을 버리고, 철저히 왜인으로 동화되기로 작심하였던 것이 분명하다. 왜인들을 영구히 지배하고 통치하기 위하여는 그 방법밖에 없다고 판단하였을 것이다.

6. 일본의 정사라는 『일본서기』는 바로 이러한 시대적 배경에서 출현한 창작 역사소설집이다. 백제가 왜를 지배한 역사를 삭제하고는, 붓끝의 창작으로 꾸며낸 왜왕으로 이루어진 허구의 역사를 날조하였던 것이다. 백제의 후예들은 자신들의 정체를 완벽하게 숨기고는, 마치 까마득한 태고적에 하늘에서 내려

간 천손(天孫)이 처음 왜지를 다스렸고, 8세기 일본의 천황가는 그 후예라는 허구의 역사를 소설처럼 날조하였던 것이다.

그렇지만 백제가 왜를 통치한 역사가 완벽하게 잊혀지는 사태도 결코 원치 않았던 모양이다. 그래서 갈피갈피에 하늘은 실제로는 백제라는 사실을 암호처럼 숨겨놓았다.

또한 곤지와 말다(후일의 동성왕), 사마(후일의 무령왕), 부여풍 등 여러 왕자들, 그리고 아직기와, 왕인 등 수많은 학자와 관리들의 도왜, 불교의 전래 등의 역사도 기록하여 놓았다. 그러나 진실이 드러날 것을 두려워하여 몇겹의 포장을 씌워 두었다. 따라서 이를 제거하고 전후사정을 잘 살펴보면, 백제가 왜를 통치한 진실된 역사를 간파할 수 있을 것이다.

이와같이 『일본서기』는 출발부디 창작된 위서인데, 세월이 흐르면서 거기에다 여러 사람이 가필, 변작하여 더욱 흉측한 모습으로 변질되었다. 그 대표적인 사례가 바로 임나일본부이다. 이 책을 포함한 필자의 졸저들은 모두 이에 관한 수많은 증거와 논의를 모은 것이다.

이렇듯 8세기 왜국 백제인들의 생존 방편으로 창작된 허구의 위서 『일본서기』가, 21세기를 살아가는 현대 한국인들의 고대사 서술에 아직도 엄청난 악영향을 끼치고 있다. 참으로 불행하고 안타까운 일이 아닐 수 없다. 늦고도 늦었지만, 지금이라도 『일본서기』의 본질을 직시하여, 더 이상 이 위서의 망령에 농락당하는 일이 없기를 바랄 뿐이다.

7. 변함없이 책 발간을 쾌락하여주신 주류성의 최병식 회장님께 감사드립니다. 이준 이사님은 졸고를 좋은 책으로 만들어주셨을 뿐만 아니라, 혼자 공부하는 필자에게 늘 격려와 성원을 아끼지 않으셨다. 감사의 인사말씀 올립니다.

2024. 4월 초순.
벚꽃과 자목련이 만개한 날, 古眞齋에서
李元熙 삼가 쓰다

일본은 언제 통일되었나?

- 강대국 백제와 수많은 소국으로 분열된 왜 -

1) 왜지 통일은 한, 왜 강약의 문제

현재 일본의 국토는 남북한 합친 것보다 거의 2배나 되고, 본섬(本洲) 하나만 하여도 남북한 합친 것보다 조금 더 넓다. 인구도 훨씬 많다. 따라서 통일된 일본이라면 백제나 가야와는 비교도 되지 않게 힘이 강하였을 것이다. 그러나 100개 혹은 그 이상의 소국으로 분열된 일본이라면 전혀 이야기가 다르다.

그래서 일본이 언제 통일되었느냐 하는 것은, 한국과 일본, 어느 쪽이 힘이 강했느냐의 바로 그 문제이다. 결론부터 말하면, 일본의 통일은 한참 늦은 7세기 무렵에 이루어졌고, 그 이전에는 수많은 소국으로 갈라져 있었다. 100개도 넘는 소국으로 분열된 일본이라면, 그 하나하나 소국의 힘이라는 것은 대단할 리가 없다.

따라서 5~6세기에 금관가야인과 백제인들이 조직적, 집단적으로 도왜하여 왜지를 정복하고 지배하였다고 하여도, 형세상 그것은 전혀 이상한 일이 아니다. 사실이 이러함에도 『일본서기』는 이를 180도 뒤집어 왜가 한국 남부지방에 임나일본부를 세워 지배하였고, 백제와 신라는 왜의 영원한 속국으로 묘사되어 있다.

수많은 소국으로 분열되어 있던 왜지의 여러 나라가 과연 언제 통일되었는가 하는 문제는 고대의 한국과 왜, 강약의 문제로서, 당시의 형세를 알 수 있는 바로미터이므로 지극히 중요한 테마이다. 먼저 중국의 여러 사서에 나오는 왜지의 사정을 살펴보자.

2) 중국 사서로 본 왜지의 통일

『한서』와 『후한서』

기원전 206년부터 기원후 24년까지의 역사를 기록한 『한서』 「지리지」를 보면, 낙랑 해중에 왜인이 있는데 대략 100여국으로 나누어져 있다고 하였다. 실제로는 그보다 훨씬 더 많은 소국들이 분립하여 있었던 것이 아닐까? 그 이후의 역사를 다룬 『후한서』에는

「왜는 한(韓)의 동남쪽 큰 바다 가운데에 있으며, 대략 100여국이 있다. 한 무제가 조선을 멸한 때로부터 사신을 보내어 한(漢)과 통하는 나라가 30여국. 모두 왕이라 칭하며, 대대로 왕위를 물려준다」

고 하였다. 대략 100여국이라 하였으나, 실제로는 이보다 훨씬 더 많았을 가능성이 크다. '모두 왕이라 칭하며, 대대로 왕위를 물려준다'는 대목에서 이 소국들이 모두 독립왕국이었다는 사실을 알 수 있다.

『삼국지』

3세기의 역사를 다룬 『삼국지』「왜인전」을 보면,

「왜인은 대방의 동남 큰 바다 가운데 있으며, 예전에 백여국이 있었다.
요즘 사신을 보내고 소통하는 나라가 삼십여국」

이라 하였다. 사신을 보내지 않는 나라는 그보다 훨씬 많았겠지만 정확하
게 알 수가 없다. 『후한서』의 백여국과 큰 차이가 없었던게 아닐까? 4세기
왜의 사정은 중국 사서에 전혀 보이지 않는다.

『송서』

『송서』「왜국전」에 나오는 478년, 왜왕 무(武)가 송나라에 보낸 상표문 을
보면,

「동쪽 모인 55국, 서쪽 오랑캐 66국, 북쪽 바다 건너 95국」

을 정벌하였다는 표현이 있다. 여기서 북쪽 바다 건너 95국은 일본 통설에
서는 한국이라고 하지만, 허무맹랑한 주장이다. 당시의 한국에는 백제와
고구려, 신라, 가야의 몇 나라 등 다 합쳐도 10개 미만의 나라가 있었을 뿐
이다.

따라서 북쪽 바다 건너 95국은 왜지의 어느 곳이다(졸저『속국 왜국에서
독립국 일본으로』93쪽). 물론 심한 과장이 포함된 숫자이다.

이 상표문에 의하면, 정벌하여 복속시킨 나라만 도합 216국. 아직 복속
시키지 못한 나라도 많았던 것이 분명하다. 이 216국이라는 엄청난 숫자

의 나라는 심한 과장이지만, 어쨌든 이 무렵의 왜지에 수많은 소국이 존재하였던 것은 의심의 여지가 없다. 앞의 『한서』와 『후한서』는 100여국이 있다 하였으나, 그 후에 소국의 숫자가 훨씬 늘어난 듯하다.

그리고 상표문에 나오는 「조부와 부친의 시대부터, 몸소 갑옷과 투구를 둘러쓰고 산을 넘고 강을 건넜기에, 편히 쉴 틈이 없었습니다」라는 대목에서 이 무렵의 왜국이 통일전쟁에 분주하던 시기였던 것을 알 수 있다.

자국 영토에서 가만히 웅크리고 있다가 공격하여 오는 적을 막아내는 방어전투가 아니라, 「산을 넘고 강을 건너」 적극적으로 적국을 공격하는 전투였다는 점을 말하고 있다. 이는 통일전쟁의 일환이었던 것이 분명하다. 따라서 아직 복속시키지 못한 나라도 많았을 것이다.

5세기를 「군웅할거의 시대」라고 표현한 일본의 재야사학자도 있다. 아주 적절한 표현이라고 생각된다.

『수서』 – 7세기 초에도 통일은 이루어지지 않았다

『수서』「왜인전」은 608년, 수나라 사신 배청(裵淸)이 직접 왜지를 방문하여 보고들은 바를 기록하였다.

「남쪽으로 탐라국을 바라보며 도사마국을 지나, 넓은 대해 중에서 동쪽으로 가서 일지국, 죽사국에 다다랐다.

다시 동쪽으로 가 진왕국(秦王國)에 이르렀다. 그 사람들은 중국과 같았다. 오랑캐의 고장이라는 것이 의심스러웠으나, 분명히 알 수가 없었다.

다시 10여국을 지나 해안(즉 오사카 항구)에 도착하였다. 죽사국의 동쪽은 모두 왜국의 부용(附庸)이다」

여기에 보이는 국명이나 항로, 방향, 대체로 정확하고 믿을 수 있다. 사신이 직접 다니면서 눈으로 보고 귀로 들은 바를 정확하게 기록하기에, 생동감 있고 실감나는 사료이다.

① 「도사마국(都斯馬國)」은 현재의 쓰시마섬이다. 『삼국지』에는 '대마국(對馬國)'이라 하였다.
　「일지국(一支國)」은 쓰시마와 북규슈의 중간 쯤에 위치한 섬으로서, 『삼국지』에도 보인다. 따라서 이 두 나라는 3세기부터 7세기초까지 변함없이 건재하였던 것을 알 수 있다.

② 여기의 「죽사국(竹斯國)」은 규슈 섬 전체가 아니고, 북규슈에 있던 큰 왕국으로 추정된다. 졸저 『속국 왜국에서 독립국 일본으로』에서는 규슈 섬 전체로 보았으나(150쪽), 오류이므로 여기서 바로잡는다.

③ 「진(秦)왕국」은 고도로 문화가 발달하여 오랑캐의 느낌이 나지 않는다고 하였다. 여기서의 '진(秦)'은 일본에서는 신라로 보는 것이 다수설이지만, 필자는 금관가야로 본다. 자세한 논의는 후고로 미루거니와, 이는 금관가야 후예들의 왕국이라 하겠다.
　이 진왕국의 위치는 어디일까? 확실치는 않으나, 현재의 후쿠오카현 하카타(博多)에서 오이타현 나카츠(中津)에 이르는 일대라고 보는 견해가 유력하다(『秦氏の硏究(진씨의 연구). 大和岩雄. 2010. 大和書房』91쪽 이하).

④ 또한 북규슈에서 오사카 항구로 가는 도중에도 10여국이 있었는데, 모두 왜국의 부용(附傭)이라 하였다. '부용'은 작은 나라가 큰 나라에 의지하여 지내는 것을 말한다. 독립국이긴 하지만, 대국의 통제를 받는 상

태, 즉 속국과 비슷한 느낌이다. 아스카가 수도인 최강국 왜국이 무력으로 복속시킨 것이 분명하다.

⑤ 여기서 정리하여 보면, 북규슈 일대에는 여러 소국이 있었다. 아마도 10여국은 되지 않았을까? 북규슈에서 출발하여 오사카로 가는 도중에도 10여국의 독립국이 있었는데, 이들은 왜국의 속국이다. 이는 연안인 세토나이(瀨戶內)의 몇 개 나라, 그리고 시고쿠 섬의 몇 나라를 의미하는 듯하다.

북규슈의 몇 개 나라를 제외하면, 그 외의 여러 소국들은 대부분 1차 복속시킨 상태로서, 통일이 목전에 다다른 듯한 느낌이다. 그러나 608년에도 완전한 통일이 이루어지지 않았던 것이 명명백백하다. 아마도 7세기 초반의 어느 시점에 통일이 이루어진 것으로 추정된다.

5세기에는 가야가, 6세기부터는 백제가 왜를 지배하였던 것인데, 이렇듯 왜지는 그 당시 수많은 소국으로 분립되어 있었기에 가능한 일이었다. 『일본서기』의 임나일본부 기사는 가야가 왜를 지배한 사실을 180도 거꾸로 뒤집은 창작소설이다.

3) 『일본서기』

『일본서기』는 기원전 660년, 시조 신무가 즉위했을 무렵부터 일본은 완전한 통일국가로 되어있다. 북해도와 오키나와를 제외한 일본열도 전체를 지배하였으며, 모든 체제와 제도가 8세기의 일본과 아무런 차이가 없을 정도로 정비된 강력한 국가로 되어있다.

그러나 이때의 일본은 금속문명과 벼농사, 그리고 문자가 전래되기 이전인 신석기시대였다. 따라서 단 하나의 국가도 존재하지 않았다. 이때부터 통일국가가 있었다는 것은 전혀 있을 수도 없는 픽션이다. 이것만 보더라도 『일본서기』가 창작소설이라는 사실을 알 수가 있다.

4) 황국사관의 통일관

태평양전쟁 이전, 일본의 황국사관 사학자들은 4세기쯤에는 통일이 완성되었다고 보았다. 4세기에 들면서, 나라분지 동남부 즉 야마토 지역에 거대한 전방후원분이 들어서고 곧 이어 여러 지역으로 퍼져나갔으니. 이때 일본열도 전체가 통일된 걸로 보았다.

그래서 국토를 통일한 넘치는 힘으로 조선 남부지방에 출병, 임나일본부를 세워서 지배하였다고 생각하였다. 『일본서기』에 나오는 임나일본부를 역사적 진실로 믿었던 것이다. 그래서 가야인들이 기마문화, 철제 갑옷과 투구, 스에키 등 온갖 문화를 무력으로 전파한 결과 왜지에서 일어난 「대변혁」을, 「조선남부 지방에서 기술노예를 획득」하여 선진문화를 도입한 것으로 보았다.

황국사관의 일본 학자들은 무덤의 모양이 전방후원분으로 통일되었으니, 정치적으로도 수많은 소국들이 통일된 것으로 보았으나, 전혀 사실과 다르다.

웅진 이후의 백제, 신라, 금관가야, 아라가야, 대가야, 소가야 등의 여러 나라들은 모두 왕릉의 형태가 둥그런 모양의 원분이다. 그렇지만 정치적으로는 전혀 다른 별개의 독립된 국가들이다. 무덤의 모양이 같다고 하여 통일된 국가로 본다는 것은 얼토당토 아니한 공론에 불과하다.

5) 현대 일본 사학의 통일관

요즘 일본 역사학은 그래도 많이 발전하여 황국사관과는 좀 다르다. 즉 임나일본부는 존재하지 않았으며, 일본과 가야, 백제는 서로「교류」하였다고 보고 있다. 대등한 관계로 보지만, 내심으로는 왜가 훨씬 강하고 우위에 있었다고 학자들은 생각하고 있다. 문제는 여기에 우리 학자들도 확실하게 동조하고 있다는 점이다.

요즘 일본 고고학의 통설은 나라분지 동남부에 거대한 전방후원분이 출현한 시기를 4세기가 아니라 3세기 중반 조금 지나서부터로 본다. 그렇지만 이것을 일본열도 통일의 징표로는 보지 않는다. 그러면 어떻게 볼까? 당시 일본의 가장 중요한 과제는 가야로부터 철과 선진문물을 수입하는 것이었다고 한다.

원래 이 수입권을 독점하고 있던 것이 북구주 세력이었는데, 3세기 중반 기내(畿內)와 키비(吉備), 세토나이(瀨戶內) 등 여러 세력이 연합하여 북구주 세력에 도전, 승리하여 독점 수입권을 장악하였고, 그 연합세력의 맹주가 바로 나라분지 동남부의 '야마토(大和) 왕권'이라고 보고 있다. 야마토 세력이 최고로 강하기는 했지만, 여러 세력이 분립하고 있었으므로 통일 왕국은 아니라고 본다.

이 통설은 아주 세련되고 그럴듯하게 보이지만, 역사적 진실과는 전혀 거리가 멀다. 그러나 통일왕국이 아니었다고 보는 점은 평가할 만하다.

또한 일본 고고학은, 출운국(出雲國), 길비국(吉備國), 모야국(毛野國) 등의 몇몇 나라들은 기내의 왜왕권과 자웅을 겨룰 정도로 강력한 세력이었다고 보고 있다.

제1부
백제의 왜국 통치

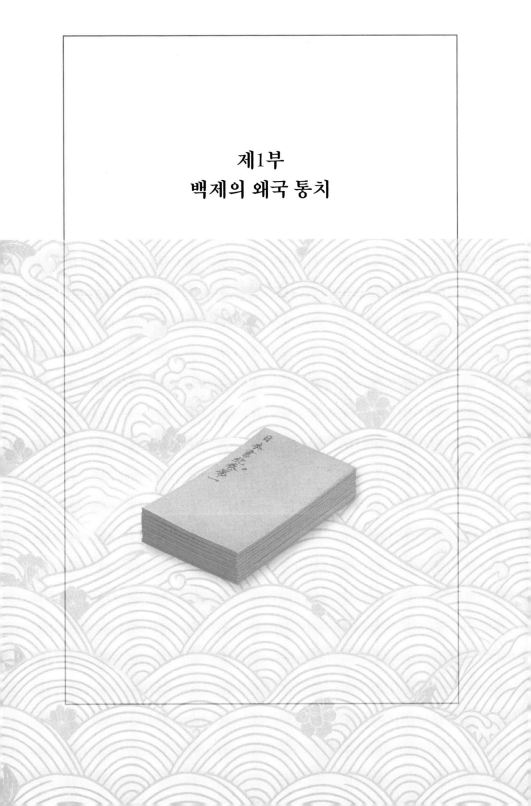

1장 ─────────

백제인이 왜로 가져간
신화와 전설, 민속

　앞서 본 바와 같이 왜지는 7세기 이후, 백제 멸망 이전의 어느 시점에 통일되었다. 이 통일을 이룩한 주체는 아스카(飛鳥)에 수도를 둔 왜국이었고, 이 왜국을 백제인들이 통치하였던 것이다. 왜왕은 백제에서 파견한 왕자였으며, 고위귀족은 백제인 혹은 그 후예들이었다.

　오랜 세월동안 수많은 백제인들이 끊임없이 왜국으로 건너가, 곳곳에 '백제' 혹은 백제에서 금방 건너왔다는 의미의 '이마키(今來)'라는 지명을 붙여 놓은 바 있다. 『일본서기』를 보더라도, 수많은 백제의 관리, 학자, 스님, 기술자 들이 왜로 건너간 사실을 기록하여 놓았다.

　이 백제 사람들은 왜를 통치하고 지배하면서 학문이나 기술, 불교 등 눈에 보이는 것만 전파한 것이 아니었다. 모국 백제의 전설, 민속, 놀이 등 정신적이고 무형적인 모든 것도 함께 가져갔던 것이다.

1. 백제인이 가져간 백제의 전설

나무꾼과 선녀 1

오사카부 히라가타(枚方)시에는 「아마노카와(天野川)」라는 강이 있다. 「하늘의 강」이라는 뜻이다. 강의 이름과 관련된 선녀 전설을 살펴보자.

「이 강의 이름이 '하늘의 강'이 된 것은, 헤이안 시대의 가집(歌集) 『曾丹
集(증단집)』에서 말하기를, 옛날 한 선녀가 있었는데, 계곡물에 목욕하며
노닐고 있을 때, 한 소년이 장난으로 옷을 숨겼다.
하늘로 돌아갈 수 없게 되어, 드디어 부부가 되었다. 3년이 지나자 선
녀는 날아 올라갔다. 그래서 '하늘 강'이라 하였다」

(『道敎と日本の宮都(도교와 일본의 궁도). 高橋徹. 1991. 人文書院』 45쪽에서 재인용)

한국의 나무꾼과 선녀 전설과 판박이이다. 그런데 이 전설의 고향인 '히라가타'시는 백제 멸망 이후 건너간 백제인들이 밀집하여 살던 곳이다. 부여풍의 아우인 선광을 시조로 하는 백제왕씨의 본거지였고, 그들의 사찰인 백제사가 있었다. 졸저 『속국 왜국에서 독립국 일본으로』에서 상세하게 본 바 있다(204쪽).

망명 백제인들이 가져갔을 수도 있으나, 백제 멸망 이전에 무수하게 도왜하였던 백제인들이 먼저 전파하였을 가능성도 충분하다.

나무꾼과 선녀 2

일본에는 『풍토기(風土記)』라는 책이 있다. 8세기 중반, 조정의 명에 의

하여 각 고장의 산물, 지명과 그 유래, 늙은이들이 전하는 전설 따위를 수집하여 보고한 기록이다. 대부분 사라지고, 온전히 남은 것은 4국(國)의 풍토기뿐이다. 여기서의 '국(國 쿠니)'은 몇 개의 군으로 이루어진 당시의 광역지방행정단위이다.

그리고 여러 사라진 풍토기의 기록이 다른 문헌에 남아있는 것을 모은 기록을 '일문(逸文)'이라 한다. 「단고(丹後) 풍토기」 일문에는 「나무꾼과 선녀」 전설도 있다. '단고'는 지금의 교토 북부의 고명이다.

상당히 긴 내용의 설화이지만, 요약해 보면 다음과 같다.

「노부부가 있었는데 자식이 없었다. 산 꼭대기에 있는 호수에 8명의 천녀(天女)가 하늘에서 내려와 목욕하는 것을 알고는, 한 천녀의 옷을 감추었더니, 그 천녀는 하늘로 올라갈 수 없게 되었다.

노부부가 그 천녀에게 자식이 되어달라고 부탁하였고, 천녀도 승낙하여 같이 살게 되었다. 천녀는 술을 아주 잘 빚었다. 한잔만 마셔도 만병을 치료하는 효능이 있었다. 술을 팔아 많은 돈을 벌어 그 돈을 모두 노부부에게 주었더니, 노부부는 큰 부자가 되었다. 그러나 어느 날 노부부는 냉혹하게도 천녀를 추방하였다. 천녀는 신세를 한탄하면서 이곳저곳 떠돌다, 나중에는 어느 신사의 여신이 되었다」

백제인들이 나무꾼과 선녀 전설을 왜국으로 가져간 것이다. 이 전설을 모태로 하여 온갖 다양한 내용을 가미하여, 복잡하고도 긴 일본 버전의 전설을 재창조한 것을 알 수 있다.

금도끼와 은도끼

『이즈모(出雲) 풍토기』에는 한국에서 전해내려 오는 금도끼, 은도끼 전설과 흡사한 금화살, 뿔화살 전설이 실려있다. '이즈모'는 현대의 시마네 현으로서, 동해와 접하여 있다.

「높고 넓은 바위 굴이 있었다. 여신이 이곳에서 아이를 낳으려 하였는데, 화살을 잃어버렸다. 그래서 기원하기를 "내가 낳으려는 아이가 대장부라면, 화살이여 오너라"라고 하였더니, 곧 뿔로 된 화살이 물에 흘러 떠내려 왔다.
"이것은 내 것이 아니야"라고 소리치면서 내버렸더니 금화살이 떠내려 왔다. 그 화살을 들고는 "어두운 굴이구나"라고 하면서, 쏘아 굴을 관통하였다」

백제인들이 금도끼와 은도끼 전설을 가져간 것이다. 그런데 이 설화는 한국의 그것보다는 훨씬 발전된 모습이면서, 또한 건방지고 전투적인 형태이다. 금도끼, 은도끼 전설을 모태로 삼아 새로운 형태의 이야기를 꾸며낸 것이다.

견훤의 지렁이 전설 1

『고사기』숭신단을 보면, 활옥의(活玉依 이쿠다마요리)라는 미녀의 혼인담이 나오는데,『삼국유사』에 보이는 후백제 견훤의 지렁이 설화와 아주 흡사하다.

「아주 잘 생긴 미장부가 밤마다 활옥의를 찾아와 사랑을 속삭이다, 얼마

후 임신하게 되었다. 남편도 없는 딸이 임신한 것을 괴이하게 여긴 부모가 연유를 묻자, 딸이 대답하기를 "성명을 알 수 없는 미장부가 밤마다 찾아와 같이 지내다보니 임신하게 되었습니다"라고 하였다.

그래서 부모는 그 정체를 알기 위해 딸에게, "붉은 흙을 방 앞에 뿌려놓고, 실패에 감은 실을 바늘에 꿰어 남자의 옷에 꽂아두어라"고 하였다. 딸이 부모가 시킨대로 하고는, 아침에 일어나 살펴보니 실은 열쇠구멍을 통하여 빠져 나가고 남은 실은 실패에 겨우 세바퀴만 남아있었다. 실을 따라 찾아가 보았더니 실은 삼륜산(三輪山 미와야마)의 신사에 머물러 있었다.

그 남자는 신의 아들이었다. 실이 실패에 세바퀴 남아 있었던 데에서 그곳의 이름을 '미와'라 하였다」

미녀 활옥의의 방을 밤마다 방문하였던 미장부는 유명한 '대물주신(大物主神 오오모노누시노카미)'이었다. 열쇠구멍을 통하여 빠져 나간 이 신의 정체는 무엇일까?

『고사기』에는 그 정체가 나오지 않는다. 그렇지만 열쇠구멍으로 빠져 나갔다고 한 점을 주목하여 보면 답이 있다. 좁디좁은 열쇠구멍으로 나갔으니, 필시 가늘고 긴 동물이었을 것이다. 아마도 지렁이였을 것이다. 뱀을 생각할 수도 있으나, 보통의 뱀은 열쇠구멍으로 나갈 수는 없다.

일본어 '미(三)'는 셋, '와(輪)'는 바퀴를 뜻한다. '미와'는 실이 세바퀴 남았다는 의미가 된다. 삼륜산은 나라(奈良)분지의 동남부에 있는 높지 아니한 산이지만, 성산(聖山) 즉 성스러운 산으로 유명하다. 이 산은 신이 깃들어 있다는 정도를 넘어, 대중들은 산 그 자체를 신의 몸으로 여기고 있다. 즉 신체산(神體山)이다. 따라서 산으로의 출입조차 금지되고 있다. 『삼국유사』의 견훤설화는 다음과 같다.

「어느 때에 부자가 한사람 있었다. 딸이 말하기를 "밤마다 자줏빛 옷을 입은 남자가 침실로 찾아와 관계를 하곤 합니다"라 하였다. 궁금하게 여긴 아버지가 딸에게 "너는 긴 실을 바늘에 꿰어 그 남자의 옷에 꿰어 두어라"라고 시켰다.

딸이 아버지가 시킨대로 하고는 다음날 아침 확인하여 보았더니, 실은 북쪽 담밑에 있는 큰 지렁이의 허리에 꽂혀있었다. 얼마후 태기가 있어 사내아이를 낳았더니, 나이 15세가 되자 스스로 견훤이라 일컬었다」

이 두 설화는 서로 베낀 듯이 흡사하다. 정체를 알 수 없는 남자가 처녀의 방으로 찾아와 사랑을 나누고는 사라지고, 처녀는 임신하게 된다. 부모가 남자의 옷에 실에 펜 바늘을 꽂아두라고 가르치며, 이에 따라 그 정체를 알고보니 사람이 아니라 길고 가느다란 동물이었다는 것이다.

『삼국유사』는 1281년 간행되었고, 『고사기』는 그보다 수백년 앞선 708년에 나온 바 있다. 그렇지만 『고사기』의 이 전설은 백제인들이 왜국으로 가져간 백제의 전설인 것이 분명하다. 다만 기록된 연대가 한국이 일본보다 훨씬 늦었을 뿐이다.

이에 관하여 일본의 저명한 신화학자 오오바야시 타료(大林太郎) 선생은 『고사기』의 이 전설이 백제에서 온 것이라고 추정하였다. 즉 견훤은 백제의 문화영역 출신이므로, 백제 도래인에 의하여 이 전설이 일본으로 건너왔다고 보았다(『東アジアの王權神話(동아시아의 왕권신화). 1984. 弘文堂』. 328쪽).

견훤의 지렁이 전설 2

『일본서기』숭신 10년 7월조를 보면, 왜적적일백습희(倭迹迹日白襲姬 야마토토토히모모소히매)의 전설이 있다. 『일본서기』에 의하면 이 여성은 7대 왜왕 효령의 딸로서, 숭신에게는 조모뻘이 된다.

> 「'왜적적'이 대물주신(大物主神)의 처가 되었는데, 이 신은 밤에만 찾아
> 왔다. 모습을 볼 수 있도록, 내일 아침까지 머물러달라고 하였더니, 다
> 음날 아침 작은 뱀이 빗그릇에 들어 있었다. 신의 실체는 뱀이었다.
> 왜적적이 놀라 주저앉으면서, 젓가락에 음부를 찔려 죽었다. 사람들이
> 그녀의 무덤을 '저묘(箸墓 파시파카)'라 하였다. 이 묘는 낮에는 사람이 만
> 들고, 밤에는 신(神)이 만들었다. 산에서 묘까지 사람이 연이어 손에서
> 손으로 돌을 운반하였다」

이 설화는 앞서 본 『고사기』의 그것과는 꽤 변형된 형태이다. 여기서의
신은 뱀이다. 열쇠구멍으로 빠져나갔다는 부분이 빠져 있다.

그런데 여기에 나오는 무덤 '저묘'는 일본 고고학에서 획기적으로 중요
한 의미가 있다. 3세기 중반, 일본열도에서 최초로 조성된 전방후원분이
기 때문이다. 이 무덤 이후 수백년간 일본열도의 곳곳에 이와 흡사한 형태
의 무덤이 무수하게 조영되었다. 그리하여 이 무덤의 시대인 3세기 중반
부터 시작하여 6세기말까지를 '고분시대'라 부르고 있다.

일본 고고학에서는 『삼국지』「왜인전」에 나오는 유명한 여왕 비미호(卑
米呼)의 무덤으로 보는 것이 통설이었는데, 요즘은 그녀의 종녀(宗女)라는
태여(台與)의 무덤으로 보는 견해가 유력하다.

무덤의 이름 '파시파카', 이 이름은 백제인이 아니라 3세기 중반 무덤
이 조성될 무렵, 토착왜인들이 붙였을 것이다. '파카(墓)'는 무덤을 뜻한다.
'파시'는 젓가락(箸)을 뜻하기도 하고, 사다리라는 의미도 있다.

그런데 젓가락이라는 의미는 아니었을 것이다. 무덤의 이름으로 젓가락
은 전혀 어울리지 않는다. 이 무덤 전방후원분의 전방부는 위에서 보면 사

다리 모양과 비슷하다. 원래는 '사다리 무덤'이라는 의미에서 '파시파카'
라 하지 않았을까?

그런데 『일본서기』를 지은 백제의 후예는, '파시파카'의 '파카'를 백제
어 '박다'의 어근 '박'으로 재해석하였다. 그리하여 지렁이 전설을 바탕으
로, 젓가락에 음부가 '박혀' 죽은 여성의 설화를 새로이 창작한 것이 분명
하다. 그러면서 '파시'에다 젓가락을 의미하는 '箸(저)'라는 한자를 붙였던
것으로 추정된다.

박다 [백제어]

'못을 박다'라고 할 때의 '박다'이다. 중세에도 같은 발음이었다. 백제시
대에도 마찬가지였을 것이다.

2. 천조대신과 유화부인, 소서노

천조대신

『일본서기』를 보면, 까마득한 옛날에는 왜인들이 사는 지상세계의 위에
는 신들이 사는 고천원(高天原)이 있었다. '높은 하늘 벌판'이라는 의미이
다. 고천원을 다스리는 최고의 신이 천조대신(天照大神)이다. 그녀가 손자
니니기(瓊瓊杵)를 내려보내어 왜지를 통치하게 하였으니, 이를 「천손강림
(天孫降臨)」이라 하며, 이것이 바로 일본의 국가 기원이다.

천황가의 시조라는 신무는 바로 이 천조대신의 후손이다. 따라서 천조

대신은 천황가의 조상신으로서, 일본 최고의 신사 이세(伊勢) 신궁에서 모시고 있다.

그런데 이 고천원은 다름아닌 백제라는 사실은 필자의 여러 졸저에서 누차 본 바 있다. 결론부터 먼저 말하면, '천손강림' 설화의 모델은 백제와 고구려의 건국설화이다. 한편 천조대신은 백제의 시조 온조의 모친인 소서노(召西奴), 그리고 고구려의 시조 주몽의 모친 유화부인을 롤모델로 하여 만들어진 캐릭터일 것이다.

천조대신의 롤모델은 유화부인과 소서노

먼저 주몽의 모친 유화부인을 보자. 『삼국사기』에 의하면,

「부여에서 여러 이복 왕자들로 부터 핍박받던 주몽에게 모친 유화부인은 "너의 재주와 지략으로 어디 간들 아니되랴?"라고 하면서 남하할 것을 권유하였다」

『삼국사기』에 나오는 소서노 설화도 비슷하다.

「소서노가 우태와 혼인하여 비류와 온조를 낳았다. 우태가 죽고 소서노는 주몽과 재혼하였다. 그녀는 많은 재산을 기울여 주몽의 건국을 적극 도왔다. 그런데 주몽이 과거 부여에 있을 때 낳은 장남 유류가 돌아와 태자가 된다. 절망한 비류와 온조는 소서노를 모시고 남하하여 백제를 세웠다」

(1) 천조대신은 여신이다. 유화부인과 소서노도 모두 여성이다. 일본 최

고의 신이 왜 여신인지, 그 궁금증을 풀어주는 대목이다.

천조대신은 손자를 왜지로 보내어 통치하게 하였다. 유화부인은 아들 주몽을 부여에서 벗어나 다른 곳으로 가서 독립된 왕국을 세우게 하였다.

비류와 온조가 모친 소서노를 모시고 남하한 것으로 미루어 보아, 이 또한 소서노의 지시인 것으로 추정된다.

여성이 손자, 아들을 먼 곳으로 보내어 새 왕국을 만들게 한 모티브가 완벽하게 흡사하다. 일본으로 건너간 백제인들이 고구려와 백제의 건국설화를 이용하여 천손강림 설화를 창작해 낸 것을 알 수 있다.

(2) 아우 수사노가 자신에게 온다는 소식을 들은 천조대신은 고천원을 빼앗을 목적이라고 생각하였다. 이에 분노한 천조대신의 모습이 묘사되어 있는데 간략하게 요약하면,

> 「등에는 1천개와 5백개의 화살을 꽂은 화살통을 메고, 칼을 잡고는, 허벅지까지 묻힐 정도로 힘차게 땅을 밟으며, 흙을 눈처럼 차 헤쳤다」

고 하였다. 대단한 여걸이 아닐 수 없다.

온조의 모친 소서노는 남편 주몽이 새로운 나라를 창업하는 데에 내조의 공이 매우 컸다 한다. 아마도 대단한 부자였던 모양이다. 집안의 재산을 기울여 주몽의 창업을 도왔다는 것이다.

거칠고 험난한 건국과정에서, 전 재산을 기울여 크나큰 내조의 공을 세웠다는 간단한 사실만으로도, 그녀의 여걸 풍모를 짐작하기에 부족함이 없다. 천조대신의 여걸 풍모는 소서노의 이미지에서 차용한 것이리라.

(3) 천조대신은 남편이 없다. 따라서 손자 니니기를 왜지로 보낸 것은 그

녀의 단독 결정이었다.

　유화부인은 정을 통한 해모수가 하늘로 떠나버린 후, 남편이 없었다. 소서노는 남편 주몽이 있었지만, 아들인 비류와 온조를 남하하게 한 것은 그녀의 단독 결정이었다.

　『삼국사기』에는 비류가 남하를 결정한 것처럼 되어있으나, 모친 소서노가 앞서 보았듯이 대단한 여걸이었고, 그녀가 두아들과 같이 남하한 것으로 미루어보면, 모든 것은 소서노의 결단과 기획이었다고 보아도 무리가 없을 것이다.

　(4) 『삼국사기』 제사조에 의하면, 고구려에는 신묘(神廟) 즉 신을 모시는 사당이 두 곳이 있는데, 하나는 '부여신'으로서 바로 유화부인이고, 다른 하나는 '고등신(高登神)'으로서 시조 주몽이다. 즉 유화부인은 죽은 후 고구려의 여신이 되었던 것을 알 수 있다.

　한편 『삼국사기』에 의하면, 온조 13년 2월, 노파가 남자로 변하고 다섯 마리 범이 왕도로 들어오는 이변이 일어나면서, 왕모가 세상을 떠났다.

　『삼국사기』는 전편이 워낙 간략하게 되어있어, 왕모의 죽음에 대한 기사는 거의 찾을 수가 없는데, 여기서는 아주 이례적으로 이를 다루고 있다. 아마도 소서노의 별세를 의미할 것이다. 온조왕은 17년, 사당을 세우고 국모를 제사지냈다 한다. 소서노도 백제의 여신이 되었던 것은 아닐까?

　천조대신은 천황가의 조상신이 되어, 일본 최고의 신사 이세신궁에서 받들고 있다. 유화부인과 소서노가 롤모델이었던 것이 분명하다.

3. 구지봉 전설과 고천원

천손이 강림한 「쿠지푸루」 봉우리

최고의 신 천조대신(天照大神)이 손자 니니기를 내려보내어 왜지를 통치하게 한 것이 '천손강림(天孫降臨)' 설화이다. 신들이 사는 천상계인 고천원은 물론 백제이고, 최고의 신 천조대신의 손자라는 것은 백제의 왕자라는 의미이다.

천손 즉 천조대신의 손자 니니기가 내려온 곳을 『고사기』는 「쿠지푸루 타케(久士布流多氣)」라 하였다. '타케(岳)'는 산을 의미하지만, 「쿠지푸루」는 무슨 의미인가? 일본어로는 전혀 알 수가 없다. 그래서 일본에서는 「쿠지 푸루」가 무슨 의미인지에 관하여 예로부터 많은 논의가 있었다.

그 중에서 유력한 설은 『삼국유사』에 나오는 금관가야 김수로왕이 하늘에서 내려왔다는 '구지봉'이라 한다. 아시아 대륙의 알타이 여러 족속 사람들에게 있는, 신이 하늘에서 봉우리로 하강한다는 발상의 발현이라고 보았다(『日本書紀 上(일본서기 상). 坂本太郎 外. 1998. 岩波書店』 569쪽).

『고사기』를 지은 태안만려도 백제의 후예인데, 그가 자신의 모국도 아닌 금관가야의 시조설화를 차용하였을까? 그런데 곰곰 생각해 보면, 그럴 가능성이 충분하다고 여겨진다. 왜 그럴까?

천조대신의 손자가 바다를 건너왔다고 꾸밀 수는 없다. 그렇게 되면 그 원적이 백제인 것이 바로 드러나게 된다. 좀 애매모호하게 하려면 하늘에서 내려온 것으로 할 수밖에 없다. 그런데 백제나 고구려의 건국신화에는 시조가 하늘에서 봉우리로 내려온 것은 존재하지 않는다. 그래서 부득이 금관가야 시조의 설화를 차용하면서, '구지봉'의 '구지'마저도 따 온 것이리라.

「쿠지푸루」의 「쿠지」는 '구지봉'의 '구지'이지만, 「푸루」는 무엇인가?

쿠지푸루 [고사기] 산 이름
후루야마 [일본어]   〃
보롱이 [경남방언] 산

산봉우리를 뜻하는 경남방언 '보롱이'는 고대에 '보로'였을 것이다. '보로'에 주격조사 '이'가 붙어 '보로이'가 되었다가, '보롱이'가 된 것으로 추정된다. 이 '보로'는 '멧부리'의 '부리'와도 같은 계통이 아닐까?

일본에는 나라와 미에현 등지에 '후루야마'라는 이름의 산이 있다. '야마(山)'는 물론 산이다. '후루'의 고형은 '푸루'였는데 아마도 산봉우리를 의미하는 백제어였다고 생각된다. 즉 '쿠지푸루'는 '구지봉우리'이라는 의미의 백제어였을 것이다.

한신(韓神)과 백제의 수도 서울

그런데 『일본서기』는 일본의 국가 기원에 관한 설화에 금관가야의 구지봉 설화만 차용하는 것이 좀 불안하였던지, 「어떤 책에는 '니니기'가 내려온 곳이 '添山峰(소포리야마노타케)'이다」라고 하였다. 거기에다 '첨산'은 '曾褒里(서퍼리)'라는 친절한 주석까지 붙여 놓았다.

『고사기』에 「서퍼리(曾富理)」라는 이름의 신이 보인다. 아무런 활약상이 없어 어떤 신인지 알 수 없으나, 그의 형이 「한신(韓神 카라카미)」이다. 이 '한(韓 카라)'은 물론 백제이다.

이 「서퍼리」는 무엇인가. 백제의 첫 번째 수도 '서울'인 것이 분명하다. 일본에서도 대체로 이렇게 보고 있다(『日本書紀(일본서기) ①. 小島憲之 外. 2006.

小學館』151쪽). '서울'은 고대에 '서벌'이었던 모양이다. 그 왜풍 발음이 '서퍼리'였다. 따라서 한신은 백제의 신인 것이 명백하다.

한편 신라의 수도 경주도 고대에는 '서벌(徐伐)'이었다. 백제의 수도 서울도 '서벌', 같은 발음이었다. '서벌'이 음운변화과정을 거쳐 '서울'로 바뀌었다.

천손이 하늘에서 내려와 일본을 건국하였다는 것은, 사실은 백제인들이 바다를 건너와 왜를 정복하였다는 것을 확실하게 알리고 있다.

고천원(高天原)은 백제

『일본서기』의 '일서운(一書云)'의 첫 번째 이야기에 의하면, 니니기는 「쿠지푸루」라는 봉우리로 내려가면서, 「5부(部)의 신」과 그 외 여러 신을 거느리고, 천황가의 보물인 삼종신기 즉 칼, 청동거울, 굽은 옥을 가지고 갔다 한다. 「5부(部)의 신」의 「5부」는 백제 수도 부여의 '5부'를 상징하고 있다. 고구려에도 '5부'가 있었다.

칼과 거울, 옥을 하나의 세트로 하여 신성한 보물로 여기는 것은 백제에서 유래한 풍습이다. 졸저『속국 왜국에서 독립국 일본으로』에서 자세히 본 바 있다(20쪽). 중세 무렵까지 천황가의 즉위식에서 실제로 사용되던 두 자루의 「파적검」과 「호신검」은 백제의 대왕이 하사한 것이다.

『고사기』에 의하면, 「쿠지푸루」 봉우리에 내려온 니니기는 다음과 같이 말하였다.

「이곳은 '한국(韓國 카라쿠니)'을 바라보고 있고, 카사사(笠沙) 곶과도 바로 통하며, 아침 해가 비치는 나라, 저녁 해가 비치는 나라, 여기는 아주 좋은 곳이야」

'카사사'는 지명이다. '한국'은 물론 백제이다.

니니기는 바다 건너 백제를 바라보고 있는 곳이기에 좋은 곳이라고 말하고 있다. 물론 여기서 백제는 눈으로는 전혀 보이지도 않고, 바다 건너 아득히 먼 곳에 있다. 그렇지만 마음의 눈으로는 바로 맞은 편에 바라보이는 듯하였을 것이다.

『일본서기』는 고천원이 사실은 백제를 의미한다는 것을 다음과 같은 장치를 통하여 암시하여 놓았다. 천조대신이 아우인 수사노가 낳은 세 여신에게 다음과 같은 취지로 명령한다.

「너희들 세 여신은 한국으로 가는 항로의 도중(途中)으로 내려가 진좌하거라. 천손(天孫)을 받들어 도우고, 천손을 위하여 제사를 받아라」

(『日本書紀(일본서기) ①. 小島憲之 외. 2006. 小學館』 69쪽)

여기서의 천손이 니니기인 것은 물론이다. 이 대목은 천손이 하늘에서 내려오는 것이 아니라, 사실은 한국 쪽에서 배를 타고 건너갔다는 사실을 알려주고 있다. 이는 『일본서기』가 고천원은 하늘이 아니고 백제라는 사실을 우회적으로 암시한 것이다.

니니기가 하늘에서 내려오는 것이라면, 세 여신은 허공의 어느 곳, 혹은 높은 산의 정상에서 대기하다가 천손을 도와야 마땅하다. 그러나 천조대신이 세 여신에게 해북(海北)의 항로 중간에 진좌하면서, 천손을 도우라 한 것을 보면, 천손은 배로 건너간 것이 분명하다.

세 여신을 모신 신사는 『고사기』에도 보이는데, 지금도 건재하고 있다.

첫째 여신의 신사는 유명한 오키노시마(沖ノ島)라는 섬에 있다. 이 섬은 규슈 본토로부터 약 60km 떨어진 절해고도이다. 규슈와 쓰시마(對馬島)의 중간 쯤에 위치한 섬이다.

둘째 여신의 신사는 규슈 본토로부터 약 10km 거리의 섬 오오시마(大島)에, 셋째 여신의 신사는 북규슈 본토 해안의 타시마(田島)에 각각 위치하고 있다. 이 세 신사는 삼위일체로서, 합하여 무나가타 대사(宗像大社)라 일컫는다. 일본 전국에 약 6,400여 무나카타 신사가 있는데, 그 총 본사가 바로 이 무나카타 대사이다. 과거에는 관에서 폐백을 바치는 관폐대사로서, 최고의 신격을 가진 신사였다.

절대 침몰하지 않는 꿈의 배

『일본서기』를 보면, 하늘은 백제이고 백제에서 왜까지 사이에는 바다가 있다는 사실을 다음과 같은 여러 장치를 통하여 암시하고 있다.

① 천부교(天浮橋) : 하늘과 지상을 연결하는 다리
② 천조선(天鳥船) : 하늘의 새 배
③ 천반선(天磐船) : 하늘의 바위 배
④ 천반상장선(天磐橡樟船) : 하늘의 녹나무 배

백제와 왜 사이에는 바다가 있다. 험한 풍랑에 큰 고생을 하였을 것이고, 운수 나쁘면 그대로 수중고혼을 면치 못한다. 그곳에 다리가 있다면 얼마나 안전할까.
① '천부교'는 하늘 다리이지만, 실제는 백제인의 이러한 간절한 염원의 발로이다.
② 새처럼 날아다니는 배.
③ 바위처럼 단단하여 절대 침몰하지 않는 배.
④ 최고의 선박자재인 왜국 특산 녹나무로 만든 단단한 배.

이러한 꿈같은 다리와 특별한 배들은 험한 뱃길의 공포에서 벗어날 수 없었던 재왜백제인들의 꿈을 잘 나타내주고 있다. 한편 고천원에서 왜지로 갈 때는 배를 타고 바다를 항해한다는 사실을 암시하여 준다.

미개인의 나라 왜국

니니기는 쿠시푸루 봉우리에 내려온 후, "이곳은 한국을 바라보고 있어 아주 좋은 곳"이라고 말하였다. 마주보고 있으면 기분 좋은 한국, 이에 대비되는 왜지는 어떤 곳이었을까? 『일본서기』를 보면, 천손강림 직전의 왜지 상태에 대한 묘사가 두 군데나 있다. 백제인들의 왜지에 대한 관념을 알 수 있는 문장이라 생각되어, 전문을 살펴보자.

① 「그 땅에는 반딧불처럼 빛을 내는 신, 오뉴월 파리처럼 시끄러운 사악한 신이 많다. 거기에다 초목도 모두 말을 한다」
② 「위원중국(葦原中國)은 바위뿌리, 나무그루, 풀잎도 모두 말을 잘 한다. 밤에는 타오르는 불처럼 시끄럽고, 밤에는 오뉴월 파리처럼 시끄럽게 끓어오른다」

'위원중국'은 고천원에 반대되는 개념으로서 바로 왜지이다. 여기에 산다는 「반딧불처럼 빛을 내는 신」은 미개한 종족이라는 의미의 은유일 것이다. 즉 토착왜인을 미개종족으로 보고 있다.

또한 이곳은 「식물도 말을 하고, 사악한 신이 밤낮으로 시끄럽게 떠들고 있다」. 무슨 의미일까? 사악한 신은 물론 왜지의 토착신 즉 토착왜인을 뜻한다. 이 토착왜인들이 백제어와는 전혀 다른 왜어로 떠들어대는 것을 이렇게 표현한 것이다. 백제와는 다른 왜지의 풍경을 묘사하였는데, 키포

인트는 '말'과 '시끄러움'이다.

백제어와 통하지 아니하여 의미를 알 수 없고, 오뉴월 파리떼처럼 왱왱거리고 시끄럽기만 한 왜어. 이것이 백제인들이 왜지에서 느끼는 가장 큰 다름이었던 모양이다. 산과 들, 강과 바다, 동물이나 식물 등의 자연이나 풍토에서는 백제와 별다른 차이를 느끼지 못하였나 보다.

백제인은 왜 미개한 왜국으로 건너갔을까?

그런데 이렇듯 말도 통하지 아니하고 미개한 왜인들이 사는 왜지에, 백제인들은 무슨 이유로 건너갔을까? 그 해답을 니니기가 천손강림할 때에 처음으로 만난 국신(國神) 즉 토착왜인의 이름에서 찾을 수 있다. 그의 이름은 「사루타피코(猿田毗古)」. 그는 "천손 일행을 맞이하려고 기다리고 있었습니다"라고 하고는 앞장서서 길을 안내하였다 한다.

하늘 즉 백제에서 건너간 천손을 맞이하려고 기다리고 있던 왜지의 토착신 「사루타피코(猿田毗古)」. 이름의 비밀을 풀어보자.

'피코'는 존칭, 핵심은 '사루타'이다. 일본어로 '사루'는 원숭이이고, '타'는 논이므로, 이는 '원숭이 논'이라는 의미가 된다. 그러나 원숭이와 논은 전혀 어울리지 않는다. 원숭이 논이 아니다.

'사루'는 '쌀'의 고어 '살'이다. 쌀이 일본으로 건너간 것은 뒤에서 자세히 살펴보자(241쪽). '타(田 전)'는 논을 뜻하는 일본어이니, 이 신 이름의 의미는 「쌀 논」이다.

왜국은 기후도 온화하고 강우량도 많을 뿐만 아니라, 백제의 그것보다 좋은 양질의 논이 방방곡곡에 넓게 펼쳐져 있다. 천손강림 즉 백제인이 왜국으로 진출한 가장 큰 목적은 바로 왜국의 '쌀'과 '논'이라는 사실을 이 '사루타피코'라는 신의 이름으로 암호처럼 기록하여 놓았다.

즉 백제 사람들은 벼농사를 짓고 쌀을 확보하기 위하여 왜국으로 건너 갔던 것이다. 백제 이전에 가야 사람들도 집단을 이루어 왜국으로 건너간 바 있었는데, 가야 사람들 역시 같은 목적이었을 것이다.

이러한 사정은 일본의 미칭에도 잘 드러나 있다. 『일본서기』를 보자.

① 대일본풍추진주(大日本豊秋津州 오포야마토아키투시마) : 풍요로운 가을섬인
대일본

② 서수국(瑞穗國 미두포노쿠니) : 싱싱한 벼의 나라

이러한 미칭은 토착왜인이 아니라 백제인이 붙인 것이다. 왜지에만 사는 토착왜인은 자신의 나라 벼농사가 다른 나라와 비교하여 어떤지 알 수가 없다. 이런 비교는 백제인이 한 것이다. 백제인들에게 있어서 왜국은 「벼농사가 잘 되는 나라」라는 이미지였던 것을 알 수 있다.

난생설화

『고사기』에 의하면, 원래 고천원에서 왜지로 내려가기로 예정된 신은 천조대신의 '태자'였다 한다. 그런데 태자가 내려갈 준비를 하는 동안에 아들 니니기가 태어나, 결국 그 아이를 내려보내었다 한다. 즉 니니기는 갓 태어난 영아의 형태로 내려간 것이다.

『일본서기』를 보면, 니니기라는 아이를 「진상추금(眞床追衾 마토코오푸푸수마)」 즉 신성한 자리를 덮는 이불로 감싸서 내려보냈다 한다. 니니기는 이러한 영아의 형태로 왜지에 내려갔지만, 바로 성인이 된 모양이다. 성인과 다름없이 행동하였을 뿐만 아니라, 처를 얻어 혼인까지 하는 것으로 되어있다.

이는 김수로왕의 탄생설화와 흡사하다. 『삼국유사』에 의하면,

「하늘에서 자줏빛 줄이 드리워져 땅에 닿고 있었고, 줄 끝에는 <u>붉은 보
자기에 싸여있는 금으로 된 함</u>이 있었다. 열어보니 둥근 황금 알 6개가
있어, 아도간이 이를 가지고 집에다 갖다 놓았다. 12 시간 후 알은 어
린아이로 변하였는데, 용모가 출중하였다. 이들은 나날이 자라, 10여일
후에는 키가 9척의 대장부로 되었다가, 그달 보름에 왕위에 올랐다」

이러한 난생설화는 김수로왕 뿐만 아니라, 주몽, 박혁거세, 석탈해 등
여러 설화에서 볼 수 있다. 박혁거세는 숲에 말이 울고 있어 사람들이 가
보니 알이 있었고, 알을 깨어보니 아이가 나왔다 한다.

고대의 한국에는 아주 흔한 시조 탄생 설화였다. 신라 김씨의 시조인 김
알지는 <u>금색의 작은 궤 안에서 어린아이의 형태로</u> 발견되었다.

니니기가 갓 태어난 영아의 형태로 내려갔다는 것은 이러한 난생설화,
김알지의 설화와 공통된 모티브이다. 그리고 영아였던 니니기가 금방 성
인이 되어 혼인까지 하였다는 것도 김수로왕 설화와 흡사하다.

또한 니니기를 신성한 자리를 덮는 이불로 감싸서 내려보냈다는 것은
김수로왕 설화의 「붉은 보자기에 싸여있는 금으로 된 함」과 공통된 이
미지이다. 미시나(三品彰英) 선생도 이 두 설화는 현저하게 유사하다고 말
할 수밖에 없다고 하였다(『增補 日鮮神話傳說 硏究(증보 일선신화전설의 연구).
1980. 平凡社』 354쪽).

4. 주몽의 건국설화

시조 신무는 남구주에서 출발하여, 지금의 나라(奈良) 지방으로 진출하여 정복하였다고 되어있는데, 이를 신무의 '동정(東征) 설화'라 한다. 그런데 이 설화는 고구려 주몽의 건국설화를 모델로 하였다. 먼저 『삼국사기』에 나오는 주몽의 설화를 보자.

「주몽이 부여를 탈출하여 오이, 마리, 협보 세 신하와 함께 남하하다 엄호수에 이르렀는데, 뒤에는 추격병이 따라오고 있었다. 그러자 주몽이
"나는 천제(天帝)의 아들이요, 하백(河伯)의 외손이다. 오늘 도주하는데, 추격병이 따라오니 어찌하랴"
라고 하였더니, 물 속에서 고기와 자라들이 떠올라 다리를 만들었다. 주몽 일행이 건너자, 자라들은 흩어져 추격병이 따라올 수 없었다」

주몽의 출생에 관한 설화를 가장 상세하게 전하고 있는 고려말의 대문호 이규보 선생의 『동명왕편』에 의하면, 주몽의 부친은 하늘에서 내려온 해모수이고, 모친은 하백의 딸인 유화부인이다. 해모수는 용수레를 타고 하백의 궁전인 해궁(海宮)으로 깊숙이 들어가, 그와 도술 시합에서 승리하여 유화를 아내로 맞이하였다 한다.

광개토대왕 비문에도 「천제의 아들이며, 모친은 하백의 딸」이라는 구절이 있다. 한편 『일본서기』를 보면,

「신무가 동정할 때에, 그의 형인 도반명(稲飯命)이 이끄는 수군이 바다에서 갑자기 폭풍을 만나 배가 표류하였다. 그러자 도반명이
"아아, 내 선조는 천신(天神), 모친은 해신(海神)이다. 그런데 어찌하여

육지에서 고생하고, 바다에서 고생하는가?"

라고 하면서, 칼을 뽑아들고 바다로 뛰어들어 신이 되었다」

(1) 도반명은 물론 가공인물이지만, 그의 말은 주몽의 위와 같은 말과 흡사하다. 주몽은 "나는 천제의 아들이요, 하백의 외손"이라 하였고, 도반명은 "내 선조는 천신, 모친은 해신"이라 하였다. 『일본서기』가 주몽의 위와 같은 말을 참고하여 이 설화를 창작한 것으로 보인다.

(2) 『일본서기』를 보면, 시조 신무는 천조대신의 후손으로서 부친은 언화화출견존이다. 그가 바다속 해신이 사는 궁으로 들어가, 우여곡절 끝에 딸을 아내로 맞이하였고, 그리하여 얻은 아들이 신무이다.

바다속 깊이 들어가, 해신의 궁전에서 그의 딸을 아내로 맞이한다는 점에서도 두 설화는 흡사하다. 『일본서기』는 주몽 설화를 모델로 하여 신무의 출생담과 도반명의 위 설화를 창작한 것이 분명하다.

(3) 주몽은 위의 세 신하와 함께 남하하였다. 『일본서기』에는 니니기가 고천원에서 왜국으로 강림할 때, '5부(五部)의 신'이 호위하였다 한다. 같은 구도이다.

(4) 비류와 온조 형제가 남하한 후, 형인 비류는 미추홀에, 동생 온조는 하남 위례성에 각각 도읍을 정하였다. 그러나 미추홀은 땅이 습하고 물이 짜 살기 어려운 반면, 위례 쪽은 잘 살고 있었다. 비류는 후회하다가 죽고, 그 백성들은 위례로 귀부하였다.

『일본서기』의 신무는 넷째 아들이었다. 그의 맏형은 동쪽으로 정벌하던 중 적군의 화살에 죽고, 둘째형과 셋째형은 모두 바다에 빠져 죽었다. 넷

째인 신무가 왜국을 건국하고는 왕위에 올라 시조가 되었다. 형은 실패하고, 아우가 성공하여 건국하였다는 모티브가 공통된다.

5. 설화 속의 백제어

시조 신무 왕후 이름의 전설

『고사기』 신무단을 보면, 신무가 나라 쪽으로 동정에 성공한 이후 새로이 왕후를 얻었다는 설화가 나오는데, 그 왕후의 이름은 백제어로 되어있다. 요약하면 다음과 같다.

「용모가 아름다운 처녀가 있었는데, 이름은 '세야타다라피메(勢夜陀多良比賣)'였다. 미와(美和)의 대물주신(大物主神)이 한번 보고는 반해버렸다. 그래서 처녀가 도랑가에서 대변을 보려 할 때, 붉은 칠을 한 화살로 변신하여 도랑으로 흘러들어가 처녀의 음부를 찔렀다.

처녀는 놀라고 당황하여 이리 뛰고 저리 뛰고 하다가, 화살을 가지고 가 침상 옆에 놓아 두었다. 화살은 곧 멋진 미장부로 변신하였고, 둘은 교합하였다. 낳은 딸의 이름은 '포토타다라이스스키노피메(富登多多良伊須須岐比賣)'였다.

다른 이름은 '피메타다라이스케요리히매(比賣多多良伊須氣余理比賣)', 이렇게 이름을 바꾼 것은 '포토(富登)'라는 말을 싫어하였기 때문이다」

이 설화는 일본에서 '붉은칠 화살(丹塗矢 도단시) 전설'로 유명하다. 미녀의 이름이 어찌하여 '세야타다라피메'인지 일본어로는 전혀 알 수가 없지만, 백제어를 알면 아주 쉽게 해결된다. 일본어 '야(矢)'는 화살, '피메(比賣)'는 고귀한 여성을 뜻한다. '세'와 '타다라'는 백제어이다.

세 兄 [고대일본어] 형, 남편
<u>세</u>이 [경남방언] 형
갓<u>세</u> [제주방언] 부부

'세(兄)'라는 말은 『만엽집』에서 아주 흔하게 사용되었는데, 원래는 형을 뜻하지만 의미가 발전하여 여성의 연인, 혹은 남편이라는 의미였다. 일본어로 형은 고대에도 '아니(兄)'였지만, 만엽가를 지은 귀족들은 거의 조건반사적으로 '세'라는 말만을 사용하였다.

그런데 이 '세'는 백제어이다. 경남방언에서 '세이'는 형을 뜻한다. '세'에다 발음을 편하게 하는 '이'가 붙어 '세이'가 되었다. 제주방언 '갓세'는 부부이다. '갓'은 여성을 뜻하는데, 방언 '가시나'의 '가시'와 같은 뿌리이다. '세'는 여기서는 남편이다.

이 '세'는 일본에서는 그후 사용되지 않고 완전한 사어가 되고 말았다. 백제어가 사라지면서 이 말도 운명을 같이한 모양이다. 8세기의 일본에서 왕성하게 사용되다 그후 사어가 된 말이 많은데, 대부분 백제어라고 생각해도 큰 무리가 없을 것이다.

다ᄃ라다 [중세한국어] 다다르다

도착하다, 이르다라는 의미의 '다다르다'는 중세에 '다ᄃ라다'라 하였다. 고대에는 '다다라다'였을 것이다.

이 미녀의 이름 중 '타다라(陀多良)'는 바로 백제어 '다다라다'의 어근 '다다라'이다. 따라서 이 미녀의 이름을 풀이하면,

「남편 화살이 다다른 고귀한 여성」

이 된다. 백제어 '다다라다'를 알면 아주 쉽게 자연스럽게 해석할 수 있다. 즉 백제어를 이용한 언어의 유희이다. 그런데 일본에서는 이 '타다라'의 의미를 알지 못하고, 온갖 엉뚱한 해석이 난무하고 있는 실정이다.

딸의 이름 '포토타다라이스스키노피메'는 무엇인가? '포토(富登)'는 여성의 음부를 의미하는 고대일본어인데, 정확한 발음은 '퍼터'였다.

퍼터 [고대일본어] 여성의 음부
보뎅이 [제주방언]   〃

여성의 음부를 의미하는 고대일본어 '퍼터'는 역시 사어가 되었는데, 이 또한 백제어이기 때문일 것이다. 제주방언 '보뎅이', 함북방언 '보대'도 같은 의미인데, '퍼터'와 같은 뿌리이다. '보지'도 고대에는 '보디'였을 것이고, 역시 같은 어원일 것이다.

이 여성의 이름 중 '이스스키'는 당황하다는 뜻이다. 따라서 이 이름은

「음부에 (남편 화살이) 다다라 당황한 고귀한 여성」

이라는 의미이다. 마지막 이름은 음부를 뜻하는 '퍼터'를 뺀 형태이다.

「보식신(保食神)」의 사체에서 나온 여러 백제어

『일본서기』에는 「보식신(保食神 우케모티노카미)」이라는 신이 죽은 뒤, 사체에서 여러 가지가 나왔다는 설화가 있다. 이 신은 먹거리의 신이다.

먼저 이 신의 이름을 살펴보자. 「우케모티노카미」의 '모티(持)'는 가지다는 뜻이고, '카미(神)'는 신이다. '우케'는 무슨 의미인가? 이 말은 고대의 일본에서 벼를 뜻하였다가, 의미가 발전하여 먹거리 전체를 뜻하였다. 이는 고대의 한국인들이 가져간 말이다. 고대의 일본에서 아마도 지배층에서만 사용되다가, 백제가 멸망한 후 세월이 지나자 사어가 되어 사라졌다.

우케 [중세한국어] 벼

우카, 우케 [고대일본어] 벼, 먹거리

중세한국어 '우케'는 벼를 뜻하였다. 고대일본어 '우케'와 발음과 의미가 정확하게 일치하고 있다. 『표준국어대사전』에도 이 '우케'가 나오는데, '찧기 위하여 말리는 벼'라는 의미라 한다. 근세에 의미가 조금 변한 모양이다.

일본 최고의 신사 이세신궁에서는 두 신을 모시고 있다. 첫 번째는 일본 최고의 신 천조대신이고, 두 번째가 바로 「토요우케노오포카미(豊受大神)」이다. '풍요로운 우케(벼)의 큰 신'이라는 의미가 된다. 이세신궁에서 고대한국어로 된 신을 모시는 사실이 흥미롭다.

보식신이 입에서 여러 가지 먹거리를 뿜어내어 월아견존이라는 신에게 대접하였다. 그런데 그 내용을 보면, 백제어를 이용한 언어의 유희이다.

(1) 보식신이 머리를 땅으로 향하자 입에서 밥이 나왔다(口出飯).

고대일본어로 입은 '쿠티(口)', 밥은 '이피(飯)'. 전혀 다르다. 그러나 한국어 '입'과, 밥을 뜻하는 고대일본어 '이피'는 정확한 대응을 이루는 것을 알 수 있다.

「입(백제어) → 이피(飯 고대일본어)」

백제어 '입'과 고대일본어 '이피'를 이용한 언어의 유희이다. '입'은 중세에도 같은 발음이었다. 백제시대에도 차이가 없었던 모양이다.

(2) 머리를 바다(海)로 향하자, 지느러미가 넓고 좁은 것(鰭廣鰭狹 파타노피로모노사모노)들이 입에서 나왔다.

지느러미는 고대일본어로 '파타(鰭 기)'였다. 머리를 '바다'로 향하니 '지느러미(파타)'가 넓은 것, 좁은 것이 나왔다 한다. 즉

「바다(海 백제어) → 파타(鰭 고대일본어)」

백제어 '바다'를 이용한 언어의 유희이다. '바다'는 중세에도 같은 발음이었다. 백제시대에도 차이가 없었던 모양이다.

『일본서기』에 나오는 첫 번째 실존 왜왕은 38대 천지이다. 『만엽집』의 15번 가요는 천지의 작품이고, 148번 가요는 천지 왕후의 작품인데, 두 노래에 백제어 '바다'가 나온 바 있다. 뒤에서 자세히 살펴보자(64쪽).

일본에서는 이 '바다'를 알지 못하여 전혀 엉뚱한 해석을 하고 있다.

(3) 머리를 산으로 향하자, 털(毛)이 거칠고 부드러운 것들이 나왔다.

산은 중세에 '뫼'라 하였으나, '모'라 한 표기도 있다. 고대에는 '모'였다가, 주격조사 '이'가 고착되어 '뫼'로 된 것으로 추정된다.

털은 한자로 '毛(모)', 고대의 일본이나 백제에서도 '모'로 읽었다.

「모(山 백제어) → 모(毛 백제어, 고대일본어)」

산을 뜻하는 백제어 '모'를 이용한 언어의 유희이다.

그러자 월야견존이 더럽다고 하면서 칼로 베어 보식신이 죽었는데, 그 사체에서 여러 가지가 나왔다.

(4) 죽은 보식신의 <u>머리</u>에서 소와 <u>말</u>이 생겼다.

'머리'에서 소와 '말'이 생겼다는데, 여기서 소는 별 관련이 없다. 그러나 '머리'와 '말'은 그대로 대응된다. 일본어를 제외하고, 백제어와 백제어를 이용한 언어의 유희인 것이 분명하다.

「머리(백제어) → 말(백제어)」

'머리'는 중세에도 '머리'였으나, '마리'라 한 표기도 보인다. '말'은 중세에 '몰'이라 하였으나, 고대에는 '말'이었던 모양이다.

(5) 죽은 보식신의 <u>배</u>에서 <u>벼</u>가 생겼다(腹中生稻).

고대일본어로 배는 '파라(腹)', 벼는 '이나(稻)', 전혀 대응이 되지 않는다. 그러나 한국어 '배'와 '벼'는 훌륭하게 대응된다.

「배(백제어) → 벼(백제어)」

두 백제어를 이용한 언어의 유희이다. 배는 중세에 '빈', 벼는 중세에도 같은 발음이었다. 백제 시대에는 '버'였다고 추정된다(237쪽).

(6) 죽은 보식신의 음부에서 보리와 콩, 팥이 생겼다.

① 음부에서 팥이 나왔다는 점을 먼저 살펴보자.

음부의 고대일본어는 '퍼터(女陰)', 앞에서 본 바 있다. '팥'의 고대일본
어는 '아두키(小豆)', '퍼터'와 전혀 대응되지 않는다.

한국어로 보면, '팥'은 중세에 '풋'이었고, 경남방언 '팥', 전남방언 '퐃'
등으로 미루어보면, 백제 시대에는 '벋'이었다고 생각된다. 음부를 의미하
는 고대일본어 '퍼터'와 잘 대응된다.

「퍼터(女陰 고대일본어) → 벋(백제어)」

고대일본어와 백제어를 이용한 언어의 유희이다.

② 다음으로 음부에서 보리가 나왔다는 점을 살펴보자.

음부는 현대 한국어로 '보지'이다. 고대에는 '보디'였다고 추정된다. '보
리'와 상당히 닮았다. '보리'는 중세에도 같은 발음이었다. 백제 시대에도
마찬가지였을 것이다.

「보디(백제어) → 보리(백제어)」

백제어와 백제어를 이용한 언어의 유희이다.

이렇게 본다면, 백제 시대에는 음부를 의미하는 '벋'과 '보디'가 병존하
고 있었던 것으로 생각된다. '벋'은 왜로 건너가 '퍼터'가 되어 널리 사용
되다가 소멸하였다.

'보디'는 왜로 건너가기는 하였으나 지배계층인 백제인들만 사용하였고, 토착왜인들까지 대중화되지는 못하였던 모양이다. 한국에서는 지금도 '보지'로 남아있다.

일본어로 보리는 '무기(麥)', 일본어로는 전혀 대응이 되지 않는다.

(7) 죽은 보식신의 <u>눈썹 위</u>에서 <u>누에고치</u>가 생겼다(眉上生繭 미상생견).

일본어로 눈썹은 '마유(眉)', 누에고치도 '마유(繭)'. 일본어와 일본어를 이용한 언어의 유희이다.

그리고 이마에서 조가 생겼고, 눈 속에서 피(稗)가 생겼다 하였으나, 이 둘은 일본이나 한국어, 어느 쪽으로도 대응이 되지 않는다. 아마도 한국에서 사어가 되어 사라진 백제어가 개재되어 있었기에 풀 수가 없는 것으로 생각된다.

『고사기』에도 흡사한 설화가 있다. 여기서는 '오포케투피메(大氣津比賣)'라는 신이 죽은 후, 사체에서 여러 가지 물건이 나왔다고 하였는데, 『일본서기』와는 약간 다르게 되어있다.

(8) <u>머리에서 누에가 나왔다</u>(頭生蠶).

일본어로 머리는 '카시라(頭)', 누에는 '코(蠶)', 전혀 대응이 이루어지지 않는다. 그런데 한국어 '<u>가시</u>'는 음식물에 생기는 구더기를 뜻한다. 누에고치와 구더기는 생긴 모습이 흡사하다. 백제 시대에는 누에고치도 '가시'라고 하였을 가능성도 있다.

「카시라(頭 고대일본어) → 가시(백제어)」

'가시'라는 백제어를 이용한 언어의 유희이다.

(9) 두 눈에서 볍씨가 나왔다.

일본어로 눈은 '메(目)', 볍씨는 '이나타네(稻種)'. 전혀 대응이 되지 않는다. 한국어 '눈'은 신체의 기관이라는 의미 외에도, 초목의 갓 터져 나오는 싹이라는 뜻도 있다. 볍씨를 뿌리면 맨 처음 나오는 것이 '눈'이다. 볍씨는 이 '눈'과 대응되는 것이 아닐까? 그렇다면

「눈(백제어) → 눈(백제어)」

두 백제어를 이용한 언어의 유희이다.

(10) 궁둥이에서 콩이 나왔다.

일본어로 궁둥이는 '시리(尻)', 콩은 '마메(大豆)'. 전혀 대응되지 않는다. 그러나 한국어 '궁둥이'의 '궁'과 '콩'은 음상이 흡사하다. '궁둥이'는 중세에 '궁동이'라 하였다. 백제 시대에는 '공동이'였을 가능성이 크다. '콩'은 중세에도 같은 형태였다. 고대에는 '공'이었을 것이다.

「**궁**동이(백제어) → 공(백제어)」

두 백제어를 이용한 언어의 유희이다.

(11) 음부에서 보리가 나왔다.

이는 앞서 『일본서기』에서 보았다. 그리고 두 귀에서 조가, 코에서 팥이 나왔다고 하였는데, 이는 일본어나 한국어, 어느 쪽으로도 대응을 찾을 수 없다. 사어가 되어 지금은 사라진 백제어를 이용한 언어의 유희였을 가능성이 크다.

6. 「정사암(政事嚴) 회의」 전설과 부여삼산

백제의 「정사암 회의」와 『일본서기』의 천안하(天安河) 회의

　백제에서는 궁궐이나 저택이 아닌 야외의 바위 위에서, 여러 중신들이 모여서 장래의 재상감을 논의하기도 하였던 모양이다. 『삼국유사』의 다음 전설을 보자.

> 「호암사(虎嵒寺)에는 '정사암'이라는 바위가 있다. 나라에서 장래의 재상감을 의논할 때에, 뽑힐 사람 서너명의 이름을 쓰고 상자에 넣고 봉하여 바위에 둔다. 얼마 후 열어보면, 이름 위에 도장이 찍힌 사람이 있는데, 그 사람을 재상으로 하였다」

　이렇듯 중신들이 야외의 바위 위에서 국사에 관한 중요한 회의를 한다는 것은 보기 드문 일이 아닐 수 없다. 그러면 정사암이라는 바위는 어디에 있을까? '정사암'은 백제 당대의 호칭이고, 후세에는 '천정대(天政臺)'라는 이름으로 바뀐 모양이다. 네이버의 『두산백과사전』에 의하면, 이 바위는 부여 도성 인근 백마강의 절벽에 있으며, 마치 마치 대(臺)와 같아 아래로 강물을 내려다 본다고 하였다.

　이렇듯 경치 좋은 곳에서, 조정의 중신들이 가끔씩 모여 국가의 중대사를 논의하였던 모양이다.

　이 정사암 회의를 보면, 『고사기』와 『일본서기』에 나오는 고천원의 '천안하(天安河 아마노야스가와) 회의'가 떠 오른다. 이 강은 물론 실재하지 아니한 상상 속의 강이지만, 고천원을 유유히 흐른다고 되어있다. 아마도 백제의 수도 부여를 휘감아 흐르는 백마강이 모델일 것이다.

이 천안하의 강변에서 고천원의 신들이 모여서 회의를 하였다.

「천조대신이 바위굴에 숨자, 하늘이 어두워졌다. 놀란 8백만 신이 '천안하'
 에 모여 천조대신을 나오게 할 대책회의를 하였다」

팔백만이나 되는 많은 신이 천안하에서 모여 회의를 하였다니, 참으로
대성황을 이룬 회의였을 것이다. 『고사기』와 『일본서기』를 보면, 이 회의
를 포함, 도합 4회의 천안하 회의가 있었던 것으로 되어있다. 정사암 회의
가 그 모델이었던 것이 분명하다.

부여삼산(夫餘三山)과 대화삼산(大和三山)

『일본서기』에 나오는 마지막 왜왕 지통은 새로운 수도 등원경(藤原京)으
로 천도하였다. 그후 여기 사람들은 중심부에 소재한 세 개의 나지막한 봉
우리를 명산으로 높여 「대화삼산(大和三山 야마토산잔)」이라 칭하였다.

「카구야마(香久山), 우네비야마(畝傍山), 미미나시야마(耳成山)」

『일본서기』에도 자주 등장하고, 『만엽집』에는 수많은 가인(歌人)들이 이
세 명산을 노래한 바 있다. 그런데 백제의 수도 부여에도 세 명산이 있어
「부여삼산」이라 하였다.

「일산(日山), 오산(吳山), 부산(浮山)」

『삼국유사』 남부여조에 의하면, 백제의 전성기에 이 세 산에 신선이 살

아 날아서 왕래하기를 아침저녁으로 끊임없었다 한다. 대화삼산의 모델은 바로 이 '부여삼산'이다. 졸저『천황과 귀족의 백제어』에서 상세하게 본 바 있으므로(315쪽), 여기서는 간략하게 살펴보자.

부여와 등원경의 두 삼산, 도합 여섯 개의 산들은 모두 높이 1~2백미터 정도의 나지막한 산들이다. 높고 수려하거나 웅장한 산들이 아니다. 얼핏 보기에 전혀 명산으로 보이지 않으며, 평범한 동네 뒷산과 아무런 차이를 느낄 수 없다.

필자도 여러 차례 아스카를 방문하여 이 세 명산을 유심히 살펴본 바 있다. 그러나 필자의 눈에는 그저 평범한 동네 뒷산으로 보일 뿐, 아무리 보아도 왜 그것이 명산인지 전혀 느낌조차 오지 않았다.

그렇지만 부여와 아스카의 두 삼산은 높이와 서로간의 거리도 비슷하며, 중심부에 왕궁이 있는 점도 동일하다. 다른 점은 부여삼산이 직선인데 비해, 대화삼산은 삼각형이라는 점뿐이다. 두 삼산은 놀라울 정도로 닮았다. 백제와 일본의 두 삼산이 흡사한 것은 결코 우연의 일치가 아니다. 백제인들이 고국 수도의 세 명산인 부여삼산을 기억하여, 새로운 터전인 등원경에 이를 그대로 옮긴 것이 분명하다.

부여의 삼산은 비록 높고 수려하지는 않지만 신선이 살아 서로 날아다녔기에 그런 이유로 명산으로 불리웠다 한다. 그러나 등원경의 삼산은 왜 그것이 명산인지 그 이유가 명확하지 않다. 어느 기록에도 이 삼산이 명산인 이유가 나와있지 않다. 그 이유를 아는 사람은 일본에도 단 한 사람도 없을 것이다.

부여의 삼산처럼 수도 중심부에 위치하면서 비슷한 높이와 비슷한 거리에 있는 산 셋을 찾다보니, 위의 세 산이 선택되었다고 생각된다.

대화삼산 중에서 카구야마(香久山)는 하늘에서 강림하였다 하여 '하늘의 카구야마'라 불리기도 한다. 하늘은 물론 백제이다. 산이 백제에서 내려왔다는 전설이다. 8세기의 등원경 사람들이 창작한 전설일 것이다.

백제인들이 지배층이었다는 또 하나의 증거라 하겠다. 토착왜인이 지배
층이었고 백제인들이 그들의 지배를 받았다면 어림없는 일이다. 감히 고
국 수도의 세 명산을 기념하여, 일본 수도에다 그와 흡사하게 세 명산을
지정할 수는 없었을 것이다. 일제강점기 일본의 수도 도쿄에도 수많은 조
선인들이 살고 있었다. 그러나 그들은 도쿄의 어디에도 단 하나의 조선식
지명도 남긴 적이 없었다.

그러나 고대의 등원경은 근세의 도쿄와는 전혀 달랐다. 백제인의 세상
이었다. 등원경의 천황을 포함한 일본 지배층 사람들에게 있어서 대화삼
산이란 존재는 마치 잃어버린 수도 부여의 삼산을 보는 느낌이었을 것이
다. 『일본서기』와 『고사기』, 『만엽집』 등에 이 삼산이 무수하게 등장하는
이유를 짐작할 수 있다.

7. 백제인이 가져간 풍습, 민속과 놀이

1) 백제의 굿과 무당도 왜국으로

고대 퍼포먼스의 모습

『일본서기』를 보면, 천조대신이 아우인 수사노의 악행에 분노한 나머지
하늘의 바위굴로 들어가 돌문을 닫고 숨어버렸다. 그러자 해가 뜨지 않고
어둠의 세상이 되었다. 이에 팔백만 신이 모여서 천조대신을 나오게 할 대
책을 논의하는 회의를 한다. 앞서 본 천안하(天安河) 회의이다. 그러다 퍼

포먼스를 벌이는데, 요약하면 다음과 같다.

① 5백 그루의 비쭈기나무 윗 가지에는 5백개의 옥 목걸이를, 가운데 가
   지에는 거울을, 아랫 가지에는 푸르고 흰 천을 각각 걸고, 모두 같이
   기도를 올렸다.
② 여성이 띠풀을 감은 창을 들고, 굴 앞에서 능숙하게 춤을 추었다.
③ 마당에는 모닥불을 피우며, 통을 엎어놓고, 신내린 말을 하였다.
④ 천조대신이 조금 나오자 붙들어 끌어내고는, 다시 들어가지 못하게
   금줄을 쳤다. 이 금줄은 왼새끼로 꼬았고 끝을 자르지 않았다.

(『日本書紀(일본서기) ①. 小島憲之 외. 2006. 小學館』 77쪽)

왜국으로 건너간 백제의 굿

위 책의 주석에 의하면, ③항의 통을 엎어놓는다는 말은 통을 엎어놓고
두드린다는 의미라 한다. 이 퍼포먼스를 좀 더 간명하게 요약하여 보자.

「마당에는 모닥불, 통을 엎어놓고 신나게 두드리며, 여성은 창을 들고
  능숙하게 춤을 추다가, 신내린 말을 한다」

전체적인 모습이 한국에서 흔히 볼 수 있는 굿판, 신명나는 장구 소리에
신칼을 든 무당이 능숙하게 춤추는 모습을 연상케 한다.

(1) 춤사위가 한참 계속되면 무당에게 신이 내린다. 그래서 무당은 신의
소리를 내기도 하고, 죽은 사람의 소리를 내기도 한다. 이를 '공수'라 한
다. ③항에서 여성은 신내린 소리(顯神明之憑談 현신명지빙담)를 하고 있다.

백제의 무당도 마찬가지였던 모양이다.

『일본서기』 지은이는 모국 백제 무당이 춤추는 신명나는 굿판을 염두에 두고, 이 대목을 써 내려갔던 것이 분명하다.

(2) 위 ②항에서는 춤추는 여성이 「띠풀을 감은 창」을 들었다. 이 창은 물론 무구(巫具) 즉 무당의 도구이다. 한국의 무구로는 도검류와 작두, 방울, 부채 등이 있다. 도검류로는 신칼이 주로 사용되지만, 삼지창도 종종 사용된다. 창에다 띠풀을 감은 것은 한국 무당의 신칼 자루에 달린 종이로 된 수많은 술을 연상케 한다.

창을 감은 띠풀과 신칼의 종이술은 이들 무기가 사람을 살상하는 용도가 아니고, 삿된 것을 제압하는 영적인 도구라는 사실을 상징하는 것으로 보인다. 춤은 굿판 무당의 기본 동작이다. 격렬하고 교묘한 춤사위인데, 칼이나 삼지창을 들고 춘다.

(3) ③항에서 통을 엎어 놓고 두드린다는 것은 한국 굿판의 기본 악기가 장구이고, 그 외 북과 징 등 타악기인 것과 흡사하다.

굿판에는 물론 피리나 해금 등의 관악기도 있으나, 기본은 어디까지나 타악기이다. 사람을 신들린 황홀경으로 몰고 가기 위하여는 타악기가 가장 유용하였던 모양이다.

신목(神木) 당나무

①항에 보이는 비쭈기나무는 일본에서는 '사카키(榊)'라 하며, 신성한 나무로서 주로 신사의 경내에 심는 상록수이다. 이 나무를 의미하는 한자 '신(榊)'은 일본에서 만든 한자이다. '신목(神木)'이라는 두 한자를 합쳐서

하나의 한자로 만들었다. 일본 사람들은 신이 깃드는 나무라고 믿고 있다. 이 나무 가지에다 옥 목걸이, 거울, 푸르고 흰 천을 달았다.

『삼국지』「한전」을 보면, 「한(韓)에서는 '소도(蘇塗)'라 하는 큰 나무를 세우고, 방울과 북을 달아 귀신에 제사 지냈다」라 하였다. 신성한 큰 나무에 신적인 물건을 여럿 매달아 제장을 꾸미는 모습이 ①항과 공통된다. 매다는 물건이 옥 목걸이와 거울, 방울과 북으로서 서로 다르긴 하지만.

여기서 『삼국지』에 나오는 방울을 주목하여 보자. 한국 무당들의 중요한 무구 중의 하나가 바로 방울이다. 무구로서의 방울은 유구한 역사를 가지고 있는 것을 알 수 있다.

한편 한국의 서낭당에서는 큰 나무에 울긋불긋한 천을 여러 조각 매달아 장식하는 풍습이 있다. 이것은 ①항에 보이는 나뭇가지에 푸르고 흰 천을 매단 모습과 완벽하게 동일하다.

서낭당의 큰 나무는 신성한 나무로서, '당나무' 혹은 '당산나무'라 부르며, 이는 신목 즉 신의 나무이다. 수종이 특정된 것은 아니지만, 주로 느티나무가 많다. 신이 깃드는 신성한 나무라는 점에서 일본의 비쭈기 나무와 마찬가지 의미이다.

일본 학자들은 천조대신의 이 천석굴 설화를 일식과 관련한 신화라고 하면서, 온갖 의미를 부여하고는 아주 소중하게 여기고 있다. 이에 관한 각종 논문도 많다. 동남아시아의 일식 신화, 심지어는 그리이스의 일식 신화와 비교하는 학자도 있다.

그러나 이러한 논의는 전혀 실익이 없다. 왜냐하면 『일본서기』의 이 설화는 오랜 옛날부터 민중의 입에서 입으로 전해 내려온 그런 신화가 아니기 때문이다. 『일본서기』 전편이 그렇듯이, 지은이가 붓끝으로 창작해낸 설화이다. 한편 생각해 보면, 여기에도 지금은 사라진 고대 한국의 일식 관련 신화가 조금이나마 투영되어있을 가능성도 없는 것은 아니다. 어떻든

『일본서기』의 이 대목은 백제인들의 굿판 모습을 아주 생생하고 실감나게 묘사한 것으로서, 소중한 가치가 있는 것이 분명하다. 사실이 이러함에도 필자가 아는 한, 이 대목을 백제 굿의 풍경으로 파악한 학자는 없었다.

왜 여왕 비미호(卑彌呼)는 무당

『삼국지』「왜인전」을 보면, 3세기 왜국의 대단한 여왕 비미호를 묘사하기를

「귀도(鬼道)를 섬기고, 사람들을 혹하게 하는 데에 능하였다(事鬼道 能惑衆)」

라 하였다. 그러면서, 나이가 들었어도 남편이 없었고, 오직 남동생이 있어 나라를 다스리는 것을 보좌하였다 한다. 귀도 즉 귀신의 길을 섬기며, 사람들을 능히 혹하게 하였다는 비미호, 그는 무당이었던 것이 분명하다.

그런데 일본에는 고대에도 한국풍의 무당은 존재하지 않았다. 그래서 이 비미호는 한국에서 건너간 무당이라는 견해가 있다(『祭祀と異界(제사와 이계). 前田憲二. 2015. 現代書館』 16쪽). 확실치는 않지만 그럴 가능성은 충분하다고 생각된다.

『일본서기』의 이 기록을 보면, 백제의 무당은 현대 한국의 무당과도 별다를 바가 없었던 모양이다. 3세기 한국의 무당도 큰 차이가 없었다고 생각된다.

금줄과 왼새끼

다시 『일본서기』에 나오는 바위굴에 숨은 천조대신으로 돌아가 보자.

바깥이 소란스러워 무슨 일인가 싶어 천조대신이 손으로 바위문을 열자, 대기하고 있던 힘센 신이 손을 잡아 끌어내고는, 돌아가지 못하게 <u>금줄</u>을 쳤다 한다. 이 금줄을 살펴보자.

신성한 장소임을 표시하고, 부정한 사람의 출입을 막기 위하여 치는 새끼줄인 금줄은 고대에 한국에서 왜로 건너간 풍습이다. 이는 한국은 물론 일본에 지금도 남아있다.

한국에서는 아이를 낳은 집의 대문에 금줄을 건다. 동네의 제사인 동제를 지낼 때에는 제장과 제관의 집, 당산나무 등 여러 곳에 금줄을 친다. 이 때는 여러 조각의 백지를 끼우기도 한다.

『일본서기』는 이 금줄은 왼새끼로 꼬고, 끝을 자르지 않았다(左繩端出 좌승단출)고 하였다. 이 또한 고대 한국인들이 가져간 풍습이다. 한국에서도 일반적인 새끼는 오른쪽으로 꼬는 오른새끼이다. 그러나 금줄은 반대로 왼새끼이다. 한국 사람들은 왼새끼는 귀신을 쫓아내는 힘이 있다고 믿고 있다(『한국 민속학. 김동욱 외. 2005. 새문사』 152쪽).

또한 왼새끼의 끝은 자르지 않아 치렁치렁 늘어져 있다. 싹둑 자르는 데에 부정함이 깃들지도 모르므로 이를 예방하는 의미일 것이다. 『일본서기』의 끝을 자르지 아니한 왼새끼 금줄은 고대 한국의 풍습이 그대로 건너갔음을 알려 준다.

2) 백제인이 가져간 대장군(장승)

백제의 장승이 왜국으로

예로부터 한국 사람들은 마을의 입구나 경계, 절 입구 등에는 장승을 세웠다. 장승의 가장 중요한 기능은 재액과 사악한 것을 막는 역할로서, 마을과 마을 사람들을 지키는 수호신이었다. 부차적으로 이정표나 경계표의 역할도 하였다. 서민들에게는 친근한 민간신앙의 대상이었다.

통상적으로 남녀로 쌍을 이루며, 남체에는 주로 '천하대장군', 여체에는 '지하대장군' 혹은 '지하여장군'이라고 크게 써 놓았다. 백제 시대에도 별로 다르지 않았던 모양이다. 백제인들은 이 장승을 왜로 가져가 이를 '대장군(大將軍 타이쇼군)'이라 하였던 것이다.

저명한 민속학자 임동권 선생의 『대장군 신앙의 연구. 1998. 민속원』에 의하면, 환무천황이 794년 수도를 현재의 교토로 천도하면서, 새로운 왕성의 네 모서리에 대장군을 세워 수호신으로 삼았다 한다(75쪽).

임동권 선생의 연구에 의하면, 일본 전국의 23개 현, 도합 778곳에 대장군이 있다 한다. 시가현 238곳, 와카야마현 119곳, 미야자키현 117곳, 후쿠이현 74곳, 오사카부 38곳, 교토 32곳, 효고현 21곳의 순이다.

가장 많은 시가(滋賀)현 일원은 백제 멸망 이후 건너간 유민들이 집단으로 거주하던 곳이다. 이 사실만 보더라도 대장군 신앙은 백제인들이 가져간 것임을 알고도 남음이 있다.

대장군을 모시는 일본의 신사

고대 일본의 수도 교토에는 대장군을 모시는 신사가 있다. 그 중 니시가모다이쇼군(西賀茂大將軍)신사의 유서를 전하는 기록을 보자.

「…… 환무천황이 헤이안 천도할 때(794년), 황도의 사방을 방제하는 신으로 대장군을 모시게 되었다. 그 당시 당 신사는 북방의 수호신으로 되어있어 유서깊은 신사이다 ……」

(『한국에서 본 일본의 민속문화. 임동권. 2004. 민속원』 301쪽에서 재인용)

신사 이름 앞머리의 '니시가모'는 지명이고, 그 뒤에 '대장군'이 붙어있다. 새로운 수도를 재액으로부터 지키는 수호신으로 대장군을 세운 것을 알 수 있다. 마을의 수호신인 한국의 장승과 기능 면에서 완벽하게 동일하다. 이 신사는 본전(本殿)에 반장희명(磐長姫命 이와나가히메노미코토)를 모시고 있는데, 대장군만을 모실 수가 없어 이런 편법을 사용하는 것으로 추정된다.

교토에는 대장군을 모시는 '타이쇼군하치(大將軍八)' 신사도 있다. 이 신사의 유래를 보면,

「환무천황이 헤이안 천도한 해(794년), 칙명에 의해 야마토(大和) 카스카야마(春日山) 기슭에서 권청(勸請)한 왕성 진호의 방제신이다 ……」

(위 책 303쪽에서 재인용)

'권청'은 신령을 청하여 맞이한다는 뜻이다. 이 신사에는 신상(神像) 즉 신의 형상 백여체가 보관되어 있는데, 그중 79체가 중요문화재(한국의 보물에 해당)로 지정되어있다. 임동권 선생에 의하면, 그 중에서 대장군 신상은 오른 손에 칼을 들고 있어 한국의 당진 황도리의 장승 집도상과 유사하다고 한다.

위 기록에서 알 수 있는 것은, 대장군 신앙이 환무천황의 교토 천도 무렵에 처음 생긴 것이 아니고, 훨씬 이전부터 있었다는 점이다. '카스카'는 나라의 지명이다. 유명한 신사인 '춘일대사(春日大社)'가 여기에 있다. 이곳에 있던 대장군을 교토로 천도할 무렵, 옮겨간 것을 알 수 있다.

3) 혼불

바다

『일본서기』에 나오는 40명의 왜왕 중 첫 번째 실존왜왕인 38대 천지의 왕후가 지은 『만엽집』 148번 노래에는 '혼불'이 등장한다. 혼불에 관하여는 뒤에서 살펴보고, 먼저 노래를 정확하게 번역하여 보자. 노래의 내용으로 보아 왕이 세상을 떠난 후, 무덤을 조성할 때에 지은 것으로 추정된다.

이 왕후를 『만엽집』에서는 「왜대후(倭大侯)」라 하였다. 원래 '대후'는 백제의 왕후이지만, 이와 구별되는 왜국의 '대후'라는 의미이다. 이때는 일본이라는 새로운 국호가 성립된 이후이지만, 아직도 멸시의 비칭 '왜'를 습관적으로 사용하였던 모양이다. 먼저 필자의 해석을 보기로 하자.

「靑旗乃 木旗能上乎 賀欲布跡羽 目尒者雖視 直尒不相香裳
아워파타노 코파타노우페워 카요푸토파 메니파미레토모 타다니아파누카모
푸른 바다의, 나무 바다(코파타) 위를, 왔다 가는 것이, 눈에는 보여도,
직접 만나지는 못하는구나」

두 번째 구절의 코파타(木旗)는 천지의 무덤이 자리한 곳의 지명이다. 백제어와는 아무런 관련이 없고, 왜어이다. 고대일본어에서 나무를 '코(木)'라 하였고, 깃발을 '파타(旗)'라 하였기에, 이런 한자표기를 사용하였다. 그러나 이는 왜어로 된 지명을 한자로 표기하기 위한 수단일 뿐, 실제로는 나무나 깃발과는 아무런 상관이 없다.

그런데 지명 '코파타'를 왕후는 나무를 의미하는 고대일본어 '코(木)'와 한국어 '바다'로 보았다. 그래서 이 구절은 '나무 바다'로 풀이된다. 앞서 『일본서기』에 등장하는 '바다'를 본 바 있다(48쪽).

첫째 구절, '아워파타(靑旗)'의 '아워(靑)'는 푸르다는 뜻이고, '파타(旗)'는 깃발을 뜻하는 일본어이지만, 여기서도 백제어 '바다'를 나타낸다. 이 구절은 '푸른 바다'이다.

그래서 앞의 두 구는 「푸른 바다의 나무 바다 위를」이 된다. '나무 바다'는 푸른 색이다. 그래서 '푸른 바다'와 '나무 바다'가 훌륭한 대를 이루는 것을 알 수 있다.

그렇지만 일본의 통설은 '아워파타(靑旗)'의 '파타'를 일본어의 의미 그대로 깃발로 보면서, 장례식의 깃발을 의미한다고 보았다(『萬葉集(만연집) ①. 小島憲之 外. 2006. 小學館』 110쪽).

그렇다면 이 구절은 「푸른 깃발의 나무 깃발(코파타) 위를」이 되는데, '나무 깃발'이 무슨 의미인지 알 수도 없고, '푸른 깃발'과 '나무 깃발'은 전혀 대를 이루지도 못하게 된다. 어느모로 보나, 이 '파타'는 고대일본어 '깃발'이 아니라, 백제어 '바다'인 것이 분명하다.

혼불

3, 4구의 「왔다 가는 것이 눈에는 보여도 직접 만나지는 못하는구나」라는 구절은 참으로 흥미진진하다. 위 책에서는 다음과 같이 풀이하였다.

「천황의 육체에서 떨어져나간 영혼이 대후의 눈에는 환상처럼 보이는 것이리라」

그럴듯한 해석이다. 다른 견해를 보자(『萬葉集釋注 一(만엽집석주) 1. 伊藤博. 1996. 集英社』 356쪽).

「죽은 사람의 영혼이 새로 변하여 날아간다고 하는 사상 등을 배경으로 하고 있을 것이다. 어떤 형태로든 영혼이 보였을 것이다」

위에서 보듯, 일본의 통설은 대후가 천황의 「영혼」을 보았다고 해석하고 있다. 그다지 틀린 견해는 아니다. 그런데 일반적으로 영혼은 사람의 눈에 보이는 존재가 아니다. 밝은 대낮에는 더더욱 사람 눈에 나타나지 않는다.

이 노래를 보면, 왕후는 「나무 바다 위를 왔다가는 것을 보았다」라고 하였는데, 이 노래가 무덤을 조성하면서 지은 것이라는 점을 생각하면, 그 시간대가 밤이 아닌 낮이었던 것이 분명하다. 무덤을 조성하는 대낮에 영혼이 나타난다는 것은 상상하기 어렵다.

왕후가 본 것은 한국의 민간신앙인 '혼불'인 것이 분명하다. 한국에는 사람이 죽기 직전에 몸에서 영혼이 떨어져 나가 혼불이 되어 날아간다는 믿음이 있다. 실제로 이 혼불을 목격하였다는 사람도 많다. 필자는 직접 목격한 바 없지만, 이 혼불을 실제 보았다고 하는 지인들의 목격담을 몇차례 들은 바 있다.

다음은 필자가 이십수년전, 경남 하동 지리산 자락의 쌍계사 부근에 사는 분으로부터 들은 목격담이다. 새벽 기도를 하러 교회로 가는 도중, 우거진 숲의 나무 사이로 날아가는 혼불을 보았다고 하였다. 혼불이 울창한 나무 사이로 날아갔다고 한 것은 이 노래와 흡사하다.

왕비는 한국의 민간신앙인 왕의 혼불을 보기는 하였으나, 대화를 나누지 못한 아쉬움을 노래하였던 것이다. 혼불은 그 움직이는 모습이 대낮에도 분명하게 보이지만, 사람과 대화를 나누는 존재는 아니다.

그런데 이 '혼불'이라는 민간신앙은 한국에만 있고, 일본에는 고대에도 존재하지 않았다. 그렇지만 왕후는 분명히 혼불을 보았다고 하였다. 그녀도 역시 백제인이었던 것이 분명하다. 이 노래에서 보는 것처럼 백제인들이 왜국으로 이 혼불 신앙을 가지고는 갔으나, 대중에게 널리 유포되지는 못하였던 모양이다.

왜왕 천지 노래의 백제어

『만엽집』에는 왜왕 천지의 작품 4수가 수록되어 있는데, 15번 노래에 백제어가 보인다. 그가 중대형(中大兄)이라는 이름의 황태자 시절의 작품이라 한다. 다음은 전문이다.

「渡津海乃 豊旗雲尒 伊理比彌之 今夜乃月夜 淸明己曾
와타투미노 토요파타쿠모니 이리피미시 코요피노투쿠요 사야캐카리코소
① 해신(海神)의, 풍성한 <u>바다</u> 구름에, 지는 해 본다, 오늘 밤의 달밤, 청명하고저
② 해신(海神)의, 풍성한 깃발 구름에, 지는 해 본다, 오늘 밤의 달밤, 청명하고저」

①은 필자, ②는 일본의 통설에 의한 해석이다. 2구의 「旗雲(파타쿠모)」를 일본어의 의미 그대로 「깃발 구름」으로 보느냐, 아니면 백제어로 보아 「바다 구름」으로 보느냐의 차이이다. 그렇지만 구름의 모양이 깃발이라는 것은 전혀 있을 수 없다. 「바다 구름」인 것이 명명백백하다. 첫구의 '해신(海神)'과도 훌륭한 조화를 이루는 것을 보라.

앞에 나온 왕후 노래에서 「푸른 깃발, 나무 깃발」이 아니라 「푸른 바다 나무 바다」로 해석하는 것이 왕후의 본 뜻인 것과 마찬가지이다. 천지와 왕후, 부부는 공히 백제어 '바다'를 이용한 언어의 유희를 하였던 것이다.

4) 윷놀이와 팽이

윷놀이

『수서』「왜국전」을 보면, 왜인들은 바둑과 쌍륙, 그리고 윷놀이(樗蒲 저포)를 즐긴다고 하였다. 이 모든 것은 백제인들이 가져간 백제의 놀이이다. 윷놀이는 8세기의 일본 귀족들이 즐기는 놀이였던 것은 분명하지만, 토착왜인인 일반 백성들도 이를 알았는지는 분명치 않다. 아마도 백제 후예들인 지배층 사이에서만 유행하다가, 백성들에게는 뿌리 내리지 못하고 점차 사라진 것으로 추정된다.

윷놀이를 『수서』와 마찬가지로, 고대 일본에서도 한자로 '저포(樗蒲)'라고 표기하였다. 원래 저포는 중국에서 유래한 놀이이다. 윷놀이와 비슷하나, 다섯 개의 나무조각을 던지는 점을 비롯하여 약간의 차이가 있다. 고대 일본의 '저포'는 중국 놀이가 아니라 한국의 윷놀이를 가리킨다. 아마도 한자로 표기할 마땅한 방법이 없어 고심하다가, 비슷한 중국 놀이인 '저포'로 표기한 것이 아닌가 싶다. 왜국에 윷놀이가 있었다는 사실을 필자는 『만엽집』을 읽다가 알게 되었다.

『만엽집』을 보면, 고대의 일본인들이 윷가락 4짝으로 윷놀이를 즐겼던 사실을 알 수 있다. 네 짝 중 몇 개가 엎드리고 일어나 있는지에 따라 도, 개, 걸, 윷, 모를 정하고, 윷판에다 말을 움직였던 것이다. 중국의 저포와는 다른 한국 고유의 윷놀이인 것을 알 수 있다.

① 커러(頃) [만엽집 2988] 윷놀이의 걸

위 만엽가에서 윷놀이의 걸을 「一伏三起(일복삼기)」라 하였다. 즉 윷가락 네 짝 중에서 하나는 엎드려 있고, 셋은 일어나 있다는 뜻이다. 이를 위 노래에서는 '커러(頃)'라고 표기하였다. '커러'는 '걸'의 일본어 버전이다. 한국어 '걸'과 발음과 의미가 완벽하게 일치하고 있다.

② 투쿠 [만엽집 1874] 윷놀이의 도

위 노래에서는 반대인 「三伏一向(삼복일향)」, 즉 셋은 엎드려 있고 하나는 일어나 있는 상태를 '투쿠'라 하였다. 윷놀이의 '도'이다. '투쿠'와 '도'는 발음이 다르다. 같은 말이 아니다. '도'를 의미하는 고대 일본의 '투쿠', 이 역시 백제어인 것이 분명하지만 그 어원을 찾기가 쉽지 않다.

③ 마니마니(隨) [만엽집 743] 윷놀이의 모

위 노래에 나오는 「諸伏(제복)」은 윷가락 4짝이 모두 엎드려 있다는 뜻이니, 이는 '모'를 의미한다.

일본어 '마니마니(隨 수)'는 행동의 결정을 타인에게 맡긴다는 의미이다. 즉 자신의 의지가 아니라 신이나 천황 등 타인의 의지대로 움직인다는 뜻이다. 윷놀이의 '모'는 윷짝 넷 다 엎드려 있으므로, 이는 완벽하게 굴복한 상태이다. '모'의 엎드린 형태로서 일본어 '마니마니'를 나타낸 것은 아주 그럴듯하다.

그런데 이는 '모'의 엎드린 상태를 일본어로 표현한 것이지, '모'라는 윷놀이 용어는 아니다. '모'를 고대의 일본에서 어떻게 불렀는지는 알 수가 없다. 앞서 '걸'을 고대 일본에서 '커러', '도'를 '투쿠'라 한 것을 보았다. 그러나 '개', '윷', '모'는 알 수가 없다. 필자 역량의 한계로 인하여 찾지 못한 점이 아쉽다.

④ 카리 [만엽집 948] 윷가락 4짝
　솔가리 : 땔감용 소나무 가지
　졸가리 : 잎이 떨어진 나뭇가지
　마들가리 : 잔 가지로 된 땔나무

윷가락 4짝을 '카리(加利)'라 하였다. 이는 일본어가 아니다. 일본에는 고대에도 이런 말이 존재하지 않았다.

위에서 보듯이 한국어 '~가리'는 나무 토막, 혹은 작은 나무 가지를 의미한다. '가리' 단독으로는 사용되지 않고 접미사로만 명맥을 유지하고 있으나, 고대에는 단독으로 쓰이면서 작은 나무토막을 뜻하였던 모양이다. 고대에 일본으로 건너가서는 윷가락 4짝을 의미하게 되었다.

⑤ 카리우티 樗蒲 저포 [고대 일본어] 윷놀이
　우티 打 타 [일본어] 치기
　도를 치다 [윷놀이 용어] 도가 나오게 하다

윷놀이를 고대 일본에서는 '카리우티' 라 하였다. '우티(打)'는 치다는 의미의 동사 '우투'의 명사형이다. 따라서 이 말은 '가리 치기'라는 의미가 된다. '가리' 즉 윷가락을 가지고 노는 윷놀이를 '가리 치기'라 하였는데, 이 또한 백제에서 건너간 말이다.

『표준국어대사전』을 보면, 윷놀이할 때 「개를 치다」 혹은 「도를 치다」라는 표현이 있다. '도나 개를 나오게 하다'는 의미이다. 또한 「화투를 치다」라고도 한다. 이 '치다'는 윷놀이나 화투 등 재미있는 놀이를 하다는 의미이다.

요즘은 '윷을 놀다'라 하지만, 백제 사람들은 「가리를 치다」라고 하였고, 윷놀이는 「가리 치기」라 하였던 모양이다. 이를 일본으로 가져가 '가리'는 그대로 '카리(加利)'라 하였으며, '치기'는 일본어로 번역하여 '우티(打)'라 하였다.

'치다'는 중세에 '티다'라 하였으므로, 고대에는 '디다'였을 것이다.

팽이

팽이는 일본에서 '코마'라 한다.

코마 獨樂 독락 [일본어] 팽이
코마 高麗 고려 [〃   ] 고구려

그런데 '코마'는 고대 일본어에서 고구려를 일컫는 말이기도 하다. 『일본국어대사전』에 의하면, 고구려에서 이 놀이가 전해졌기에 이런 이름이 붙었다는 설이 유력하다 하였다.

그러나 고구려의 놀이가 바로 왜지로 전해졌다고 보기는 어렵다. 아마도 백제인들이 왜국에서 이 놀이를 '고마'라고 하였던 것에 그 기원이 있을 것이다. 그러나 '고마'가 무슨 의미인지는 알 수가 없다. 지금은 사라진 백제어일 것이다.

일본의 방언에는 '팽이'가 남아있다.

바이 獨樂 독락 [나라, 교토, 오사카, 효고, 시가, 미에 방언] 팽이
배이 [함북방언]   〃
파이 [평북방언]   〃

나라와 교토 등지에서는 팽이를 '바이'라 한다. 원래는 '바이고마'였는데, '고마'가 생략되어 '바이'로 되었다 한다. 이 '바이'는 쉽게 알 수 있다. '팽이'와 아주 비슷하다.

함경북도에서는 '배이'라 하고, 평북방언에서는 '파이'라 하므로 팽이의 고형이 '바이'인 것을 짐작하기에 어렵지 않다. 백제 사람들도 마찬가지로 '바이'라고 하였을 것이다.

나라 등지의 방언 '바이'는 바로 이 백제어 '바이'이다.

배이 [교토 방언] 팽이

배이 [함북방언]　　　//

교토의 '배이'는 함북방언 '배이'와 흡사하다.

5) 백제인들이 가져간 바둑

바둑을 즐겼던 개로왕

『북사』「백제전」을 보면, 백제인들이 쌍륙, 윷놀이, 투호 등 여러 가지 놀이를 즐기는데, 그중에서 바둑을 가장 좋아한다 하였다. 바둑은 원래 중국에서 기원하였는데, 그것이 언제 백제에 들어왔는지는 분명치 않다.

백제인들이 바둑을 특히 좋아하였다는 점은 『삼국사기』개로왕 조에 나오는 다음과 같은 일화에서 알고도 남음이 있다.

고구려 장수왕은 백제를 공략하고자 하였는데, 군사공격에 앞서 우선 백제를 내부에서 약화시키고자 하였다. 백제 개로왕이 바둑을 아주 좋아한다는 사실을 알고는, 고구려의 바둑 고수인 승려 '도림'을 첩자로서 백제에 파견하였다.

도림은 개로왕과 매일같이 바둑을 두면서 깊은 신임을 얻고는, 왕에게 성곽과 궁전, 왕릉의 보수 등 대토목공사를 권유하였다. 이에 넘어간 개로 왕이 수많은 토목공사를 시행하자, 국고는 비어갔고 백성은 곤궁하게 되어 나라가 위태롭게 되었다. 결국 장수왕의 기습공격으로 수도 한성은 함락되고, 개로왕이 전사하는 대패전을 맞이하게 되었던 것이다.

개로왕의 사례에서 보듯, 백제의 귀족층에서 바둑을 아주 즐겼던 모양이다. 의자왕이 왜국의 중신겸족에게 하사한 선물도 다름아닌 최고의 바둑판과 바둑알이었던 것을 보아도 알 수가 있다(후술 187쪽).

따라서 왜로 건너간 백제의 귀족들이 바둑을 가져가지 않을 리가 없었다. 『북사』「왜국전」을 보면, 왜인들이 바둑을 즐긴다고 하였다. 여기서의 왜인은 토착왜인이 아니라, 백제에서 건너간 지배층을 의미하였다고 생각된다.

일본의 바둑

윷놀이가 만엽가에 간혹 등장한 것과는 달리 바둑은 기록에 잘 보이지 않아, 그 실상을 알기 어렵다. 그렇지만 지배층에서 즐기는 기예였을 뿐만 아니라, 그 수법도 상당히 발전되었던 모양이다.

중국 당의 대종(재위 763~779년) 무렵에 당나라로 사신 갔던 일본의 길비진인(吉備眞人)이 당나라 고수와 대국하였던 재미있는 일화가 전하고 있다(『韓國圍碁史(한국위기사). 김용국. 1975. 서문당』 39쪽).

이 대국이 무승부임을 예측한 길비진인은 상대방의 바둑돌 하나를 몰래 가져가 꿀꺽 삼켜버렸다. 그리하여 계가 결과 길비가 한 집 이긴 걸로 되었다. 자신의 계가로는 분명히 무승부인데 한 집을 패하게 된 당 고수는 억울한 나머지 점장이를 불러 점을 쳐보았다. 점장이는 바둑돌 하나가 길비의 뱃속에 있어 그렇게 되었다고 하였다.

그러자 당 측에서 길비에게 설사약을 먹여 변을 검사하려 하였으나, 일본 측에서 설사를 멈추게 하는 약을 먹여, 결국 어쩔 수 없이 길비의 한집승으로 종결되었다 한다. 당시에도 치열하였던 국제 바둑대결의 한 장면을 보는 느낌이다.

그로부터 수십년 후, 이번에는 일본 최고수이던 왕자가 당의 선종(재위 847~859년) 무렵에 당으로 건너갔다(위 책 40쪽). 일본 왕자가 바둑이 세다는 소문을 들은 황제는, 절정 고수이던 고사언(顧師言)과 대국하게 하였다. 결과는 일본 왕자의 패배.

상대방의 놀라운 수법에 진심으로 탄복한 왕자는 고사언에게 중국에서 몇 번째 가는 고수냐고 물었더니, 자신은 세 번째라 하였다. 왕자는 다시금 감탄하고는, 「소국의 1위가 대국의 3위에게도 미치지 못하겠다」라고 하였다 한다. 그리고는 옥으로 만든 바둑판과 역시 옥으로 만든 바둑돌을 선물하였다. 이 바둑돌은 겨울에는 따스하고 여름에는 차가워지는 진품이었다 한다.

이 고사언이라는 고수는 중국 바둑사에서도 손꼽히는 최고수 중의 한 사람이므로, 일본 왕자가 이길 수 없었던 것은 당연한 일이라 하겠다.

그후 일본에서 중세 무가(武家)시대가 열리고, 무사들이 바둑을 애호하여 일본의 바둑은 더욱 발전하게 되었다. 그리하여 일본 바둑이 큰 발전을 이룬 결과, 근세에 들어 일본의 바둑은 한국은 물론 원조인 중국마저도 압도할 정도로 세계 최고였다. 그러한 일본 바둑의 뿌리는 백제에 있었던 것이다.

그러다 1988년 한국의 조훈현 국수가 최초의 세계 바둑대회인 응씨배에서 우승하였고, 이후 그의 제자인 이창호 국수가 중국과 일본의 모든 고수들을 제압하면서, 한국 바둑이 세계 1위로 등극하게 되었다.

6) 왜국 백제인들의 「활놀이」

고대 일본에서는 세시 풍습의 하나인 활쏘기 시합이 있었다. 음력 1월 17일, 궁중에서 천황이 참석한 가운데 고위 관리들이 활쏘기 대회를 하였는데, 이를 '사례(射禮)'라 하였다. 이는 한자어이다.

다음날 역시 천황이 임석한 자리에서 좌우 근위부의 하급관리들이 참석하여 궁술의 기예를 겨루었으니, 이 행사를 '노리유미'라 하였다. 한자로는 '(賭弓 도궁)'이라 표기하였는데, '활 도박'이라는 의미가 된다. 좌근위부와 우근위부로 편을 갈라 시합을 하면서, 이긴 쪽에는 푸짐한 포상을 주고 진 쪽은 벌주를 마셔야 했다.

활쏘기 시합의 명칭인 노리유미는 무슨 의미인가? '유미(弓)'는 활을 뜻하는 일본어이다. 하지만 '노리'는 일본어가 아니라 백제어이다.

노루 堵 도 [고대일본어] 도박하다.

놀다 [한국어] 어떤 놀이를 하여 이기고 짐을 겨루다

노름노리 [중세한국어] 도박

한국어 '놀다'에는 여러 의미가 있는데, 어떤 놀이를 하여 이기고 짐을 겨루다는 뜻도 있고, 나아가 도박하다는 의미도 있다. 그래서 중세 한국어에서는 노름을 '노름노리'라 하였다.

고대의 일본에는 도박하다는 의미의 동사 '노루(堵 도)'가 있었는데, 그 명사형 즉 도박은 '노리'라 하였다. 중세어 '노름노리'의 '노리'와 같은 말이다. 백제인들이 가져간 말인 것이 분명하다. 지배층에서만 사용되던 말이었던 모양이다. 지금은 사어가 되어 사용되지 않는다. 이와 같이 일본에서 사라진 백제어가 무수히 많다.

활쏘기 시합의 이름인 '노리유미'의 원래 의미는 한자표기만 본다면 '놀이(도박) 활'이다. 그런데 활쏘기 시합을 도박으로 본다는 것은 적절하지 않다. 도박이 아니라, 「어떤 놀이를 하여 이기고 짐을 겨루다」라는 의미로 보는 것이 옳을 것이다. 「윷을 놀다」에서 보는 바와 같다. 8세기의 일본어 '노리유미'의 '노리'는 바로 이런 의미인 것이 분명하다. 따라서 '노리유미'의 진정한 의미는 '놀이 활'이다. 즉 '활로 승부를 겨루기'라는 뜻이 된다. 왜국으로 건너간 '놀다'에 관하여는 졸저 『일본열도의 백제어』에서 자세하게 본 바 있다(292쪽).

천황이 직접 참석하는 궁중행사의 명칭이 백제어였던 점을 주목하여 보자. 천황을 포함한 일본의 지배층이 백제의 후예였다는 또 하나의 증거라 하겠다.

7) 고대 일본의 축국

'축국(蹴鞠)'은 가죽으로 된 공을 발로 차고 받는 놀이이다. 일정한 높이까지 많이 차는 쪽이 이긴다. 고대 일본 귀족들은 축국을 즐겼다. 『일본서기』 황극 3년 정월조를 보면, 법흥사 느티나무 아래에서 벌어진 '타구(打毬)' 놀이 장면이 있다. 태자 중대형의 가죽신이 공을 따라 벗겨지자(皮鞋隨毬脱落), 겸족이 주워 손에 들고 무릎을 꿇으면서 공손하게 바쳤다 한다.

원문에는 '타구'로 되어있으나, 가죽신이 공을 따라 벗겨졌다고 하였으므로, 이는 공을 발로 차는 놀이인 축국인 것이 분명하다. '타구'는 말을 타고 막대기로 공을 치는 놀이이다.

『구당서』「고구려전」을 보면, 「고구려인들이 축국에 능하다」라는 대목이 있다. 『삼국유사』에는 김유신이 자신의 집 앞에서 김춘추와 축국을 하였다 한다. 일본의 축국은 백제 사람들이 가져간 것이다.

8) 매사냥

매사냥은 축국과 마찬가지로 귀족들의 스포츠이다. 잘 훈련된 매를 이용하여 짐승을 잡는다. 고대에서부터 한국 귀족들이 좋아하였는데, 고려시대에는 매를 훈련하는 관서인 '응방(鷹坊)'이 있었고, 조선시대에는 매사냥에 관한 일종의 허가증인 '응패(鷹牌)'가 있었다.

『일본서기』 인덕 43년조에 백제 왕자 주군에 관한 설화가 보이는데 바로 매사냥을 전파하였다는 설화이다. 한 백성이 이상한 새를 잡아 인덕에게 바치자, 인덕이 주군에게 물었다 한다. 그러자 주군이 "그런 새는 백제에 많다. 길들여 여러 새를 잡는다"고 하였다는 것이다. 이상한 새는 매이고, 주군이 처음으로 매사냥을 왜국에 도입하였다는 설화이다.

그래서 매를 키우는 응감부(鷹甘部 타카카피배)를 정하고, 그 곳의 지명을 응감읍(鷹甘邑 타카카피무라)으로 하였다 한다. 이 지명은 현대의 오사카시 히가시스미요시(東住吉)구 '응합정'에 지금도 남아있다. 이 히가시스미요시구는 고대의 백제군 남백제향이었다.

백제의 귀족들이 왜국에서도 즐겨 매사냥을 하였던 모양이다. 그것을 전담하는 관서도 만들고, 지명에도 남아있는 것을 보라. 『삼국사기』를 보면, 백제의 아신왕이 매사냥과 승마를 좋아하였다는 기사가 있다. 백제의 귀족들이 매사냥을 즐겼던 사실을 알려준다.

왜국의 귀족들은 또한 쌍륙과 투호 등의 놀이도 즐겼는데, 이 또한 백제인들이 가져간 것이다. 왜국 지배층에서 유행하던 모든 놀이는 예외없이 백제의 놀이였고, 백제인들이 왜로 가져가 놀았던 데에 유래가 있다.

2장 ————

백제인의 왜국 통치

백제가 왜국을 통치하였다는 점에 관한 증거를 살펴보자. 그 증거는 많고도 많지만, 결정적인 증거 8 가지를 살펴보자.

1. 칠지도 − 왜국은 속국, 왜왕은 후왕(侯王)

백제가 왜국을 통치하였다는 사실을 알 수 있는 수 많은 증거 가운데에서도, 첫 번째로 꼽을 수 있는 확고부동한 증거는 칠지도이다. 칼에 새겨진 명문을 알기 쉽게 요약하여 보자.

① 태화(泰和) 4년, …… 백번 단련한 쇠로 칠지도를 만들었다.
   온갖 병화(兵禍)를 피할 수 있다.
② 후왕(侯王)에게 주기 알맞다.

③ 선세 이래 이러한 칼은 없었다.

④ 백제 왕세자 기(奇)는 성음(聖音)을 생(生)하였다.

⑤ 그래서 왜왕 지(旨)를 위하여 만들었다 ……

⑥ 후세에 전하여 보여라

태화(泰和) 4년

태화(泰和) 4년이라는 연호는 어느 나라의 연호이며 언제일까? 중국에서는 이런 연호를 찾을 수가 없다. 동진의 '태화(太和)' 4년 즉 369년으로 보는 견해가 일본의 다수설로 보이지만, 칼에다 새기면서 쉬운 글자인 '태(太)'가 아닌 복잡한 '태(泰)'로 적었다는 것은 상식에 맞지 않는다. 백제 고유의 연호로 볼 수밖에 없다.

그런데 『일본서기』 신공 52년(252년)조를 보면, 백제가 조공하면서 칠지도(七枝刀) 1자루를 바쳤다는 기사가 있다. 왜 바쳤는지 그 이유는 전혀 보이지 않지만, 조공의 일환으로 되어있다.

일본 학자들은 이 기사의 기년에 120년을 올린 372년, 근초고왕 시절에 실제 있었던 일로 보았다. 다만 바친 것은 아니고, 대등한 관계에서 「증여」한 것으로 보고 있다.

그러나 신공은 가공인물이다. 백제 최전성기를 이끈 근초고왕이 왜에 조공하였을 리도 만무하다. 완전한 창작이다. 그리고 120년을 올린다는 것도 전혀 말도 안되는 궤변이다. 따라서 태화 4년이 언제인지, 즉 백제 왕세자가 왜왕 지에게 칠지도를 하사한 시점이 언제인지를 알 수 있는 자료는 현재로서는 존재하지 않는다.

백제 왕세자는 왜왕 지에게 "이 칼은 백번이나 단련한 쇠로 만든 아주 좋은 칼이다"라 하였다. 즉 내가 보내는 이 칼은 아주 좋은 것이라고 자랑하는 것을 알 수 있다. 이런 건방진 자랑은 지위가 높은 사람이 낮은 사람에게나 가능하다.

"온갖 병화를 피할 수 있다"라는 표현에서, 당시의 왜지가 태평성세가 아닌 어지러운 전란의 시대였던 것을 알 수 있는데, 통일전쟁의 시대였던 모양이다. 그렇게 본다면 이 칼은 5세기 중반쯤 왜국으로 건너간 것이 아닌가 싶다.

후왕(侯王)

②항의 후왕은 대국에 종속하는 소국의 왕, 즉 제후왕이라는 의미이다. 이 「후왕」이라는 두 글자에 백제와 일본, 두 나라 고대사의 진실이 명명백백하게 드러나 있다. 즉 일본은 백제의 제후국, 속국이었던 것이 분명하다.

그러나 일본의 통설은 이 후왕을 길상구(吉祥句), 즉 의례적인 덕담으로 간주하여 별 의미가 없는 것으로 물타기하고 있다. 그 근거는 고대 중국의 청동거울에 있다. 거울에 의례적인 길상구 즉 덕담을 이것저것 새겨넣었는데, 그 중의 하나가 '의후왕(宜侯王)'이다. 즉 후왕에게 적합하다는 의미가 된다. 고대 중국에서는 황제 다음가는 높은 자리가 후왕이었다. 그래서 이 거울을 가진 사람은 후왕처럼 될 것이다라는 의미가 된다. 사람을 기분좋게 하는 덕담인 것이 분명하다.

'후왕'이 들어가는 길상구 즉 덕담은 몇 개 더 있다. 공방에서 많은 거울을 찍어내면서, 누가 될지는 알 수 없지만 불특정 다수의 거울 소장자를 위하여, 기분 좋은 의미의 덕담을 새겨넣었던 것이다.

그러나 칠지도는 다르다. 불특정 다수인을 예상한 것이 아니라, 백제 왕세자 '기'가 왜왕 '지'에게 주는 것으로서, 칠지도의 명문은 두 사람 사이의 짧은 편지글이다. 중국거울 류의 덕담이 들어갈 수가 없다. 즉 받는 '왜왕 지'의 직함이 백제에서 볼 때는 「후왕」이었던 것이다. 의례적인 덕담이라고 볼 여지는 전혀 없다.

만일 백제와 왜가 대등하게 교류하는 관계였다고 한다면, 의례적인 덕담을 적어넣을 수도 있다. 그러나 수많은 덕담 중 하필 '후왕'을 선택하였단 말인가? 이는 받는 왜왕의 입장에서 볼 때는 지극히 불쾌한 일인 것이 분명하다. 대등한 관계임에도 '후왕'으로 낮추어 보면서 능멸하는 것이기 때문이다.

이 후왕이 의례적인 덕담일 가능성은 전혀 없다. 그리고 백제와 왜는 대등한 관계가 절대 아니다. ③항에서 "그전에는 이런 좋은 칼이 전혀 없었다"라고 하여 좋은 칼임을 다시 한번 자랑하였다. 건방짐의 절정을 보는 느낌이다.

왜왕 지(倭王 旨)

④항의 「백제 왕세자 기(奇)는 성음(聖音)을 생(生)하였다(百濟王世子奇生聖音)라는 구절은 해석이 어렵다. '성음(聖音)'이 무슨 의미인지 알 수가 없기에 그러하다. 필자의 이러한 번역은 일종의 궁여지책이라는 점을 고백할 수밖에 없다.

다만 분명한 것은, 이 칼을 주고받은 백제 왕세자와 왜왕 사이에는 전혀 아무런 문제없이 의사전달이 되었을 것이라는 점이다. 후세의 우리들이 모를 뿐이다.

⑤항에서는 "그래서(故) 왜왕 지를 위하여 만들었다"라고 하였다. 여기서 「왜왕 지」라는 표현도 참으로 주목할 만하다. 정식 국호인 '왜국'이 아닌 '왜'라고만 표기하였고, 존중의 의미를 나타내는 '대왕'이 아닌 '왕'으

로만 적었다. '왜왕'이라는 표현에서는 존중과 배려, 높임, 이런 의미는 전혀 찾을 수가 없다.

대등하게 교류하는 외국의 왕이라면, 당연히 '왜국 대왕' 정도로 존중의 뜻을 표시해야 마땅하다. 그러지 않고 단순히 상대방의 직함인 '왜왕'으로만 표기하였는데, 이는 오히려 비하의 기분이 느껴진다.

그리고 왜왕의 이름 '지(旨)'를 직설적으로 표기하였다. 한국이나 중국, 일본, 공히 왕의 이름을 '휘(諱)'라 한다. 이 한자는 숨기다 혹은 기피하다는 뜻이다. 함부로 발설하여서는 절대 안되고, 숨겨야 하고 기피하여야 마땅한 존엄한 이름인 것이다. 그런데 여기서는 아무런 거리낌없이 '왜왕 지(旨)'라고 이름을 적나라하게 그대로 표기하였다.

대등한 관계의 외국이라면, 그 나라 왕의 이름을 이렇듯 함부로 적을 수는 없다. 있을 수 없는 결례이며, 무례의 극치이다. 그러나 중국의 여러 왕조에서는 백제의 왕 이름을 거리낌없이 적은 바 있다. 중국에서 책봉하였으므로, 형식상 백제는 속국이기 때문이었다. 이 '왜왕 지'라는 표기를 보면, 왜가 속국인 것이 분명하다.

또한 왜왕 성의 표기를 빼고 이름만 적었다. 이것은 백제 왕세자 '기'도 자신의 성 부여씨의 표기를 생략하였다. 같은 성을 가진 가족이나 친족 사이에는 성의 기재를 생략하는 것이 관례이다. 이것은 현대를 살아가는 우리도 마찬가지이다. 이렇게 본다면 백제 왕세자와 왜왕 지는 같은 성을 가진 가족으로 보는 것이 옳다. 따라서 왜왕 지는 백제 왕세자와 같은 성을 가진 가족으로서 손아래인 것이 분명하다.

또한 한 글자의 한자로 된 왜왕의 이름 '지'는, 백제 왕세자 '기'와 마찬가지로 완전한 백제풍이다. 백제의 왕족들은 대체로 이런 외자의 한자로 된 이름을 가졌다. 즉 '왜왕 지'의 성은 부여씨였던 것이다.

백제 왕세자, 왜왕에게 명령하다

⑤항 "후세에 전하여 보여라"는 완벽한 명령문이다. 받는 왜왕 지의 기분 같은 것은 전혀 고려하지 않았다. 후세에 전하고 말고는 받는 사람의 자유가 아니겠는가?

앞에서 "이 칼은 백번이나 단련한 쇠로 만든 아주 좋은 칼이다"라고 건방지게 자랑하였는데, 여기서는 더 나아가 이 좋은 칼을 후세에 길이 전하라고 명령하고 있다.

이런 직설적인 명령문은 직장의 하급자에게도 쓸 수 없고, 오직 자식이나 아우 등 전혀 허물이라고는 없는 손아래에게나 가능하다. 외국의 왕에 대한 존중이나 배려는 전혀 없다. 백제의 왕도 아닌 왕세자가 왜왕 에게 일방적인 지시와 명령으로 일관하였다. 마치 어린애 취급을 하였던 것을 알 수 있다.

따라서 왜왕 '지'는 백제 왕세자의 아우였다고 추정된다. 백제 왕세자는 무슨 이유로 왜왕에게 이 칼을 보냈을까? 이역만리 왜지에서 고생하는 아우에게, "부왕과 나는 변함없이 너를 신임하고 있으니, 근무 잘 하여라"라는 의미를 담은 신임의 증표였을 것이다.

선물로서의 칼은 고대의 중국이나 한국, 일본, 왕이 장군이나 신하에게 하사하는 물건이었다. 일본에서는 「왕사(王賜)……」라는 명문이 적힌 고대의 칼이 발견된 바 있다. 왕이 하사하였다는 의미이다.

조선시대의 사인검(四寅劍), 현대의 삼정도(三精刀), 모두 임금님이나 대통령이 장군에게 하사하는 선물이었다. 칼이라는 선물 자체가 왕이 신하에게 하사하는 물건이었다는 사실을 유념할 필요가 있다.

「칠지도는 천황가의 신검」이라는 관념

이 칠지도는 원래는 천황의 황궁에서 보관하고 있었겠지만, 언제부터인지 나라(奈良)의 석상신궁에서 보관하고 있다. 중세쯤에는 이 칼이 최고의 보물로 대접을 받았다. 이 칼에는 20개도 넘는 다른 이름이 있었는데, 그중 중요하다고 생각되는 4가지를 보면,

① 어검(御劍) : 천황의 칼
② 신검(神劍) : 신의 칼
③ 어신검(御神劍) : 천황의 신검
④ 신대모(神代鉾) : 신대의 창

이러한 별명들을 종합하여 보면, 중세의 일본 사람들은 칠지도를 「『일본서기』의 신대(神代)부터 전해 내려온 천황의 보검 혹은 신검」으로 대접하였던 것을 알 수 있다. 쉽게 풀이하면

「까마득한 옛날부터 전해온 천황의 보배로운 칼」

이 된다. 백제 왕세자가 왜왕에게 하사한 것이므로, 왜국 입장에서는 최고의 보물일 수밖에 없다. 천황가가 아닌 석상신궁에서 보관하고 있었지만, 일반 민중들도 이 칼이 천황가의 최고 보물이라는 사실을 충분히 인식하고 있었던 것을 알 수 있다.

그리고 칠지도를 천황 즉위식의 「삼종신기」와 대등한 정도의 보물로 보는 시각도 있었다. 일본 사람들이 칠지도를 얼마나 소중한 보물로 취급하였는지를 잘 알 수 있는 대목이다.

원래 석상신궁에서는 칠지도를 보관한 창고를 「신고(神庫)」라 하였다.

'신의 보물을 모시는 창고'라는 의미이다. 그리고 칼은 신보(神寶) 즉 신의 보물이라는 단계를 넘어, 그 자체를 「신체(神體)」 즉 신의 몸으로 모셨다. 일본인들의 칠지도에 대한 관념은 존중을 넘어 최고의 신앙 수준이었던 사실을 알 수 있다.

2. 백제 대왕, 왜왕 즉위식의 칼을 하사하다

백제의 대왕이 하사한 두 칼

7세기 무렵부터 시작해서 지금 이 시점에 이르기까지, 일본 천황의 즉위식에는 반드시 대대로 내려온 「삼종신기」, 즉 세가지 보물을 신임 천황에게 전달하는 의식을 거행해 왔다. 몇 년 전 영화천황의 취임식에서도 마찬가지였다. 천황 취임식의 가장 핵심적인 의식이 바로 이 삼종신기를 전달하는 의식이다.

삼종신기는 바로 칼과 청동거울, 그리고 곱은 옥 세가지 보물이다. 그런데 중세에 이르기까지 오랜 세월동안, 세 보물 중 칼은 백제의 대왕이 하사한 「파적검」과 「호신검」 두 자루 칼이었다.

파적검은 적을 격파하는 칼, 호신검은 몸을 지키는 칼이라는 의미이다. 천황 즉위식에서 사용된 칼이 백제에서 만든 칼이었다는 것은 정말 믿어지지 않지만 분명한 역사적 사실이다. 칼에는 글자가 새겨져 있었다.

「경신년 백제에서 만들었다(庚申年 百濟所造). 서른일곱번 단련한 칼이다.
남두육성과 북두칠성. 좌청룡 우백호. 앞은 주작, 뒤는 현무.

상서롭지 않은 것은 깊이 피하며, 백복(百福)은 많이 모인다.

연령을 연장하니 만세에 무궁하다」

경신년은 서기 600년 혹은 540년으로 추정되지만 확실치 않다. 이 칼의 명문에는 도교풍의 문구로만 일관하고 있어, 누가 만들어 누구에게 주었는지, 이런 것은 알 수가 없다.

서른일곱번 단련한 칼이라는 문구는, 내가 이렇게 수십번 단련한 좋은 칼을 만들어 너에게 준다는 의미로서, 칠지도와 마찬가지로 손위사람이 손아래에게 하사한 것이 분명하다.

백제 멸망 이전, 왜왕의 즉위식에서 백제의 대왕이 하사한 두 자루의 칼, 즉 「파적검」과 「호신검」을 새로이 부임한 왜왕에게 전달하는 의식이 핵심이었던 모양이다. 그 전통이 중세를 거쳐 지금 이 시점에까지 계속해서 이어져 온 것이다.

이 두 자루 칼은 중세, 궁중에 있었던 여러번의 화재로 소실되어 지금은 없다. 칼에 새겨진 글만 기록되어 남아있다.

백제산 대도(大刀)의 진실

원래 이 칼은 일본에서 「대도계(大刀契)」라 부르는 최고의 보물 중의 일부였다.『日本國語大辭典(일본국어대사전). 2004. 小學館』을 보면,

「고대 삼종신기 다음가는 중요한 보물로서, 천황의 즉위식에서 수수되거나, 행행할 때에 가져가는 대도(大刀)와 계(契)를 일컫는다.

대도는 백제에서 공납되었다고 전하는 신령한 검 두 자루와 절도(節刀) 수십 자루를 말한다. 계(契)는 군대를 움직일 때 사용하는 신표로서 물

고기 모양이다. 대도와 계는 모두 동일 궤짝에 넣어 보관하였기 때문에, '대도계'라고 연칭되었다.

950년과 1005년, 1094년, 궁중에 있었던 화재로 인하여 거의 소실되고, 그 이후의 전란에 의하여 차츰 분실되었다 한다」

대도(大刀)가 바로 파적검과 호신검이다. 역대 천황 즉위식에서 새로운 천황이 받은 칼은 다름아닌 백제의 대왕이 하사한 것이었다.

저명한 사학자 우에타(上田正昭) 선생의 다음과 같은 설명을 주목하여 보자(『東アジアの古代文化(동아시아의 고대문화). 大和書房. 1989년 여름호』 19쪽).

「천황의 즉위식에 백제 전래의 신기(神器)가 있었던 것이 된다. 즉위라고 하는 것 자체가 국제적인 연결을 가지고 있었던 것이다」

「국제적인 연결」은 도무지 무슨 의미인가? 왜왕 즉위식 그 자체가 어찌하여 국제적인 연결을 가지고 있단 말인가? 『일본서기』를 아무리 살펴보아도, 국제적인 연결은 보이지 않는다. 시조 신무로부터 만세일계로 이어져 있지만, 그것은 순전히 왜국 국내의 일일 뿐이다.

그러나 우에타 선생은 즉위식 자체가 국제적인 연결이라 하였는데, 이는 일본 고대사의 진실을 정확하게 파악한 발언이라 생각된다. 즉 왜왕은 왜국 국내의 왜왕가에서 자체적으로, 즉 국내적으로 이어져 내려온 것이 아니라, 백제의 대왕이 임명하였다는 바로 그 진실. 따라서 「국제적인 연결」은 백제 대왕과의 연결을 말하는 것이 분명하다. 그렇지만 우에타 선생은 그 사실을 도저히 직설적으로 말할 수 없었기에 이렇듯 알쏭달쏭하고 애매한 표현을 사용한 것이리라.

백제와 왜국의 관계가 이 두 자루의 대도에 명명백백하게 드러나 있다.

백제 대왕이 하사한 칼이 왜왕권을 상징하는 핵심적인 증거였고, 그것이 대대로 신임 왜왕에게 소중하게 전달되었던 것이다

그리고 「절도(節刀)」는 견당사로 파견되는 사신이나, 출정하는 장군에게 천황이 하사한 칼이었다. '절(節)'은 부절(符節) 즉 천황의 신임을 상징하는 물건이라는 뜻이다. 부절 대용으로 하사하는 칼이라는 의미에서 '절도'라 하였다.

이 절도 수십 자루도 모두 백제에서 건너간 것이다(『論究·古代史と東アジア(논구·고대사와 동아시아). 上田正昭. 1998. 암파서점』 176쪽).

백제의 대왕이 파적검과 호신검, 두 자루 칼뿐만 아니라 수십 자루의 '절도' 또한 하사한 모양이다. 왜국의 통일전쟁이 한창일 무렵, 백제의 대왕이 왜왕에게 여러 자루의 절도를 하사하였고, 왜왕은 이를 출정하는 장군들에게 하사하였던 것으로 추정된다.

왜왕 즉위식의 백제풍 요소

왜왕의 즉위식 장면은 『일본서기』에 가끔 등장한다. 여기서는 690년에 있었던 여왕 지통의 즉위식을 보자.

① 신하 한 사람이 큰 방패를 세웠다.
② 다른 신하가 <u>천신수사(天神壽詞)</u>를 낭독하였다.
③ 또 다른 신하가 신의 증거인 <u>칼과 거울</u>을 지통에게 바쳤다.
④ 지통이 천황의 자리에 앉았다.
⑤ 공경백료가 도열하여 절하고, 박수를 쳤다.

『일본서기』에 나오는 즉위식 장면을 조금의 가감도 없이 그대로 옮겼

다. ① 방패를 세우고 → ② 천신수사 낭독 → ③ 칼과 거울 전달 → ④ 왕좌에 앉은 다음 → ⑤ 절하고 박수.

이것이 전부이다. 20분도 걸리지 않았다고 생각된다. ③항에서 지통이 신하로부터 받은 칼이 바로 「파적검」과 「호신검」 두 자루 칼이었으리라.

일국의 왕이 새로이 왕위에 오르는 즉위식으로는 심하다 싶을 정도로 간소하고 실용적이다. 화려하거나 웅장함과는 거리가 멀다. 창작과 왜곡으로 일관한 『일본서기』이지만, 이 대목만큼은 믿어도 좋겠다는 생각이 들 정도이다.

즉위식이 어찌하여 이토록 간소할까? 아직 백제가 멸망한 지 그리 오랜 시일이 흐르지 않았기에 이전의 전통이 그대로 남아있었던 모양이다. 왜왕이란 존재는 백제의 대왕이 임명하였다. 따라서 그 즉위식이 화려하거나 웅장하지 않고 지극히 간략하고 검소하였다는 사실을 미루어 짐작할 수 있다.

후세에 변형된 천신수사

②항에서 신하가 낭독하였다는 「천신수사(天神壽詞)」는 무엇인가? 수사(壽詞)란 축사, 즉 축원문과 같은 의미이다. 그 내용을 보면, 첫머리가

「고천원에 계신 황친의 명령에 의하여 팔백만명의 신이 모였고, 황손이
고천원에서 일을 시작하여, 왜국을 안전하고 평온하게 다스리셨으며」

라고 되어있다. 이는 고천원에서 내려와 왜국을 다스린 천신의 행적을 회고하고 찬양하는 내용인 것이 분명하다(『祝詞全評釋(축사전평석). 靑木紀元. 2000. 右文書院』 379쪽).

그런데 이러한 수사의 내용에는 큰 의문이 있다. 즉 「천신수사」라는 말의 의미를 문리 그대로 해석하여 보면 「천신이 보내는 축원문」이기 때문이다. 천신의 행적을 회고하면서 찬양하는 것은 축원문이라 할 수가 없다. 문리 그대로인 '천신수사'의 주체는 '천신'이 될 수밖에 없지만, '회고찬양문'의 주체는 천신이 아니라 왜국의 신하이다.

백제가 멸망하기 이전, 원래의 「천신수사」는 이런 내용이 아니었을 것인데, 멸망 이후 '일본'으로 독립한 이후, 내용을 '회고찬양문'으로 완전히 바꾸었다고 추정된다.

원래의 「천신수사」는 어떠하였을까? 천신은 원래 하늘의 신이지만, 『일본서기』의 하늘은 백제이므로, 천신은 백제의 대왕이다. 수사는 축하말씀이다. 따라서 왜왕 즉위식의 '천신수사'는 「백제의 대왕이 신임 왜왕에게 보내는 축하의 말씀」이었다고 이해할 수 있다. 아마도 이러한 내용이었을 것이다.

「백제의 대왕은 신임 왜왕 아무개의 즉위를 축하하며, 왜왕과 아울러 왜국의 무궁한 발전을 기원하노라!」

라는 내용의 축원문이었다고 생각된다. 이러한 백제 대왕의 축원문을 백제에서 건너간 신하가 왜왕 즉위식에서 낭독하였을 것이다.

왜왕은 백제 대왕의 신하, 장군

파적검에는 다음의 두 가지 다른 이름이 있었다.

① 「삼공전투검」

② 「장군검」

「삼공(三公)」은 조선시대의 영의정, 좌의정, 우의정과 같은 3명의 최고위 관료를 의미한다. 따라서 「삼공전투검」은 삼공이 전투하는 칼, 「장군검」은 장군의 칼이라는 의미가 된다.

이 이름에 한국과 일본 고대사의 진실이 그대로 드러나 있다. 즉 왜왕이라는 존재는 백제의 대왕에게 있어서는 세명의 최고위 관료인 「삼공(三公)」 혹은 「장군」이었던 것이다. 칠지도의 「후왕」과 완벽하게 동일하다. 칠지도와 이 파적검, 호신검, 세 자루의 칼이 백제가 왜를 지배했다는 사실을 너무도 명백하게 증명하여 준다.

그리고 파적검의 파적은 적을 격파한다는 의미이고, 삼공전투검은 삼공이 전투하는 칼, 호신검은 몸을 지킨다는 뜻이니, 여기서 유추해 보면, 당시의 왜는 아직 통일되기 이전이고, 백제에서 건너간 왜왕이 이 칼을 차고 직접 통일전쟁을 진두지휘하였다고 생각된다. 태평성대가 아닌 전쟁의 시기였던 것이 분명하다.

그런데 천황 즉위식의 삼종신기는 『일본서기』에 그 기원이 있다. 칼은 최고의 신인 천조대신의 아우인 수사노가 머리가 8개인 괴물 뱀을 벨 때, 꼬리에서 나왔다는 '초치검(草薙劍)'이다. 이는 나고야의 아츠다(熱田)신궁에 보관되어 있다.

거울은 천조대신이 아우 수사노의 난폭한 행동에 분노하여 바위굴에 숨자, 하늘이 어둡게 되어 여러 신이 모여 천조대신을 나오게 하려고 갖은 애를 쓸 때, 신령한 나무에 매달았다는 팔지경(八咫鏡)이다. 이는 최고의 신궁인 이세(伊勢)신궁에 보관되어 있다.

두 신궁에 보관된 칼과 거울이 진품 삼종신기이고, 천황의 즉위식에서는 이를 모방한 모조품을 사용하고 있다고 모든 일본 사람들은 믿어 의심치 않고 있다.

그런데 생각해 보라. 천조대신이나 수사노는 기원전 660년에 즉위하였다는 신무의 조상이다. 실존인물이 아니고, 그들의 설화 또한 『일본서기』의 창작이다. 따라서 '초치검'이나 '팔지경'이 진품일 리가 만무하다. 뱀의 꼬리에서 어떻게 칼이 나올 수 있단 말인가?

그렇지만 『일본서기』를 진실된 역사로 믿고 있는 우매한 일반 대중을 위하여, 진품을 두 신궁에 보관하는 양 선전하는 것을 알 수 있다. 이는 근거라고는 전혀 없는 허위선전에 불과하다. 천황의 신성한 즉위식에서 이런 진품을 쓰지 않는 것을 보라.

천황가에서는 왜 백제의 칼을 즉위식에서 사용하였을까? 천황가에서는 『일본서기』가 전하는 역사는 진실한 역사가 아니라는 사실을 확실하게 알고 있기 때문일 것이다. 반대로 백제의 대왕이 왜왕에게 하사한 칼이 최고의 보물이라고 여겼던 것이다.

3. 천황가는 부여씨

백제에서는 왕족, 일본에서는 왕성

일본 나라(奈良)의 법륭사에 있던 금동제 관세음보살상에는 천황가의 유래를 알려주는 아주 중요한 명문이 기록되어 있다. 보살상을 만든 사람은 백제 왕족 출신의 세 스님이었다. 여기에 보면,

「갑오년 삼월십팔일 각대사의 덕총법사, 편강왕사의 영변법사, 비조사의

변총법사, 세 중은 부모님의 은혜를 갚기 위하여 삼가 관세음보살상을 만들어 바칩니다. 이 작은 선근(善根)으로 인하여 무상의 진리를 깨달아 평온함을 얻고, 아울러 육도에서 헤매는 모든 중생이 바른 깨달음을 얻기를 기원합니다.

동족인 대원박사는 백제에서는 왕족이었고, 이 땅에서는 왕성이다(族大原博士 百濟在王 此土王姓)」

(『古京遺文注釋(고경유문주석). 上代文獻を讀む會(상대문헌을 읽는 모임). 1990. 櫻風社』
411쪽 이하)

명문에 나오는 각대사(鵤大寺)는 후일의 법륭사이다. 편강왕사의 편강(片岡)은 아스카 일원의 지명이지만, 편강왕사라는 절은 현재 남아있지 않고, 내력을 알 수 없다. 비조사(飛鳥寺)는 아스카에 있는 왜국 최초의 사원이다.

이 세 스님은 다른 기록에는 전혀 보이지 않기에, 어떤 사람인지 알 수 없다. 문맥으로는 같은 부모를 둔 형제간으로 보인다.

세 스님은 원래 '대원(大原)'씨였다. 이 대원씨가 백제에 있을 때는 왕족이라 하였다. 백제 왕족은 부여씨, 따라서 「대원씨＝부여씨」가 된다.

그런데 이 땅 일본에서는 왕의 성, 즉 천황의 성이라 하였다. 따라서 「대원씨＝천황가」가 된다. 연결해 보면

「세 스님의 성 ＝ 부여씨 ＝ 대원씨 ＝ 천황가」

가 된다. 천황가가 원래는 부여씨였다는 확고부동한 증거이다.

천황가는 부여씨

이 「대원」이라는 씨는 그 뿌리를 확실하게 알 수 있다. 『속일본기』를 보면, 739년 성무천황이 39대 천무의 증손자 4명에게 「대원진인」이라는 새로운 씨를 하사한 바 있다. 즉 대원씨는 천황가와 동족이었으며, 그 이전에는 '대원'이라는 씨가 존재하지 않았다. 이는 역사적 진실이고, 이 기록과도 정확하게 일치한다. 따라서 세 스님은 천무의 후손이었다.

또한 천무는 다름아닌 의자왕의 왕자인 부여풍의 차남이니, 그가 부여씨인 것도 분명하다. 그래서 세 스님은 백제에 있을 때는 왕족이라 하였던 것이다. 물론 이 스님들의 선조가 백제에 있었다는 의미이다.

천황가 사람들은 지금도 성이 없고 이름만 있다. 문명세계에 성이 없는 가문은 일본 천황가가 유일무이하다. 그 뿌리가 부여씨라는 사실을 숨기려는 목적 외에는 달리 설명할 길이 없다.

그리고 여기에 나오는 갑오년을 일본에서는 694년으로 보지만, 그때는 '대원'이라는 씨가 없었다. 754년 갑오년인 것이 분명하다.

그런데 위 책에서는 '이 땅에서는 <u>왕성</u>이다'의 왕성을 부여풍의 아우인 부여선광을 시조로 하는 '백제왕씨'로 보고 있다. 어떻든 일본의 천황가가 백제의 부여씨와 연결되는 것을 막아보려는 의도인 것이 분명하다.

이 '백제왕씨'는 『일본서기』에 나오는 마지막 왕인 지통이, 부여선광에게 하사한 성으로서, 대략 690년 전후로 추정된다. 그렇지만 백제왕씨 중에서 누군가가 대원씨로 개성하였다는 기록은 『속일본기』나 어디에도 전혀 없다.

그리고 부여선광을 시조로 백제왕씨의 일족 중의 누군가가, 천무의 증손자 4명을 시조로 하는 황족 대원씨로 개성한다는 것은 전혀 상상조차 할 수 없는 일이다. 왜냐하면 대원씨는 성무천황이 황족 4사람에게 새로이 하사한 성이므로, 다른 성을 가진 사람이 대원씨로 개성한다는 것은 용납될 수 없는 일이기 때문이다.

백제왕씨도 왜왕 지통이 하사한 성이다. 이 성을 가진 사람이 다른 성으로 바꾼다는 것도 전혀 상상 밖의 일이다. 어느모로 보나, 이 대원씨는 백제왕씨가 아니다. 즉 백제왕씨와 대원씨는 전혀 연결고리가 없다. 따라서 이 명문은 천황가가 부여씨라는 사실을 명백하게 증명하여 준다.

4. 성왕의 지엄한 「명령」으로 전파한 불교

1) 창작된 성왕의 표문

일본은 고대에서부터 중세를 거쳐 현대에 이르기까지 불교가 융성한 불교국가이다. 일본 불교의 기원은 백제인데, 우리는 막연하게 백제의 성왕이 왜국에 불교를 전파한 것으로만 알고 있다.

『삼국사기』에는 전혀 기록되어 있지 않고, 『일본서기』에 보인다. 그런데 불교 전래에 관한 『일본서기』의 기록은 거의 대부분이 창작이다. 흠명 13년(552년, 임신년)조를 보면, 성왕이 달솔 노리사치계를 보내 불상과 불경을 보내고, 아울러 표문을 올려 말하기를,

> 「이 법은 여러 법 중에서 가장 뛰어난 것입니다. 알기 어렵고 들어가기
> 도 어렵습니다 ……
> 그래서 백제왕인 신 명(明)은 삼가 신하 노리사치계를 보내 제국(帝國)에
> 받들어 전해 드립니다. 기내(畿內)에 유통시키세요. 부처님이 "내 법이
> 동쪽으로 흘러갈 것이다"라고 하신 말씀을 실현시키고자 합니다」

라고 하였다고 되어있다.

'명(明)'은 성왕의 이름이다. 『일본서기』의 이 내용으로 보면, 백제는 과연 왜의 속국이며, 성왕은 상위의 왜왕에게 신하의 예를 깍듯이 갖춘 것으로 나와 있다. 그런데 과연 속국인 백제의 성왕이 왜왕에게 표문을 올려 불교를 받아달라고 애원하였을까? 전혀 상식에 맞지 않는 일이다.

우선 여기에 보이는 황제의 나라라는 뜻을 가진 '제국(帝國)', 그리고 수도와 그 일원을 의미하는 '기내(畿內)', 이는 모두 8세기 일본의 용어이다. 6세기 백제의 성왕이 이런 말을 알았을 리가 만무하다.

그리고 성왕이 하였다는 불교를 권하는 말, 즉 "이 법은 ……"이라는 대목은 『일본서기』 지은이가 『금광명최승왕경(金光明最勝王經)』이라는 불경에 나오는 문장을 바탕으로 작문한 것이다. 그런데 이 불경은 703년에 당나라의 의정(義淨)이 번역한 것으로서, 그것이 6세기 성왕의 표문이나 흠명의 조(詔)에 쓰일 리가 없다(『日本佛敎の礎(일본불교의 초석). 末木文美士 編. 2010. 佼成出版社』 31쪽).

성왕은 523년 즉위하여 554년 붕어하셨다. 성왕이 703년에 처음 번역된 경전을 어떻게 인용할 수 있단 말인가? 성왕이 아니라 일본서기의 지은이가 경전의 내용을 표절하여 성왕의 표문이라고 창작한 것을 알 수 있다. 일본서기는 전편이 창작된 역사를 기술한 것이지만, 이 대목은 원전을 베낀 명백한 증거가 존재한다는 점에서 중요하다.

그런데 『일본서기』는 720년에 나온 바 있다. 불과 13년 전에 중국에서 번역된 불경을 『일본서기』 지은이가 보았을까? 상식적으로 볼 때, 이 책의 편찬에 착수한 것은 720년보다 최소한 5~6년 전의 일일 것인데, 그렇다면 그때로부터는 불과 몇 년 전에 번역된 중국의 불경이다. 이렇게 생각한다면, 『일본서기』의 이 기사는 후세의 누군가가 창작하여 가필한 것이 아닐까?

2) 성왕 「명령」의 진실

그러면 실제 성왕의 말씀은 어떠하였을까? 실제는 종주국, 혹은 본국인 백제 대왕의 지엄한 「명령」이었다. 아스카의 원흥사(元興寺)에 성왕의 말씀이 남아있다. 이 절의 원래 이름은 비조사(飛鳥寺 아스카데라)로서, 일본 최초의 절이다.

석가상 조상기

이 절의 석가상을 조성하게 된 경위를 적은 『조상기(造像記)』를 보면,

「…… 百濟明王 上啓以聞 所謂佛法旣是世間無上之法 天皇亦應修行 ……
…… 백제의 성왕이 상표를 올려 말하기를, "들으니 불법은 원래 세상의 으뜸가는 진리라 하였다. 천황 또한 마땅히 수행하여라" ……」

기록에는 '천황'이라고 되어 있으나, 당시는 천황이라는 칭호가 성립되기 백수십년 이전이다. 칠지도에도 「왜왕」이라는 표현이 있는 것으로 보아 '왜왕'으로 되어 있던 것이 분명한데, 이렇게 변작하였다.

「역시 마땅히 수행하여라(亦應修行)」라는 표현을 보라. 외국의 왕에게 보내는 의례적인 수사조차도 보이지 않는다. 직설적이고 강한 지시의 의미를 담고 있는 것을 알 수 있다.

'수행'은 물론 진리를 찾는 구도의 행위이지만, 관심없는 사람에게는 피곤한 일일 뿐이다. 그런데 성왕은 왜왕에게 이러한 '수행'을 빠지지 말고, 즉 왕이라는 이유로 열외하지 말고 참여하라고 지시하였던 것을 알 수 있다. '역(亦)'이라는 한자는 '역시'라는 뜻으로서, 여기서는 '왜왕도 예외없이'라는 의미를 나타내고 있다.

'응(應)'은 '마땅히' 혹은 '응당'이라는 의미이다. 왜왕도 예외없이 수행하는 것이 마땅하다고 성왕은 명령하였던 것이다. 번역하여 보면, 「왜왕도 역시(예외없이) 수행하여야 마땅할 지어다」가 된다. 칠지도에서 「후세에 전하여 보여라」라고 지시한 대목을 연상케 한다.

가람 연기(緣起)

『원흥사 가람 연기』는 절 창건의 내력에 관한 기록이다. 여기에는 불교 전래에 관한 성왕의 지시를 핵심요점만 간략하게 전하고 있다.

「…… 百濟國 聖明王時 …… 當聞 佛法既是世間無上之法 其國亦應修行
也 ……

…… 백제국 성왕 때에 …… (성왕이) "내가 들으니, 불법은 원래 세상의 으뜸가는 진리이다. 그대 나라(其國)도 또한 마땅히 수행하여라"라고 하였다 ……」

이 문장은 실제 성왕이 왜왕에게 보낸 글의 일부였음을 직감할 수 있다. 연기 지은이의 창작이 아니라, 성왕의 글에 나오는 내용을 요점만 짜집기한 것으로 추정된다. 지금은 거의 남아 있지 아니한 백제인이 지은 문장의 일부를 감상할 수 있게 되었다.

왜국을 '귀국(貴國)'도 아닌 '기국(其國)'으로 표현한 것을 주목하여 보자. 이 '기(其)'는 지시대명사로서 '그'라는 뜻이다. 따라서 '기국'은 '그대 나라' 정도로 번역할 수 있을 것이다. 높임의 의미가 전혀 없다. 하위국의 왕에게나 사용할 수 있는 용어이다.

백제의 대왕이 왜왕에게 보내는 공문에서 공식적으로 왜국을 이렇게 표현하였을 것으로 생각된다. 즉 백제 대왕이 왜를 지칭하는 통상적인 칭호는 '귀국'이 아니라 이 '기국' 즉 '그대 나라'였을 것이다.

그러므로 앞서 『일본서기』의 성왕 표문에 나오는 '기내(畿內)'나 '제국(帝國)'은, 원래 '기국(其國)'으로 되었던 것을 이렇게 바꾼 것으로 추정할 수 있다.

여기에도 '마땅히'라는 의미의 '應(응)'이라는 한자가 나오고 있다. 만일 백제가 왜의 속국이었다면, 속국의 왕이 종주국의 왕에게 「그대 나라 또한 마땅히 수행하라」라고 강하게 지시할 수는 없을 것이다.

성왕의 강한 명령

위 두 기록과 앞서 본 성왕의 표문을 종합하여 보면, 성왕의 명령은 다음과 같았을 것이다.

「내가 들으니 불법은 원래 세상의 으뜸가는 진리이다. 왜왕과 그대 나라,
또한 마땅히 수행할지니라 ……
부처님이 "내 법이 동쪽으로 흘러갈 것이다"라고 하신 말씀을 실현시키
고자 하노라」

「불법이 세상의 으뜸가는 진리이니 이를 받아들여라」. 그리고 「왜왕과 그대 나라는 마땅히 수행하여라」라는 강한 어조의 명령문이었던 것을 알 수 있다.

뒤에 나오는 "부처님이 ……" 부분은 부처님 말씀을 실천하여 왜국에 불교를 전파하는 성왕 당신의 흡족한 소회를 피력한 대목이다. 성왕이 하위자라면 감히 이런 건방진 언사를 기록할 수는 없을 것이다.

불교를 수행하여라는 성왕의 지시를 받은 왜왕은 도대체 누구인가? 일본서기에 나오는 나오는 가공의 왜왕 흠명이 아닌 것은 분명하지만, 실제 누구인지는 알 방법이 없는 점이 아쉽다. 성왕의 아우나 아들 혹은 조카였을 것으로 추정할 뿐이다.

성왕이 불교를 전파한 목적

『일본서기』에는 지배를 받는 속국인 백제의 성왕이 대국인 왜왕에게 불교를 믿어라는 표문을 올리고, 이를 받은 왜왕이 뛸 듯이 기뻐하면서 이를 받아들였다고 하였다. 그러나 이는 전혀 상상조차 하기 어렵다.

만일 이것이 사실이라면 세계의 종교 역사상 유일무이한 특이한 사건으로 대서특필되어야 마땅하다. 하지만 이것은 『일본서기』 지은이의 창작일 뿐 사실과는 전혀 다르다. 대국의 왕이 속국의 왕에게 특정종교를 믿어라고 지시하였다는 것이 상식에도 부합하는 일일 것이다.

유럽 사람들이 후진국 남아메리카, 아프리카, 아시아에 기독교를 전파한 상황과 별로 다를 바 없었다고 생각된다.

왜국의 불교는 성왕의 지시에 의하여 왜 왕실과 귀족들이 전파하였다는 데에 그 특징이 있다. 주지하다시피 초기의 왜국 불교는 철저하게 왕실불교, 귀족불교였는데, 전파과정의 이러한 특성에 기인한 것이다.

성왕은 무슨 이유로 왜국에 불교를 전파하려 하였을까? 왜국의 독특한 무덤형식인 거대한 전방후원분과 밀접한 관계가 있다고 생각된다. 토착 왜인들이 거대 전방후원분에 대하여 가지고 있던 종교와 비슷한 맹신, 즉 왕권과 전방후원분을 결부하여 생각하는 미신과 같은 관념을 타파하는 수단으로 불교를 선택한 것이 아닌가 싶다.

불교가 전래된 이후 전방후원분은 점차 세력을 잃고 원분이나 팔각분,

방분 등의 무덤형식이 왕릉에 채용되게 된다. 그리고 대형 전방후원분을 만드는 데에 사용되던 노동력과 재화가 불교사원을 축조하는 데에 투입되었다. 성왕이 의도한 바가 그대로 이루어졌던 것이다.

3) 백제인이 가져간 「절」과 「부처」

백제인들이 불교를 왜국에 전파하였으므로, 불교에 관한 기본적인 말들도 당연히 가져가 전파하였다. '절'과 '부처'가 대표적인 사례라 하겠다.

절을 뜻하는 일본어 '테라(寺 사)'를 살펴보자. 『일본국어대사전』을 보면, 이 말의 어원에 관한 몇 가지 견해가 소개되어 있다. 한국어 '절'이 건너간 것으로 보는 견해도 있고, 장로(長老)를 의미하는 팔리어 thera 로 보는 견해도 있다 한다. 그러나 팔리어가 바로 왜로 건너갔을 가능성은 전무하다.

'절'은 중세에 '뎔'이라 하였다. 고대에는 '뎔'이었을 가능성이 크다. 그리고 전라도 방언에서는 절을 '쩰'이라 한다. '쩰'의 고형은 '뎰'이다.

뎔 [중세 한국어] 절

쩰 [전라도 방언] 〃

테라 寺 사 [일본어] 〃

이러한 사정으로 보면, 백제의 '뎔' 혹은 '뎰'이 왜국으로 건너가 왜풍으로 '테라(寺 사)'로 되었을 것이다.

포토케 佛 불 [고대 일본어] 부처

'부처'를 일본어로 '호토케(佛 불)'라 한다. 고대에는 '포토케'였다. 『일본국어대사전』에 의하면, '포토케'의 '포토'는 산스크리트어 buddha를 중국어 발음으로 번역한 '불(佛)'이 변한 발음이며, '케'에 관하여는 몇가지 견해를 소개하고는 있으나 정설이 없다.

한국에서는 '부처'라 하는데, 중세에는 '부텨'였다. 신라의 향가에서는 '불체(佛體)'라 하였다. 이는 중세의 '부텨'와 흡사한 발음이다. 고대에는 어떤 발음이었을까?

산스크리트어 buddha 를 처음에 중국에서 '佛'이라 번역하였다. 그 발음은 bʎwət 혹은 bʎuət 였다. 이것이 고대의 한국으로 건너왔는데, 6세기 한국의 한자음으로는 '붇'이었을 것이다. 이 '붇'이 왜로 건너가 '포토'로 된 것이 분명하다.

'포토케'의 '케'가 무슨 의미인지는 불분명하다. '~인 것처럼 보인다'는 의미를 가진 일본어의 접미사 '케'로 보는 견해가 있으나, 그렇게 되면 '포토케'는 '부처처럼 보이는 것'이 되어 부처를 비하하는 의미가 된다. 이런 의미가 아닐 것이다.

'~에게'의 높임말 '~께'가 아닌가 싶다. 고대에는 '~게'였을 것이다. 백제인들이 기원 혹은 기도의 의미로 관용적으로 '붇게(부처님께)'라는 말을 사용하다보니 한 단어로 축약되었고, 그것이 왜로 건너가 '포토케'로 된 것으로 추정된다.

눈부처 [중세 한국어] 눈동자
　　　// 　[현대 한국어] 눈동자에 비치어 나타난 사람의 형상

'눈부처'라는 말이 있다. '눈'과 '부처'의 합성어이다. 남광우 선생의 『고어사전』에 의하면, 중세의 '눈부처'는 눈동자를 뜻한다고 하였다.

그런데 『표준국어대사전』에 의하면, 사람의 눈동자에 비치어 나타난 사람의 형상이라 한다. '눈부처'가 어찌하여 눈동자라는 의미를 갖게 되었는지, 이 말이 생겼을 무렵에는 분명한 이유가 있었겠지만, 지금으로서는 도저히 알 수가 없다. 다음 일본 방언을 보자.

① **메보도케** 瞳 동 [구마모토, 시즈오카, 나가노, 야마나시, 니이가타 방언]

눈동자

② **호토케** [거의 일본 전역의 방언]　　　〃
③ **오호토케** [효고 방언] 눈동자에 비친 사람의 모습

①'메보도케'의 '메(目 목)'는 눈이고, '보도케'는 부처이다. 이 말은 '눈부처'인데, 그 의미는 한국어와 마찬가지로 눈동자이다.

②'호토케'의 원래 의미는 부처이다. 이 방언에서는 이 말 단독으로 눈동자를 의미한다. 백제 사람들도 눈동자라는 의미로 '눈 붇(눈 부처)'이라는 말을 사용하였던 것이 분명하다. '붇'을 왜국으로 가져가면서 이 말 또한 가져간 것이다.

③'오호토케'는 높임의 의미를 더하는 접두사 '오(御)'와 부처를 뜻하는 '호토케'의 합성어로서, 눈동자에 비친 사람의 모습을 뜻한다. 한국어의 '눈부처'에는 이런 의미도 있다. 한국어와 일본 방언이 이렇게 절묘하게 대조를 이루고 있는 모습이 참으로 감탄을 금치 못하게 한다.

5. 백제대궁(百濟大宮)과 백제대사(百濟大寺)

왕궁과 왕립사찰의 이름 「백제」

『일본서기』에 의하면 서명 11년(639년), 수도 아스카에 「백제대궁」과 「백제대사」를 새로이 지었다 한다. 그런데 『일본서기』에 의하면 백제는 왜국의 속국이었다. 왜왕이 거주하는 신성한 공간인 궁전과, 왕실 사찰의 이름을 속국의 국명에서 따 온다는 것은, 상상조차 되지 않는다.

백제대사는 최초로 건립된 왕실사찰로서, 최고의 사찰이었다. 9층탑도 장엄하게 솟아 있었다. 뿐만이 아니다. 이 왜왕이 죽은 후 그 빈소를 「백제대빈」으로 불렀다.

궁전과 절, 빈소의 이름 「백제」. 이 백제는 무슨 의미일까? 『일본서기』에 의하면, 백제천 가를 궁처로 하였다고 되어있다. 이 내의 이름은 원래 '소아천(蘇我川)'이었는데, 아스카에 살던 수많은 백제인들이 모국의 국호를 따서 「백제천」으로 바꾼 것이다.

그런데 왕의 궁전 이름을 굳이 옆에 흐르는 내의 이름으로 붙일 이유는 전혀 없다. 굳이 내의 이름이자 속국의 국호인 「백제」를 붙일 아무런 이유가 없다.

일제강점기에도 수많은 한국사람들이 여러 가지 이유로 일본으로 건너가 정착하였지만, 단 한 곳에도 '조선'이라는 지명을 붙인 바 없었다. 그들은 피지배층이었기 때문이다. 또한 일본의 일본인들 또한 어떤 건물에도 식민지의 국호인 「조선」을 이름으로 붙인 바가 없었다.

『일본서기』를 보면, 572년에 즉위한 왜왕 민달의 궁전 이름은 「백제대정궁(百濟大井宮)」이었다. 수도 아스카에 「백제대정(百濟大井)」이라는 이름의 큰 우물이 있었다. 그 우물의 근처에 있었기에 이를 궁전의 이름으로 삼았던 것이다.

하다못해 우물의 이름에도 모국의 국호 「백제」를 붙였던 아스카의 백제인들. 왜왕도 아무런 거리낌없이 우물 이름 「백제대정」을 자신의 궁전 이름으로 붙였던 것을 보라. 만일 토착왜인이 왜왕이었다면, 전혀 있을 수도 없는 일일 것이다. 어찌 외국의 국호를 자신의 궁전 이름으로 삼는단 말인가?

「백제대궁」과 「백제대사」를 지었다는 왜왕 서명이나, 「백제대정궁」의 민달은 모두 실존하지 아니한 가공의 왜왕이다. 백제에서 파견된 왜왕이 지은 것이 분명한데, 그 이름을 알 수 없는 점이 아쉽다.

발굴된 백제대사의 유적

아스카의 동쪽에 인접한 사쿠라이(櫻井)시에 '길비지(吉備池 키비이케)'라는 이름의 연못이 있다. 이 부근에 폐사의 흔적이 발견되어 이를 '길비폐사'라 이름지었고, 1990년대 이후 본격적으로 발굴한 결과 거대한 절이 있었던 것으로 판명되어, 이를 백제대사의 유적으로 보는 견해가 대세를 이루고 있다.

절의 규모를 보면, 동서 약 180m, 남북 약 160m라는 엄청난 면적을 차지하고 있었다. 그리고 중심인 금당(金堂) 즉 법당이 있었다고 추정되는 곳의 기단이 발견되었는데, 동서 약 37m, 남북 약 25m, 높이 약 2m였다. 판축공법으로 아주 정밀하게 터를 다졌던 것이 판명되었다.

또한 탑의 흔적도 발견되었다. 탑의 주위에는 역시 기단을 쌓았는데, 동서 약 25m, 남북 약 26m였다. 이 기단의 중앙에는 흙을 파낸 큰 홈이 발견되었으며, 동서 약 5.4m, 남북 약 6.7m였다. 이것은 탑의 기초를 이루는 심초(心礎)의 자리라고 본다. 엄청나게 큰 탑이 있었던 것이 분명하다.

9층탑에 어울리는 규모라 하겠다.

이 기단과 심초의 규모는 이 시대의 다른 절과는 비교도 되지않을 정도로 크고, 뒤에서 보는 이 절의 후신 대관대사의 그것을 능가하고 있다(『飛鳥 幻の寺, 大官大寺の迷(아스카 환상의 절, 대관대사의 수수께끼). 木下正史. 2007. 角川書店』140쪽 이하).

여기에서 기와도 여러 점 발견되었다. 비슷한 시기에 세워진 다른 절의 기와와 동일한 틀에서 구워낸 것이 확인되었으며, 그 시기는 7세기 중반으로 판명되었다. 『일본서기』에 나오는 창건시기인 639년과 일치하는 것을 알 수 있다.

절의 규모나 기와의 연대 등, 어느모로 보나 백제대사인 것이 분명해 보인다. 그런데 여기에는 큰 문제가 있다. 이 길비폐사의 부근에는 '백제'라는 이름의 지명이 존재하지 않기 때문이다. 고대의 기록은 물론, 중세나 현대에도 이 일대에는 '백제'가 없었다. 그렇다면 최초의 왕립사찰 이름은 지명으로 지은 것이 아닌 것을 알 수 있다.

「백제」는 지명이 아닌 모국의 국호

7세기 무렵의 왜국에서는 대부분 지명을 절 이름으로 삼았다. 왜국 최초의 사찰인 비조사(아스카데라)를 비롯하여, 풍포사(豊浦寺 토유라데라), 산전사(山田寺 야마타데라) 등 대부분의 사찰 이름은 지명에서 유래하였다. 물론 불교풍인 오사카의 사천왕사 등의 예외가 있기는 하지만.

왜국 최초의 왕립사찰인 「백제대사」의 '백제'는 지명도 아니고 불교풍도 아니다. 왜국 왕과 귀족들 모국의 국호 '백제'인 것이 분명하다.

이 「백제대사」와 「백제대궁」의 백제는 참으로 중요한 의미가 있지만, 지금까지 일본의 학자들은 애써 그 의미를 축소 혹은 무시하여 왔다. 즉

"지명인 백제를 궁이나 절 이름으로 붙인 것일 뿐, 별 의미가 없지, 뭘"이라는 투였다. 그러나 길비폐사 즉 백제대사 부근에는 백제라는 지명이 존재하지 않는다. 일본 학자들의 이런 고정관념은 우선 백제대사에서 잘못된 것임을 알 수 있다.

백제대궁은 어디일까? 『일본서기』에 '백제천 가'라고 되어있으나, 어디인지 알지 못하고 있다. 그러면 백제대궁은 내의 이름 '백제천'의 '백제'일까? 그럴 가능성은 희박하다. 『일본서기』를 보아도, 왜왕들의 수많은 궁전 중 내의 이름으로 궁의 이름으로 삼은 경우는 보이지 않는다(졸저 『천황가의 기원은 백제 부여씨』 505쪽).

그리고 왜왕 서명의 빈소 이름 「백제대빈」을 보자. 이 「백제」가 내의 이름일 가능성은 전혀 없다. 이 빈소의 이름은 왜왕이 아니라 신하들이 붙였을 것이다. 신하들도 궁전의 이름과 절의 이름에 「백제」를 붙인 이 왜왕의 속마음을 잘 알았고, 또한 공감하고 있었기에 이런 이름을 붙였을 것이다. 마찬가지로 백제대궁의 「백제」 역시 지명이 아니라 모국의 국호였던 것이 거의 확실하다.

『일본서기』를 보면 백제는 왜의 속국이었다. 늘 조공하며, 왜왕의 명령에 순종하는 것으로 되어있다. 이러한 종주국 왜국 왕이 궁전과 왕립사찰의 이름에 속국의 국호를 붙인다는 것은 전혀 상식에 맞지 않는다.

『일본서기』와는 정반대로 왜가 백제의 속국이었고, 백제에서 파견된 왜왕이 자신의 모국 국호로 궁과 절의 이름으로 삼았던 것이 분명하다. 백제대궁과 백제대빈, 백제대사의 「백제」는 백제가 왜를 통치하였다는 중요한 증거 중의 하나이다.

백제대사의 후신 대관대사(大官大寺)

그후 세월이 흘러, 부여풍의 차남인 왜왕 천무가 재위 2년(673년), 백제대사의 후신인 왕립사찰을 건립하였다. 새로운 절이 아니라, 백제대사를 옮겨간 것으로서, '고시대사(高市大寺)'이다. 이 절은 백제대사의 모든 것, 심지어는 지붕의 기와까지 옮겨간 바 있다. 그러니 이 절은 백제대사의 후신일 수밖에 없다.

천무는 임신의 난이라는 일대 혈투에서 승리하여 왕위에 올랐는데, 그는 집권하자 말자 백제대사의 후신인 이 절부터 지었던 것이다. '고시(高市 타케티)'는 수도 아스카를 둘러싼 이마키(今來)군의 바뀐 지명이다.

4년 후, 천무는 절 이름을 「대관대사(大官大寺)」로 바꾸었다. 이 새 절 이름은 무슨 의미일까? 일본의 학계에서는, 이 절이 민간에서 세운 것이 아니라, 관(官)에서 건립한 최고의 절이라는 의미로, 붙여진 이름이라고 보고 있다. 만일 이 해석이 사실이라 한다면, 일본 최고의 절 이름으로서는 너무도 무미건조하다. 운치나 여유라고는 전혀 없다. 이런 의미가 아니다.

전북 익산의 왕궁리에서, 무왕의 왕궁이 발견되었다. 거대한 왕궁 내에는 절이 있었는데, 이름을 「대관관사(大官官寺)」, 혹은 「대관궁사(大官宮寺)」, 혹은 「관궁사(官宮寺)」라 하였고, 「대관사(大官寺)」라고도 하였다.

천무의 「대관대사(大官大寺)」는 바로, 이 왕궁리의 절 이름 「대관(大官)」을 그대로 가져간 것이다. 졸저 『천황과 귀족의 백제어』에서, 상세하게 본 바 있다(294쪽).

'대관(大官)'은 큰 관청이라는 의미로서, 가장 큰 관청은 다름아닌 왕의 관청인 '궁(宮)'이다. 익산이나 고시(高市)의 절 이름 '대관(大官)'은, 모두 '궁(宮)'이라는 의미가 된다. 고시의 대관대사는 왕궁 내에 있지는 않지만, '왕의 사찰'이라는 뜻을 나타내고 있다.

이 절의 이름 중 '대사'도 주목하여 보자. 큰 절이라는 의미인 것은 물론이다. 일본 역사 전체를 보아도, '□□대사'라는 이름을 가진 절은 '백제대사'와 '고시대사', '대관대사', 셋 뿐이다(위 『아스카 환상의 절, 대관대사의 수수께끼』 18쪽).

『일본서기』를 보면, 「대관대사」는 다른 절보다 격이 높은 왕실 사찰로서, 천무와 뒤를 이은 지통(持統)이 여러 특혜를 베풀고, 엄청난 시주를 하였다 한다. 686년 천무가, 백성 700호와 세금으로 받은 벼 30만 속(束)을 시주한 것이, 대표적인 사례이다. 그래서 당시 사람들은 「절 중의 절」이라고 하였다.

천무의 뒤를 이은 지통은 694년, 수도를 후지와라(藤原)로 이전하였는데, 대관대사도 새로운 수도로 옮겨갔다. 궁전 정문의 동남쪽, 하나의 블록 정도의 거리에 있었다. 이 방위와 위치, 거리는 백제의 수도 부여에 있어서, 왕궁과 정림사(定林寺)의 그것과 흡사하다.

대관대사의 후신 대안사

710년 원명 천황은 수도를 다시 나라로 천도하였다. 대관대사도 역시 그곳으로 이전하면서, 이번에는 이름을 대안사(大安寺)로 바꾸었다. 이 대안사는 쇠락하기는 하였으나, 지금도 남아있다. 그후 794년 수도를 교토로 천도하였는데, 이때는 대안사가 옮기지 아니하고 그대로 나라에 머물렀다. 따라서 백제대사의 후신이 새로운 수도 교토까지는 이어지지 못하였다.

왕실 사찰인 백제대사가 대안사까지 이어진 것이다. 새로운 수도를 정하여 천도하였으면, 새로운 왕실 사찰을 짓는 것이 상식에 부합하는 일이다. 그러나 천황가에서는 새로운 절이 아니라, 백제대사를 계승하는 왕실 사찰을 계속하여 건립하였던 것이다.

이것을 어떻게 보아야 할까? 백제가 속국이라면, 상상도 할 수 없는 일이다. 멸망해 버린 속국을 잊지 못할 아무런 이유도 없을 것이다. 그러나 백제는 속국이 아니라 일본 지배층의 모국이었다. 모국 백제를 잊지 않으려는 간절한 마음의 발로였던 것이 분명하다. 최고 사찰의 이름을 속국의 국명으로 짓고는, 수도를 이전하면서도 계속하여 그 후신인 사찰을 세웠던 것이다.

동대사(東大寺)

639년 세워진 백제대사는 그후 고시대사→ 대관대사→ 대안사로 그 맥을 이어갔으나, 더 이상은 이어지지 못하고 끝나고 말았다. 백제가 멸망하고 많은 세월이 흐르자, 백제 후예들도 언제까지나 백제에 연연할 수만은 없다고 생각하였던 모양이다. 그래서 백제대사의 후신이 아닌 새로운 최고의 사찰을 세웠는데, 그것이 나라의 동대사(東大寺 토다이지)이다. 현존 일본 최고의 사찰이며, 세계 최대의 대불로도 유명하다.

그런데 이 절과 대불은 한국인들이 만들었다고 하여도 과언이 아니다. 이에 관하여는 홍윤기 선생의 『한국인이 만든 일본 국보. 1995. 문학세계』에 상세한 설명이 있다(74쪽).

「이 큰 절은 …… 고구려인 고려복신(高麗福信, 709~789)이 조궁장관으로서 총지휘하여 지은 것이다. 좀 더 구체적으로 말하면, 이 절을 짓는데 직접 가담한 것은 양변(良辯, 689~773)스님과 행기(行基, 668~749)스님 등을 꼽게 된다 ……

양변스님은 본래 백제에서 건너간 백제인의 후손이다. 스님의 속성은 백제씨이고, 속명은 금종(金鐘)으로 알려지고 있다. 그러니까 속성명은

백제금종이다 …… 현재 동대사 경내의 삼월당(三月堂)이라는 법당이 본
래의 이름은 스님의 속명을 딴 금종사(金鍾寺)였다」

이 절은 8세기 성무천황의 발원에 의하여 건립되었다. 위에 나오는 양
변스님의 금종사가 모태가 되어, 동대사가 건립되었다고 전한다. 그런데
절을 짓는 최고위 책임자 세 사람은 위에서 본 바와 같이 한국인의 후예
였다.

행기스님에 관하여는 졸저 『천황가의 기원은 백제 부여씨』에서 본 바
있다(314쪽). 그의 묘지명이 발견되었는데, 「부친의 이름은 재지(才智), 자
는 지법군(智法君), 백제의 왕자 왕이(王爾)의 후예」라 하였다. 행기는 백제
왕족 출신이었다. 그는 후일 일본 최초의 대승정으로 임명된 바 있다. 현
재 동대사 경내에는 그의 법명을 딴 '행기당'이라는 법당이 있다.

높이가 15m로서 세계 최대 대불의 주조책임자는 국공마려(國公麻呂), 그
는 백제 멸망 이후 망명한 국골부(國骨夫)의 손자였다. 그리고 각 분야의
책임자들도 거의 전원이 백제나 고구려, 신라의 후예들이었다.

이 대불의 주조만 하여도 연인원 30만명이 동원되었다. 인부들은 토착
왜인이었지만, 지휘부의 고위층은 전원이 한국의 후예들이었던 사실을 알
수 있다.

이 대불을 다 만들어 놓고도 금이 없어 도금을 못하고 있을 때에, 자신
의 임지에서 금을 발견하여 바친 사람이 백제왕경복이었다.

또한 7세기의 일본에는 '백제(百濟)'라는 이름을 가진 사찰이 백제대사
외에도 무려 6곳이나 있었다. 속국의 국명을 절의 이름으로 삼는다는 것
은 상식에 어긋난다. 백제는 속국이 아니라, 왜국 지배층의 모국이었기에
일어난 현상이었다.

아스카의 백제사

고대의 수도 아스카는 현재의 행정구역으로는 나라현 카시하라(橿原)시 아래의 '아스카 무라(明日香村)'이다. 고대의 영화는 사라지고, 한적한 농촌 마을로 되었다. 이 카시하라시의 서북쪽에 인접한 '코료오쵸(廣陵町)'가 있다. 그 아래 행정단위인 대자(大字) 중에 '백제'가 있는데, 예전에는 '백제 촌'이었다.

이 백제에 '백제사'가 있었다. 지금은 절은 사라지고 삼층탑만 1기 남아 있다. 얼마전까지만 하여도 이 절을 '백제대사'로 보는 것이 통설이었다. 그러나 앞서 본 길비폐사가 발굴되고 백제대사였던 것이 거의 확실시되 자, 이러한 주장은 빛을 잃고 말았다.

이 백제사의 자세한 내력은 알 수가 없다. 졸저『속국 왜국에서 독립국 일본으로』에서는 이 백제사의 소개를 누락하였는데, 여기서 보충한다.

고대의 일본에는 이 백제사 이외에도 5곳의 '백제사'라는 이름의 절이 있었다. 위 졸저에서 상세하게 본 바 있다. 만일 백제가 왜의 속국이었다 면, 속국의 국명을 절의 이름으로 삼는다는 것은 상상하기 어렵다. 당시의 지배층이 백제인이었고, 그들이 모국의 국호를 절의 이름으로 붙인 것이 분명하다.

백제와 왜국의「오함사(烏含寺)」

졸저『속국 왜국에서 독립국 일본으로』에서 백제 멸망 무렵, 백제와 왜 국에서 있었던 수많은 이변에 관하여 본 바 있다(70쪽).『삼국사기』에는 도 합 16건,『일본서기』에는 도합 8건의 이변이 보인다. 왜국 백제인들이 모 국 백제의 안위를 걱정하였다는 증거이다.

그런데『삼국사기』와『일본서기』에 동시에 보이는 이변이 하나 있다.

그 무대는 백제의 오함사. 『삼국사기』에 의하면,

「의자왕 15년(655년) 5월, 붉은 색 말이 북악의 오함사에 들어와 울면서 절을 돌기 며칠만에 죽었다」

라고 하였다. 한편 『일본서기』 제명 4년(658년)조를 보면

「'아담련빈수'가 백제에 사신으로 갔다 돌아와서 하는 말이 "백제가 신라를 치고 돌아왔습니다. 그때 말이 스스로 절의 법당 주위를 돌았습니다. 오직 풀을 먹을 때에만 그쳤습니다"라고 하였다. 어느 책에서 말하기를 경신년이 되면 적 때문에 멸망한다는 징조라고 하였다」

말이 절의 주위를 쉬지않고 돌았다는 점에서 두 설화는 완벽하게 일치한다. 『일본서기』에는 어느 절인지 나와있지 않지만, 오함사인 것은 의심의 여지가 없다.

이 설화의 무대 오함사는 충남 보령시 성주면 성주리에 있는 성주사의 전신이다. 통일신라 시대, 무염국사가 절의 이름 오함사를 성주사로 바꾸었던 것이다(『古代朝鮮佛敎と日本佛敎(고대 조선불교와 일본불교). 田村圓澄. 1985. 吉川弘文館』 120쪽).

그런데 일본에도 오함사가 있었다. 오사카부 토미타바야시(富田林)시에 있는데, 오래 전에 폐사가 되어 '신당(新堂)폐사'라고 불리는 절이다. 여기서 발견된 기와가 7세기 초반의 것으로서, 가장 이른 시기의 기와였던 것으로 판명되었다(위 책 121쪽).

또한 이 일대의 고지명이 '와간디'였는데, 이것은 바로 '오함사'의 일본식 발음이다. 백제 멸망 이전, 왜국 백제인들이 모국의 절 이름 오함사를

그대로 붙인 왜국의 오함사를 지었던 것이 분명하다.

『일본서기』에 나오는 석천백제촌(石川百濟村)과 하백제하전촌(下百濟荷田村)이 바로 이 부근이라 고대에 이 일원에 백제인들이 많이 살았다 한다. 『일본서기』에는 아담련빈수가 백제에 사신으로 갔다와서 들은 이야기로 되어있으나, 이는 사실과는 다를 것이다. 백제 멸망 이후, 무수하게 도왜한 백제인들이 가져간 설화라고 생각된다. 이를 『일본서기』 지은이가 기록으로 남겨놓은 것이다.

6. 국호 「일본」은 백제의 미칭

백제의 속국 「왜국」에서 독립국 「일본」으로!

왜는 수백년간 사용하던 '왜국'이라는 국호를 670년 「일본」으로 바꾸었다. 이 670년은 백제 멸망(660년)으로부터 10년 후, 백강전투에서의 참패(663년) 7년 후, 고구려 멸망(668년) 2년 후이다.

백강전투에서 대패하였을 뿐만 아니라, 마지막으로 희망을 품고 있던 고구려마저 나당연합군의 공격에 무너졌다. 고구려에 피신하였던 부여풍도 당군에 사로잡혀 압송되고 말았다. 이제 모든 희망이 사라졌다. 이제 왜국은 백제의 속국이 아니라 독립국으로 자립하는 수밖에는 다른 선택의 여지가 없다. 국호의 변경은 백제의 속국에서 독립국으로 새로운 출발을 한다는 사실을 만방에 널리 선포하는 일이었다.

「백제의 속국에서 독립국으로!」

이것은 일본의 역사에 길이길이 남을 획기적인 대사건이 아닐 수 없다. 일본으로의 국호 변경은 이렇듯 크나큰 의미가 있다. 그러나 일본의 정사라는 『일본서기』는 국호 변경에 관하여 아무런 기록이 없다. 불과 50여년 전에 있었던 획기적인 사실인데, 이에 관하여 아무런 언급이 없는 것이다. 왜 하필 이때 국호를 바꾸었는지, 그 이유를 합리적으로 설명할 방법이 없었기 때문이 아닌가 싶다.

국호 일본은 일본 고유의 것이라고 생각하겠지만, 이 일본이라는 국호는 원래는 백제를 의미하였다. 한국을 '청구'라고 부르고, 일본을 '부상'이라 하는데, 이런 것은 한국과 일본을 아름답게 부르는 미칭이다. '일본'은 백제를 의미하는 미칭이었나.

원래 「일본」은 「백제」를 의미

백제에서 좌평이던 '예군'이라는 사람이 있었다. 백제 멸망 후 중국으로 건너가 고위직을 역임했고, 일본으로 사신을 간 적도 있었다. 그의 무덤에 넣은 묘지석이 얼마전 중국에서 발견되었는데, 다음 구절을 보자.

「…… 이때 일본의 유민들이 부상에 의거해 토벌로부터 달아났고
 …… 于時日本餘礁 據扶桑以逋誅」

「일본 유민」은 무엇인가?. 당시 유민이 발생한 곳은 백제뿐이다. 지금의 일본에서는 역사상 단 한번도 유민이 발생한 적이 없었다. 따라서 「일본 유민」의 「일본」은 백제인 것이 확실하다. 뒤에 나오는 '부상'이 바로 현재의 일본이다.

따라서 이 구절은 「백제의 유민들이 일본에 의지해 토벌로부터 달아났

고」라는 의미로 해석된다. 백제 유민들이 일본으로 망명한 사실을 당나라의 관점에서 이렇게 표현하였다.

일본 학자들도 이 일본이 백제를 의미한다고 정확하게 파악하고 있다. 그러나 왜 백제를 일본이라 표기하였는지, 그 이유에 대하여는 침묵하고 있다. 일본 고대사의 진실 앞에서는 침묵할 수밖에 없을 것이다.

백제 멸망 이후 갑자기 독립하게 된 왜국의 백제인들이 자기들의 모국 백제를 영원히 잊지 않기 위하여, 모국의 미칭 '일본'을 새로운 국호로 채택한 것이 분명하다.

백제인들이 붙인 비하의 국호「왜」

또한 백제인들은 속국의 문물에다 '왜'라는 국호를 접두사처럼 습관적으로 붙였다.

왜경 : 왜국의 수도
왜도(倭都) : 〃
왜대후 : 왜국의 왕비
왜시 : 왜국의 시
왜금 : 왜국 고유의 현악기

등에서 보는 바와 같다. 이와 같은 용어들은 백제인들이 왜국의 문물을 비하하는 느낌으로 일컫는 말들이다. 백제나 신라인들이 자국의 수도를 '백제경', '신라경' 따위로 표기하지 않았고, 왕비를 '백제대후'나 '신라대후'로 칭하지 않았던 사실과 대비된다.

뿐만 아니다. '왜(야마토)'는 수도의 지명으로도 사용되었다. 처음에는

좁은 지역의 지명이었으나, 나중에는 지금의 나라현 전체를 '대왜국'이라
하였다. 여기서의 '국(國 쿠니)'은 광역 지방행정단위이다.

백제나 고구려, 신라, 고려, 조선, 어느 나라도 자국의 국호로서 지명으
로 삼은 사례가 없었다. 왜국의 지명 '왜'는 토착왜인이 붙인 지명이 아니
다. 백제인들이 속국의 수도에 이런 지명을 붙였던 것이다.

현대에도 널리 사용되는 일본의 미칭 '대화(大和)'는 '대왜'의 변형이
다. '대왜'의 '왜(倭)'를 '화(和)'로 바꾼 것인데, 두 한자 모두 일본음으로는
'와'였다. 아름답지 못한 '왜'를, 같은 발음이면서 의미가 좋은 '화'로 바꾸
었던 것이다.

7. 백제 멸망 이후 비로소 왜국이 독립하다

백제가 멸망하기 이전인 7세기 중반까지도 왜국은 정상적인 고대국가
가 아니었다. 중국은 물론, 그 영향을 받은 백제와 신라, 고구려 모두 고도
로 발달되고 정비된 국가체제를 갖추고 있었으나, 왜국의 실정은 전혀 그
렇지 못하였다. 고대국가로서 기본적으로 갖추어야할 여러 요소가 결여되
어 있었던 것이다.

고구려와 백제가 부족연맹 단계를 넘어 중앙집권적 귀족국가의 형태를
갖춘 것은 각각 소수림왕(재위 371~384년)과 고이왕(재위 234~286년) 무렵이
다. 신라는 좀 늦어 법흥왕(재위 514~540년) 때부터라고 보는 것이 통설의
견해이다. 그 징표는 무엇인가?

① 율령을 반포하여 법체계 마련

② 관위와 관제의 정비

③ 지방행정제도의 정비

④ 고등교육기관의 설치

⑤ 국가의 역사서 편찬

등을 들 수 있다. 이러한 일들이 대체로 삼국 위 왕들의 시대에 일어났으므로, 이때부터 중앙집권적 고대국가의 형태가 정비되었다고 보았던 것이다.

그런데 왜국에서는 백제 멸망 이전에는 이러한 중앙집권적 귀족국가의 징표가 거의 보이지 않는다. 정상적인 고대국가가 아니었던 것이다. 백제가 멸망하고 본의 아니게 독립하게 되면서, 기본적인 여러 제도를 화급하게 새로이 수립하여 나갔던 것이다.

태평양전쟁에서 일본이 패망한 이후 한국이 독립하였고, 그때부터 모든 체제를 급하게 만들어 나갔던 것과 완벽하게 동일한 현상이었다. 하나하나 살펴보자.

율령

중앙집권적 고대국가의 징표로서 가장 먼저 살펴볼 것은 율령의 반포이다. 현대식으로 말하면 율령의 율(律)은 형법이고, 령(令)은 행정에 관한 법규이다. 고대의 중국에서 발생하여 시대에 따라 꾸준하게 발전하여 온 성문법 체계이다.

고대국가에서 율령을 반포하였다는 것은 사람에 의한 자의적인 지배가 아니라 법에 의한 법치가 이루어진다는 의미가 된다. 상당히 발달된 단계의 국가가 아니면 이런 일은 불가능하다.

고구려에서는 소수림왕 3년(373년), 신라는 이보다 상당히 늦은 법흥왕 7년(520년)에 각각 율령을 반포하였다.

왜국에는 백제가 멸망하기 이전까지는 율령이 전혀 없었다. 일본 최초의 율령은 왜왕 천지가 수도를 근강(近江)으로 천도한 이후, 재위 10년(671년)에 반포하였다는 이른바 「근강령」이다. 그러나 그 내용이 전해지지 아니하여 구체적으로 알 수는 없다.

백제가 멸망하여 왜가 본의 아니게 독립국으로 출발하자 말자, 왜왕 천지는 시급하게 율령의 제정을 서둘렀던 모양이다. 「근강령」의 제정작업을 처음 시작한 것은 백강전투(663년)에서 패전한 직후부터로 추정된다. 왜국이 식민지가 아닌 정상국가로서 기능하기 위하여는 무엇보다도 시급한 것이 율령의 제정이라고 천지는 생각하였던 모양이다.

어찌하여 왜국에는 율령의 제정이 이토록 늦었던가? 왜가 정상적인 고대국가였다면 전혀 상상도 할 수 없는 일이다. 왜가 백제의 속국 즉 식민지였기에 일어난 일인 것이 분명하다.

백제는 왜국을 법으로 통치한 것이 아니라, 사람에 의한 자의적 지배를 시행하였던 모양이다. 그러나 백제의 율령을 왜국으로 가져가 시행하였을지도 알 수 없다. 마치 일제강점기에 일제가 조선에 일본의 온갖 법률을 시행하였던 것처럼.

관위제

백제에서는 고이왕 27년(260년), 관위와 관제를 새롭게 정비하였다. 제1위 좌평에서 제 16위 극우에 이르는 16 계급의 관위제를 확립하였던 것이다.

『일본서기』에 의하면 왜국에서 관위제가 처음 시행된 것은 추고 11년

(603년)이다. 백제가 멸망하기 불과 53년 전의 일이다. 참으로 늦었던 것을 알 수 있다. 대덕, 소덕, 대인, 소인 등 12 계급이었다.

그러면 이렇듯 새로운 관위를 정하기 이전에는 관위가 전혀 존재하지 않았을까? 왜국을 통치하던 백제인들이 자국의 관위제도를 왜국에 가져 갔을 가능성이 크다. 다음은 『일본서기』에 나오는 인명이다.

① 시덕 사나노차주(斯那奴次酒) : 흠명 5년 2월조

　　[사나노는 일본의 지명, 현재의 나가노]

② 물부련나솔(物部連奈率) 용가다(用歌多) : 〃

③ 허세나솔(許勢奈率) 가마(歌麻) : 흠명 5년 3월조

이 사람들은 일견 왜풍으로 보이는 성명을 가졌으나, 나솔이나 시덕 따위 백제의 관위를 가지고 있다. 일본 학자들은 '왜계백제관료'라 칭한다. 토착왜인이지만 백제로 건너가 관리로 복무하면서 백제의 관위를 받았다는 것이다. 그러나 토착왜인이 백제로 가서 관리로 근무한다는 것은 전혀 불가능한 일이다. 백제어도 알지 못하고, 교육도 받지 못한 토착왜인이 백제의 관리 노릇을 한다는 것은 상상할 수도 없는 일이다.

필자는 이들을 「재왜백제관료」로 보고 있다. 백제인이 도왜하여 왜풍의 성명으로 바꾸어, 왜국 조정에 근무하였다고 보는 것이다. 아마도 부모 세대, 혹은 그 이전에 도왜하여 왜지에서 출생한 사람들이 많았다고 생각된다.

필자와 일본 학자들의 이러한 견해의 차이는 「백제와 왜, 어느 쪽이 우위에 있었는가」라는 점에 대한 관점의 차이이다. 필자는 백제가 종주국이고 왜는 속국으로 보는 반면, 일본 학자들은 왜는 강대국, 백제는 약소국이라고 보고 있기에 이런 차이가 생겼다.

위와 같은 인물들의 존재는 왜국에서도 백제의 관위제가 시행되었던 흔적이라 생각된다. 왜국을 통치하기 위하여는 수많은 관리가 필요하였을 것인데, 그들의 위계질서를 구분하는 관위제는 필수불가결이다. 백제의 관위제를 왜국에 그대로 이식하였던 사실을 『일본서기』가 이렇듯 기록하여 둔 것으로 생각된다.

행정관서

그런데 『일본서기』를 아무리 훑어보아도 행정관서는 어떤 것이 있었고, 각 부서의 장은 어떤 관직명이었는지는 전혀 나오지 않는다.

『일본서기』를 보면, 최고의 직위는 대신(大臣) 혹은 대련(大連)이었다. 6세기 이후 이 대신과 대련에 오른 사람들은 대반씨, 소아씨, 물부씨 등 도왜한지 오래된 토호 가문의 우두머리였다. 2~3명의 대신 혹은 대련이 협의하여 의사결정을 하는 구조였다고 추정된다.

『일본서기』에는 왜왕이 새로 즉위할 때마다 이들을 대련 혹은 대신으로 임명하였다고 되어있으나, 실제 이 지위는 세습되었던 것이 분명하다. 왕이 바뀌어도 이들 대신이나 대련은 전혀 바뀌지 않았고, 대를 이어 자리를 유지하는 것으로 되어있기 때문이다. 왜왕이라 하더라도 이들을 마음대로 내칠 수 없는 구조였던 모양이다.

그런데 『일본서기』를 살펴보아도 대신과 대련 이외의 관직명은 알 수가 없다.

그후 천지 10년(671년)조에 태정대신, 좌대신, 우대신, 어사대부, 법관대보, 학직두 등의 새로운 관직명이 보인다. 아마도 왜왕 천지가 새로운 율령인 근강령을 선포하면서 새로운 관제를 시행한 것으로 생각되는데, 자세한 내용은 알 수가 없다.

그런데 위에서 본 것은 관직명이고, 행정관서의 이름은 알 수가 없다. 그러면 고대의 왜국에는 행정관서가 하나도 없었단 말인가? 그렇지는 아니하였을 것이다.

일제강점기 조선총독부에는 고도로 정비된 관제가 존재하고 있었다. 조선인을 위한 것이 아니라, 식민 통치의 효율성을 위하여 그러한 관제는 필수불가결이다. 백제도 왜국을 통치하기 위하여 여러 부서를 설치하였을 것이고, 여러 관직이 있었다고 생각된다. 그러나 『일본서기』에 전하지 않는 것은, 그것이 백제풍이기 때문이 아닐까?

우리가 알 수 있는 것은 금석문에 나오는 다음의 두 관직명이다. 즉 무령왕이 아우인 왜왕에게 보낸 거울에 새겨진 「전조인(典曹人)」과 철검에 새겨진 「장도인(杖刀人)」, 두 관직명이다. 『일본서기』에는 전혀 나오지 않는다. 고대의 일본에는 많은 '~인(人)'이라는 관직명이 존재하였던 모양이다. 이는 한국풍이다.

지방제도

고대의 왜국에 어떤 지방제도가 시행되었는지, 『일본서기』에는 전혀 나오지 않는다. 그런데 시조라는 신무의 시대부터 '국조(國造)', '현주(縣主)' 등의 지방관 명칭이 보이고, '읍(邑)' 따위 지방행정단위도 보이지만 전부 창작된 가공의 그것이다. 유적에서 출토된 목간을 통하여 확실하게 알 수 있는 것은 백제 멸망 이전의 7세기에

「국(國 쿠니), 평(評 커퍼리), 오십호(五十戶 사토)」

라는 제도가 시행되었다는 사실이다. '오십호'는 마을 정도의 규모로서 최

소 지방행정단위였다.

　그 위가 '평'이었다. 이는 '커퍼리'라 하였는데, 바로 '고을'의 고형인 '거벌'이었다(209쪽). 이 지명은 현재에도 일본에 무수하게 남아있다. 백제인들이 왜국을 통치하면서 지방행정단위에 자신들의 그것을 이식하였던 것이다. 여러 개의 '평'으로 하나의 '국'을 이룬다. 701년부터는 이와 비슷하지만 용어를 좀 손질하여

「국(國 쿠니), 군(郡 커퍼리), 리(里 사토)」

제도로 바꾸었다.

　'커퍼리' 즉 고을은 그 한자표기를 '평(評)'에서 '군(郡)'으로 바꾸었으나, 용어는 그대로 사용되었다. 백제 멸망 이후에도 지배층은 백제 계통의 사람들로 계속되고 있었다는 또 하나의 증거라 하겠다.

고등교육기관과 역사서

　고대의 왜국에는 교육기관이 존재하지 않았다. 최초의 고등교육기관은 백제가 멸망한 직후에야 비로소 생겼다.

　왜왕 천지 10년(671년), '학직두(學職頭)'인 귀실집사라는 기사가 보이는데, 통설은 이를 현대의 국립대학 총장 직책으로 보고 있다. 그리고 이 무렵 편찬된 한시 모음집인 『회풍조(懷風藻)』의 서문에, 왜왕 천지가 학교를 세웠다는 기록이 있다. 따라서 천지가 근강(近江)으로 천도한 이후 교육기관을 설립한 것은 분명하나, 구체적인 내용은 알 수 없다.

　본격적인 교육기관은 율령제가 성립(701년)한 직후 생긴 '대학료(大學寮)'이다. 이곳의 교수를 '박사'라 하였다. 백제에 오경박사 등 여러 박사가 있

었던 점으로 볼 때, 백제의 제도를 도입한 것이 분명하다.

왜국에는 또한 국가의 역사서가 존재하지 않았다. 백제 멸망 이전까지의 왜국은 백제의 식민지였다. 국가의 역사를 기록한 관찬사서가 존재하였을 리가 없다.

최초의 관찬사서는 712년에 나온 『고사기』이며, 이어서 720년 『일본서기』가 등장하였다. 늦어도 너무 늦은 것을 알 수 있다. 왜가 속국이었기에 이렇게 늦을 수밖에 없었다.

그런데 이 두 사서는 진실된 역사가 아니라, 창작된 역사를 기록하였다는 점에서 역사서라 부를 수도 없다. 왜국이 백제의 속국이었다는 사실을 감추려 하다보니 수많은 허구의 왜왕과 날조된 역사를 창작하였던 것이다.

백제의 속국에서 독립국 일본으로

백제가 멸망한 이후 비로소 왜국은 정상국가로 발돋움하게 된다. 앞서 보았듯이 왜왕 천지가 정상적인 고대국가의 기틀을 닦았던 것이다. 여기서 한번 정리하여 살펴보자. 모든 것은 663년, 백강전투 패전 이후에 이루어졌다.

① 천지 3년(664년) : 종전의 12관위제를 고쳐 26관위제로 바꾸었다.
② 〃 9년(670년) : 국호를 일본으로 변경하였다.
③ 〃 〃 : 처음 호적을 만들었다. 경오년적이라 한다.
④ 〃 10년 : 최초의 율령인 근강령을 반포하였다.
⑤ 〃 〃 : 태정대신 등 새로운 관제를 만들었다.
⑥ 〃 〃 : 최초의 학교를 세웠다.

백제가 멸망하고 백강전투에서도 패하자, 백제 부흥의 꿈은 완전히 사라졌다. 천지는 이제 백제의 속국이 아닌 정상적인 국가로서 독립할 수밖에 없다고 생각하였을 것이다.

그래서 국호를 일본으로 바꾸고, 최초의 호적제도, 최초의 율령, 새로운 관제, 최초의 학교 등 독립국으로서의 기초를 마련하고자 분주하였던 사정을 알 수 있다. 정상적인 고대국가로서의 가장 기초적인 토대를 7세기 후반에 이르러서야 천지가 힘써 마련하였던 것이다.

한국의 삼국과 비교하면 수백년 늦은 것이 분명하다. 왜국이 속국이 아니었다면 훨씬 이전에 이루어졌어야 할 일들이, 백제가 멸망한 이후에야 뒤늦게 마련되었던 것이다.

백제가 멸망하고 마지막 희망이던 백강전투에서 대패하자, 이제 백제 부흥의 희망은 완전히 사라졌다. 이때부터 왜왕 천지를 필두로 한 지배층에서는 맹렬한 스피드로 독립국가 건설에 일로매진하였다. 그리하여 천지 이후의 「일본」은 종전의 「왜국」과는 전혀 다른 국가로 탈바꿈한 것을 알 수 있다.

8. 천황의 대상제(大嘗祭)에서 부르는 「한신(韓神)」

신상제(新嘗祭)의 뿌리는 백제

일본 천황은 매년 11월, 그해 수확한 신곡으로 신에게 제사를 올리는데, 이를 신상제(新嘗祭 니이나메마츠리)라 한다.

이 신상제의 근본 뿌리는 고대 한국 농가의 수확의례에 있다(三品彰英.

「朝鮮の新嘗」『新嘗の研究. 1955. 吉川弘文館』150쪽)

미시나(三品)선생은 위 논고에서, 한국 여러 지방의 도합 36 사례를 소개한 바 있다. 첫 번째로 보이는 경남 김해지방의 사례를 보면,

> 「마루 등의 시렁 위에 '신주단지' 등으로 불리는 단지를 놓고, 매년 수확한 햅쌀을 쪄서 집어넣는다. 특별한 제의는 하지 않지만, 섣달 그믐날에 등을 달고, 특히 가족의 생일날에 반드시 신찬(神饌)을 바쳐 축하한다」

지방마다 조금씩의 차이는 있지만, 가을에 새로이 수확한 신곡을 단지에 넣어 모셔두는 의식으로서, 풍성한 햇곡식을 마련하여 준 신에게 감사를 드리는 제례라 하겠다. 신상제는 바로 백제에서 파견한 왜왕들이 백제에서 하던 신곡에 대한 감사의 제례를 왜지로 가져가 봉행하였는데, 그것이 세월이 흐르면서 왜풍으로 변형된 제사일 것이다.

신상제를 보면, 한국의 마을 제례인 '동제(洞祭)'와도 공통된 요소가 많다. 같은 뿌리에서 나온 것이 분명한데, 이에 관한 상론은 지면관계상 후고로 미룬다.

대상제(大嘗祭)

새로운 천황이 즉위한 후 처음 맞이하는 신상제는 특별하게 취급하여 대규모로 행하였다. 이를 대상제(다이쟈우샤이)라 하였고, 재위기간 중 단한번만 거행하였다.

천황의 가장 중요한 행사가 바로 이 대상제이다. 두 제사는 고대에 시작되어 중세에 끊어지기도 하였으나, 다시 부활하여 현대에도 어김없이 시행되고 있다. 대상제 당일에는 4천여명의 대군중이 새로이 설치된 대상궁

으로 행진하는 것만 보더라도, 대단한 행사인 것을 알 수 있다.

진혼제(鎭魂祭)

대상제의 하루 전에는 진혼제라는 중요한 행사를 거행한다. 진혼제는 고대 일본어로 '미타마푸리'였고, 한자로는 '招魂(초혼)'으로 표기하였다.

미타마푸리 招魂 초혼 [고대일본어] 영혼이 육체를 떠나지 않도록 기원
하는 행사

부리다 [전남, 경북 방언] 부르다

한국에서의 '초혼'은 죽은 사람의 영혼을 부른다는 의미이지만, '미타마푸리'의 초혼은 그런 뜻이 아니다. 사람의 영혼이 신체를 떠나가면 죽게 된다. 천황의 영혼이 신체를 떠나지 않고 진좌하도록, 즉 장수를 기원한다는 의미였다. 그런데 이 '미타마푸리'는 일본어가 아니다.

'미타마(御魂)'는 영혼을 뜻하는 일본어이지만 '푸리'는 무슨 의미인가? 일본에서는 여러 가지 견해가 있으나, 정설이 없다.

'부르다'를 전남방언 등에서는 '부리다'라 한다. '푸리'는 바로 이 '부리다'의 어근 '부리'이다. '혼 부르기'라는 의미가 된다. 동사의 어근 '부리'가 그대로 명사가 되었다. 이에 관하여는 뒤에서 자세히 살표보자(252쪽).

고대의 한자표기 '招魂(초혼)'은 바로 혼 부르기라는 의미인 것이 분명하므로, 필자의 위와같은 풀이와 정확하게 일치한다. 살아있는 천황의 영혼이 떠나가지 않도록 부른다는 의미이다.

중세에는 '鎭魂(진혼)'이라는 한자로도 표기하였는데, 죽은 사람의 영혼이 고이 잠든다는 통상적인 의미가 아니라, 산 천황의 영혼이 신체에 진좌

하기를 바란다는 뜻으로 사용되었다.

천황의 실질적인 제신 「한신(韓神)」

진혼제의 핵심은 신락가(神樂歌 미카구라)에 있다. 궁중의 앞 마당에 장작불을 피워놓고는, 밤을 세워 악기를 연주하고 춤을 추며, 여러 노래를 부르는 행사이다. 이 노래들에는 많은 백제어가 포함되어 있다. 졸저 『천황가의 기원은 백제 부여씨』에서 본 바 있다.

이들 노래는 ①신을 부르는 노래, ②신을 즐겁게 해드리는 노래, ③신을 보내는 노래, 세 가지로 대별된다. 그 중 신을 부르는 노래를 보면, 천황이 이 제사에서 어떤 신을 오시라고 부르는지를 알 수가 있다. 천황이 부르는 신은 다름아닌 「한신(韓神)」이다. 노래의 가사를 보자.

「미시마(三島) 목면(木棉) 어깨에 들이걸치고, 나 한신은 한(韓)을 불러 모시노라, 한을 불러, 한을 불러 모시노라.

여덟나뭇잎그릇(八葉盤) 손에 들이잡고, 나 한신은 한을 불러 모시노라, 한을 불러, 한을 불러 모시노라」

'미시마'는 지명이지만, 그곳의 목면에 어떤 의미가 있는지는 알 수 없다. 그러나 천황이 오시라고 부르는 「실질적인 제신(祭神)」은 '한신(韓神 카라카미)'인 것이 분명하다. 한신은 백제의 신이고, 천황의 조상신이다.

대상제의 제신이 어떤 신인지에 관하여는 어디에도 명확한 규정이 없다. 그래서 천조대신이라는 설 등 여러 견해가 있으나 정설이 없다(『大嘗祭の世界(대상제의 세계). 眞弓尙忠. 1989. 學生社』 125쪽).

생각해 보면, 이것도 기가 막힌 일이 아닐 수 없다. 천황이 재위중 단 한번 올리는 존엄한 제사의 제신이 어떤 신인지도 모른다니. 가정집에서 제사를 지내면서, 할아버지의 제사인지 증조할머니의 제사인지도 모르면서, 그냥 제물을 차려놓고 제사를 지내는 것과 같다.

왜 이런 현상이 발생하였을까? 천황가의 실제 조상은 『일본서기』에 나오는 천조대신이나 시조 신무 등의 왜왕이 아니기 때문이다. 8세기부터 천황가에서는, 시조 신무부터 37대 제명까지 허구의 왜왕들에 대하여는 조상으로 대접하지 않고, 제사도 올리지 않았다. 38대 천지를 실질적인 시조로 모셨던 것이다(후술 302쪽).

이런 천황가에서, 대상제라고 하여 이들 가공의 왜왕들을 제신으로 모실 리가 없는 것은 자명한 일이라 하겠다. 따라서 대상제 전날 밤 신을 부르는 노래에 나오는 이 한신이 바로 실질적인 제신이 아니겠는가? 공식 규정에는 없지만, 천황가의 본심이 이 한 수의 노래에 극명하게 드러나 있다. 노래의 후렴인 「나 한신은 한을 불러 모시노라, 한을 불러, 한을 불러 모시노라」를 보라. 반복하여 애절하게 한신을 부르는 것을 알 수 있다.

그러나 이날 밤 부르는 수십 수의 노래 중에, 가령 천조대신이나 시조 신무와 같은 이름은 어디에도 보이지 않는다. 자신의 뿌리에 관하여 확실하게 간파하고 있는 천황가에서, 허구의 조상을 부를 리가 없다.

앞서 『고사기』에 나오는 이 「한신(韓神)」을 보았다(34쪽). '서퍼리(曾富理) 신'의 형이라 하였는데, 이 '서퍼리'는 백제의 첫 번째 수도 '서울'로 보는 것이 일본의 통설이다.

황궁에 있던 한신사(韓神社)

8세기 이후 일본 황궁 안에는 「한신사」라는 이름의 신사가 있었다. 한신사는 물론 '한신' 즉 백제신을 모시는 신사이다. 중세에 이를 철거하여 지금은 흔적을 찾을 수 없다.

백제의 한신을 모시는 신사가 오래 전부터 왜국 왕궁에 존재하였던 사실을 알 수 있다. 천황가의 뿌리를 짐작하게 한다. 그런데 중요한 것은, 천황의 황궁에 시조 신무나 그 선조인 천조대신을 모시는 신사는 단 한번도 존재하였던 적이 없었다는 점이다.

천조대신을 모시는 천황가의 신사는 이세신궁(伊勢神宮)이지만, 역대 천황들이 여기에 직접 참배한 적이 없었다. 최초로 참배한 이는 천황절대주의를 추구하던 근세의 명치였다. 허구의 조상 천조대신을 모시는 신사는 멀리 떨어진 이세에 지어놓고는, 막상 천황들은 찾아가지도 않았던 것이다.

시조 신무를 모시는 신사가 황궁에 설치되었던 적은 한번도 없었다. 가공의 시조 신무는 철저하게 외면당하였다. 황궁 내에 신무나 천조대신을 모시는 신사는 없었고, 백제신을 모시는 한신사가 수백년간 존속되어왔다는 사실만 보더라도, 천황가의 뿌리를 짐작할 수 있다.

3장 ————

왜왕은 백제의 왕자

1. 백제 왕자들의 일방적인 도왜

　『일본서기』를 보면 수백년에 걸쳐 백제의 왕자들이 끊임없이 도왜하였던 것으로 되어 있다. 도왜한 수많은 왕자 중 일부는 조공이 목적이라 하였다. 일부는 그 정확한 이유가 나와 있지 아니하며, 인질인 경우도 있다.

　그러나 이와 반대로 왜국의 왕자가 백제를 방문한 적은 단 한번도 없다. 이것은 정말 이상한 현상이 아닐 수 없다. 만일 백제와 왜가 대등하게 교류하는 관계였다면, 왜국의 왕자도 이와 비슷한 빈도로 백제를 방문하여야 마땅하다.

　그러나 『삼국사기』나 『일본서기』, 어디에도 왜 왕자의 백제 방문 기사는 보이지 않는다. 백제와 왜가 대등한 관계가 아니었다는 아주 중요한 증거의 하나이다. 도왜한 백제 왕자는 백제의 대왕이 파견한 왜왕이었던 사례가 많았다. 『일본서기』에 나오는 백제 왕자의 도왜 기사의 개요를 순서

대로 살펴보면 다음과 같다.

① 왕자 전지(腆支) : 응신 8년(277년)

　선왕의 수호를 닦기 위하여.

② 백제의 태자(『해동제국기』에 의함) : 응신 16년(285년)

　태자 이름 미상. 도왜 목적 미상.

③ 백제 왕족 주군(酒君) : 인덕 41년(353년)

　왜국 신하에게 무례하여, 백제왕이 사슬로 묶어 왜왕에게 헌상.

④ 곤지가 다섯 아들 데리고 도왜 : 웅략 5년(461년)

　형왕의 수호를 닦기 위하여.

　무령왕이 각라도에서 태어남.

⑤ 왕자 말다(후일의 동성왕) 귀국 : 웅략 23년(479년). 호위대 500명.

⑥ 왕자 마나군(麻那君) : 무열 6년(504년). 조공.

⑦ 왕자 사아군(斯我君) : 무열 7년(505년). 조공.

⑧ 왕자 혜 : 흠명 16년(555년). 성왕 전사 사실 통보할 목적.

　귀국시 장군 3명과 축자국의 수군(인원수 미상)으로 호위.

　별도로 용사 1천을 보내, 해로의 중요한 곳을 수비하도록 함.

⑨ 왕자 아좌 : 추고 5년(597년). 조공.

⑩ 왕자 풍장 : 서명 3년(631년). 인질.

⑪ 대사인 왕자 교기가 가족과 종 거느리고 도왜 : 황극 원년 (642년)

⑫ 왕자 새성과 충승이 연호를 바꾸는 행사에 참석 : 효덕 대화 5년(649년)

위에서 보듯이 12회에 걸쳐, 백제의 왕자들이 왜국을 방문한 것으로 되어 있다. 『일본서기』에 의하면 왜국은 종주국이고, 백제는 속국 혹은 식민지인 것처럼 묘사되어 있다. 그런데 속국의 왕자들은 이렇듯 빈번하게 종주국을 방문한 데 비해, 종주국인 왜국의 왕자들은 단 한번도 백제를 방문한 적이 없었다. 이는 전혀 상식에 맞지 않는 일이다. 실제는 백제가 종주국이고 왜가 속국이었기에 이런 일이 벌어졌던 것이다.

그런데 『일본서기』는 왜 이렇듯 백제 왕자의 도왜 사실을 후세에 전하려고 하였을까? 『일본서기』에 의하면 백제는 왜의 속국이었다. 따라서 백제 왕자의 도왜 사실을 전하는 것은 왜에게 불리한 요소가 아닐 수 없다. 그렇지만 『일본서기』를 지은이도 백제의 후손인 것이 분명하다. 토착왜인은 이런 책을 지을 능력이 전혀 없었다.

따라서 『일본서기』 지은이도 백제가 왜를 지배한 사실이 완벽하게 잊혀지는 것은 전혀 원하는 바가 아니었던 모양이다. 그래서 그러한 사실을 암호처럼 행간에 숨겨 후세에 전하려 하였던 것으로 추정할 수 있다.

2. 왜왕 전지(腆支)

『일본서기』에 보이는 도왜한 첫 번째 백제 왕자는 아신왕의 태자 전지이다. 그런데 『삼국사기』에 의하면, 그는 아신왕 6년인 397년, 왜국에 「인질」로 갔다고 되어있다. 그가 왜국으로 간 것은 사실이겠지만, 인질이었다는 것은 전혀 믿을 수 없는 기사이다.

무엇보다도 태자가 왜 인질로 갔는지 그 이유를 전혀 알 수가 없다. 인질은 적대국 사이에서 주고 받는다. 『삼국사기』나 『일본서기』 어디에도 당시 백제와 왜가 적대관계에 있었다거나 전쟁을 하였다는 기사는 전혀 보이지 않는다. 아무런 이유도 없이 인질을 보낼 리가 만무하다.

『일본서기』에는 백제에서 그를 보낸 이유가 「선왕(先王)의 수호를 닦기 위해서」라고 하였다. 일종의 친선사절이었다는 것이다. 인질이 아니다. 그리고 『삼국사기』의 다음과 같은 여러 기사를 보면, 그는 인질이 아니라 왜왕이었음을 알 수 있다.

1) 『삼국사기』에 의하면 아신왕은 전지 태자가 귀국하기도 전인 재위 11년, 사신을 왜국에 보내어 야명주(夜明珠)를 구하였다. 야명주란 밤에도 밝게 빛을 내는 구슬, 아마도 아주 큰 진주를 의미하는 듯하다. 밤에 밝게 빛나는 굵은 진주는 희귀하고도 값비싼 보물이다.

아신왕은 장남인 태자가 인질로 잡혀 생명이 위태로운 지경인데도, 바로 그 왜국에 보석을 구하려 사신을 보냈다니? 과연 아신왕은 정신이 있는 사람인가?

조선조 병자호란 당시 인조가 청에 항복하였고, 이어서 장남인 소현세자와 차남 봉림대군이 인질로 끌려간 바 있다. 그런 인조가 진귀한 보석을 구하러 청나라에 사신을 보낼 수 있겠는가? 전혀 상상도 할 수 없는 일이다. 아신왕이 야명주를 구하러 사신을 보냈다고 한 것은 왜국을 속국으로 여기고 있는 듯한 태도이다.

2) 『삼국사기』의 전지 태자 귀국 기사를 보자.

「재위 14년에 아신왕이 붕어하자, 첫째 아우인 훈해(訓解)가 섭정이 되어 임시로 나라를 다스리면서 태자인 전지의 귀국을 기다리고 있었다. 그러자 둘째 아우 설례(碟禮)가 훈해를 죽이고는 스스로 왕이 되었다.
전지가 왜국에서 부왕의 부음을 듣고 울면서 왜왕에게 귀국하기를 청하자, 왜왕이 병사 100명으로 호송하였다. 국경에서 설례가 훈해를 죽였다는 사실을 비로소 알게 된 전지는 왜병들을 머물게 하고는 섬에서

기다렸다. 얼마 후 나라 사람들이 설례를 죽이고 전지를 맞이하여 그가
왕이 되었다」

여기서 중요한 것은 왜국의 호위병 100명이다. 전지가 진실로 인질이었
다면, 왜국에서 이렇게 많은 호위병을 붙였을까? 최소한 수개월이 걸리는
장거리 항해에 막대한 식량과 물자가 소요된다는 점을 생각하면, 인질에
게 이 정도 규모의 호위병은 과한 느낌이다. 이 호위병으로 볼 때 전지는
인질이 아니라 왜왕이었다고 생각된다.

3) 전지는 국경에 와서야 비로소 아우들 사이의 큰 변란이 발생하여, 자
신의 목숨조차 위태롭다는 사실을 알게 되었다. 만일 왜국에서 이런 사실
을 알았다면 그는 호위병의 규모를 훨씬 늘렸을 것이다.

국경에서 비로소 변란의 사실을 알게 된 전지는 호위병인 왜병들을 지
휘하여 머물게 하고는 섬으로 피신하였다. 인질이 어떻게 왜병을 지휘할
수 있을까? 전지는 인질이 아니었다.

4) 그리고 아신왕이 붕어한 후, 태자 전지의 첫째 아우가 섭정이 되어
임시로 나라를 다스리면서 전지의 귀국을 기다렸다는 점도 주목을 요한
다. 왜국에서 돌아오는 데에는 상당한 시일이 소요되므로, 그 사이에 임시
로 훈해가 나라를 통치하였던 것으로 이해할 수 있다.

이러한 조치에서 알 수 있는 것은, 백제 조정에서 태자 전지의 귀국을
아주 당연한 것으로 생각하였다는 점이다. 만일 전지가 진실로 인질이었
다고 가정하여 보자. 그의 목숨이나 모든 것은 왜왕의 처분에 달려 있다.
귀국도 왜왕이 허락하여야 가능하다.

그럼에도 불구하고 백제 왕실에서는 태자가 당연히 귀국한다고 생각하

고는, 아우가 섭정으로 임시로 다스리며 귀국을 기다렸다. 이는 왜국의 태자가 인질이었다면 상상하기 어려운 일이 아닐 수 없다. 그렇지만 태자 전지가 인질이 아니라 왜왕이었다고 본다면, 모든 것을 수월하게 이해할 수 있다.

5) 『삼국사기』에 의하면 귀국하여 즉위한 전지왕 5년(409년), 왜국에서 사신을 보내어 야명주를 바쳤다 한다. 왜왕은 자국의 인질이었던 전지왕에게 이런 보물을 바쳤을까? 태자 전지가 진실로 인질이었다면 이 선물은 전혀 이해할 수가 없다. 속국 왜국에서 종주국의 대왕에게 충성의 선물을 바친 것으로 이해할 수 있다.

6) 『삼국사기』에 의하면, 9년 후인 재위 14년, 전지왕은 왜국에 사신을 보내어 백면 10필을 보냈다. 백면은 비단일 것이다. 이는 속국의 왕에게 보내는 선물로 적합한 것으로 생각된다.

이러한 사정을 종합하여 볼 때, 백제의 태자 전지는 왜국에 인질로 간 것이 아니라, 왜왕으로서 왜국을 통치하러 도왜하였던 것이 분명하다. 그는 귀국하여 백제의 왕으로 즉위하는데, 그 뒤에도 이런 패턴은 계속된다.
왜왕 전지가 백제에서 파견한 첫 번째 왜왕이었는지의 여부는 불분명하다. 그가 도왜한 해가 397년이었는데, 이 때는 가야인들의 집단적이고 계획적인 도왜가 본격적으로 시작될 무렵이었다. 거기에다 『일본서기』에 보이는 도왜한 첫 번째 백제 왕자가 바로 그였다는 사실과 아울러 살펴볼 때, 첫 번째 왜왕이었을 가능성도 충분하지만 단정할 수는 없다.

3. 왜왕 곤지

곤지는 왜왕이었다

『일본서기』에 나오는 왕자 곤지(昆支)의 도왜 기사의 개요를 살펴보자.
특히 그가 도왜한 이유에 관하여 장황한 설화를 붙이고 있으나, 대부분
의 내용이 창작소설이다. 요점만 간략하게 줄여서 살펴보자.

① 웅략 5년(461년) 4월, 형인 개로왕이 아우 곤지에게 "너는 마땅히 일본
　으로 건너가 천황을 섬겨라(汝宜往日本以事天皇)"라고 명하였다.
② 곤지는 형인 개로왕에게 만삭이던 부인(婦人)을 달라고 하였다. 그래서
　같이 도왜하던 도중, 규슈의 '각라도'라는 섬에서 아이를 낳았다. 이름
　을 도군(嶋君, 섬의 왕)이라 하였다. 후일의 무령왕이다.
③ 그해 7월 곤지가 5 아들을 데리고 왜국 수도로 왔다.
④ '백제신찬'에서 말하였다. 개로왕이 아우 곤지군을 보내 대왜(大倭)에
　가서 천왕을 모시게 하였다(侍天王). 형왕(兄王)의 수호를 닦았다.

개로왕은 수백년 후의 일을 내다보는 대단한 신통력이 있었던 모양이
다. 왜국이 수백년 후에 국호를 '일본'으로, 왕호를 '천황'으로 바꿀 것을
미리 예견한 것을 보라. 그러나 개로왕이 신통력이 있었던게 아니고, 『일
본서기』의 창작인 것이 분명하다. 여기서의 진실은

① 461년, 백제의 왕자 곤지가 다섯 아들을 이끌고 왜로 건너갔다.
② 그해 후일의 무령왕이 왜지에서 태어났다.

라는 두 가지 사실뿐이다. 그런데 『삼국사기』 문주왕 2년(476년) 4월조를 보면, 이때 곤지가 내신좌평으로 취임한 바 있다. 그 이전에 그가 무슨 일을 하였는지는 전혀 알 수가 없으나, 15년 동안 그는 왜지에 있었던 것으로 추정된다. 다섯 아들을 데려갔다고 하였는데, 아들들만 데려가고 다른 가족은 백제에 두고 갔을 리는 만무하다. 즉 전 가족을 이끌고 갔던 것이 분명하다.

전 가족과 함께 무려 15년이나 왜지에 있었던 왕자 곤지. 그는 왜지에서 무슨 일을 하였을까?

『일본서기』는 「천황을 모시러(事天皇)」, '백제신찬' 또한 「천왕을 모시러(侍天王)」, 도왜한 것으로 되어있다. 사실일까? 이것은 아주 가까운 측근에서 왜왕을 모시기 위하여 도왜하였다는 의미가 되는데, 현대 한국으로 말하면 대통령 비서실장 혹은 특별보좌관 정도의 의미일 것이다. 왕이나 대통령을 최측근에서 모신다는 것은 대단한 권력이다. 누구나 부러워하는 최고위 권력자의 모습이다. 과연 속국 백제의 왕자가 종주국 왜국의 왕을 측근에서 보좌하고 모셨을까?

일제강점기 조선의 최고위층 자제가 일본의 천황 혹은 총리대신을 측근에서 모셨다는 이야기는 들어본 적이 없다. 상식적으로 전혀 가능한 일이 아니다. 왜왕을 모셨다는 것은 『일본서기』가 내세우는 허구의 연막에 불과하다. 곤지가 왜왕이었다는 사실을 차마 그대로 기록할 수는 없었기에, 왜왕을 모시러 갔다는 암호로 기록한 것이다.

곤지는 전 가족을 이끌고 가서 15년이나 체재하였는데, 그는 왜국을 통치하는 왜왕이었던 것이 분명하다.

『일본서기』는 위에서 보듯이 아주 많은 지면을 할애하여, 곤지의 도왜 기사를 기록하였는데, 이는 극히 이례적이다. 다른 백제 왕자의 도왜 기사와 비교하면 특별대우라 할 만하다. 이것은 그가 장기간 왜왕으로 재임하면서, 큰 업적을 남긴 아주 대단한 왜왕이었다는 의미일 것이다.

그리고 앞의 ④항 뒷부분, 「형왕(兄王)의 수호를 닦았다」라는 대목은 개로왕이 아우 곤지를 왜왕으로 보냄으로서, 형왕으로서의 도리를 다하고 수호를 닦았다는 의미로 해석된다. 즉 개로왕은 형이고, 곤지는 아우였다고 추정된다.

『삼국사기』에 의하면, 곤지는 개로왕의 아들인 문주왕의 아우로 되어있으나, 이 대목은 『일본서기』가 정확한 것으로 보인다. 즉 형인 개로왕은 백제를, 아우인 곤지는 왜국을 각각 다스렸다는 사실을 알 수 있다.

무령왕 탄생 설화의 허구와 진실

그리고 「곤지는 형인 개로왕에게 만삭이던 부인(婦人)을 달라고 하여 같이 도왜하던 도중, 규슈의 '각라도'라는 섬에서 아이를 낳았기에, 이름을 도군(島君, 섬의 왕)이라 하였다」라는 후일의 무령왕 탄생 설화는 과연 사실일까?

만일 이 설화가 사실이라면 당시의 백제 왕가는 지극히 야만적이고 후진적이며, 성적으로 문란하였던 것이 된다. 그러나 이러한 사실이 실제 있었을 가능성은 전혀 없다. 즉 왕의 부인이든 누구든, 만삭의 여성을 왜국까지의 험한 뱃길에 데려간다는 것은 전혀 상식 밖의 일이다. 백제를 야만으로 묘사하는 것으로서, 상대적으로 왜가 우위에 있었다는 것을 과시하기 위한 창작인 것이 분명하다.

그렇지만 후일의 무령왕이 왜지에서 태어났기에, 그의 이름을 「도군(島君, 섬의 왕)」이라 하였다는 것은 믿을 만하다. 무령왕릉의 지석에 「사마왕(斯麻王)」이라고 되어있는데, 이 「사마(斯麻)」의 고대음은 '시마'로서, 섬을 뜻하는 일본어 '시마(島)'와 정확하게 일치하기 때문이다.

그러나 규슈의 외딴 섬 각라도에서 태어났다는 것은 전혀 상식에 맞지 않는다. 그는 왜국 수도의 아늑한 침실에서 편안하게 태어났을 것이다.

섬을 뜻하는 그의 이름 '사마'는 각라도라는 외딴 섬이 아니라, 왜국 전체를 의미한다. 백제인들은 왜를 섬이라고 표현하기를 즐겨하였기 때문이다.

그러면 무령왕을 낳은 여성은 누구일까? 개로왕의 부인이 아니라, 곤지의 측실로 보는 것이 상식에 부합한다. 따라서 무령왕은 곤지의 아들로 보는 것이 타당할 것이다. 『일본서기』에는 곤지가 다섯 아들을 데리고 도왜하였다고 되어 있는데, 이 다섯 아들과는 배다른 형제인 셈이다.

곤지의 후손

곤지는 왜왕으로 장기간 재임하면서 왜국에 수많은 후손을 남겼다. 『신찬성씨록』 하내국 제번 편을 보면,

> 「비조호조(飛鳥戶造 아스카베노미야투코) 씨족은 백제 비유왕의 아들 '곤기
>   (昆伎)'의 후손이다」

라 하였다. 씨족의 명칭 '아스카베(飛鳥戶)'는 현재의 오사카 남부, 가와치(河內) 지역에 있는 지명이다. 이곳은 이른바 '가까운 아스카(近っ飛鳥)'라 하는데, 나라의 아스카와는 다르다. '미야투코(造)'는 경칭이다.

'곤기'는 '곤지(昆支)'의 이표기이다. 여기에도 『일본서기』와 마찬가지로 곤지를 비유왕의 아들, 즉 개로왕과 형제간이라 하였다.

『일본후기』 홍인 3년(812년)조를 보면, 이 씨족은 '백제숙내(百濟宿禰)'라는 성을 하사받아 성을 바꾸게 된다. 백제가 멸망한 지가 150년이나 지난

812년, 당시의 차아천황이 이 씨족에게 하사한 성이 '백제'인 것이 좀 의외라는 느낌이다. 이때까지도 '백제'는 일본에서 존재감을 잃지 않고 있었던 모양이다.

한편 오사카 남부 하비키노(羽曳野)시에는 아스카베(飛鳥戶)라는 이름의 신사가 있다. 여기서 모시는 제신이 바로 곤지이다.

박종홍 선생의 『古代 大阪を旅する(고대 오사카를 여행하다). 1987. フレーソセンタ』에 의하면(110쪽), 고대에는 이 신사 제삿날이 되면 천황이 칙사를 보내는 등 아주 격이 높았던 신사라 한다. 그러나 지금은 고대의 영화가 사라진 모양이다. 태평양 전쟁 이후 새로이 조영되기는 하였으나, 일반 논밭 사이에 조용히 진좌하고 있다 한다.

그리고 이 신사가 자리한 대지에는 원분군이 있었다. 과거에는 아스카베 천총(飛鳥千塚)이라 불릴 정도로 수많은 무덤이 있었으나, 현재는 완전한 무덤 1기, 반파된 무덤 4기만 남아있다. 6세기 전반에서 7세기의 무덤이라 한다. 이 씨족이 고대에는 아주 번성하였던 모양이다.

4. 왜왕 말다(末多 후일의 동성왕)

곤지가 476년 백제로 귀국한 이후, 다음 왜왕은 그의 둘째 아들인 말다 왕자였을 것이다. 그는 부친 곤지가 귀국한 476년부터 479년까지 4년간 왜왕으로 재임한 것으로 추정된다. 웅략 23년(479년) 4월조에 동성왕의 귀국 기사가 보이기 때문이다.

「백제의 문근왕(삼근왕)이 훙하였다. 천황이 '곤지왕(昆支王)'의 다섯 아들

제1부 백제의 왜국 통치   141

중 둘째 '말다왕(末多王)'이 어리지만 총명하여(幼年聰明) 궁전으로 불렀다. 친히 머리를 쓰다듬으며 은근하게 타이르고는 그 나라의 왕으로 삼았다.

무기를 하사하면서 축자국의 군사 500인으로 호위하여 보냈다. 그가 동성왕이다」

『일본서기』의 이 기사에 의하면, 왜왕 웅략이 곤지의 둘째 아들 말다를 백제의 동성왕으로 임명한 것이 된다. 그러나 당시의 모든 형세로 보아 왜왕이 백제의 왕을 임명한다는 것은 상상조차 되지 않는다. 더우기 웅략은 창작된 가공의 왜왕이므로 더 말할 나위도 없다.

여기에 보이는 '곤지왕(昆支王)'과 '말다왕(末多王)'의 '왕'이라는 표현을 주목하여 보자. 그들이 왜국에서 왕이었다는 사실을 암시하고 있다.

말다는 어린 시절 부친 곤지를 따라 왜국으로 건너갔지만, 그가 계속하여 왜국에 머물렀다고는 생각되지 않는다. 아마도 언젠가 귀국하여 백제에 체재하다, 부친의 사후 문주왕으로부터 왜왕으로 임명되었을 것이다.

그런데 웅략이 말다(즉 후일의 동성왕)가 어리지만 총명하여, 머리를 쓰다듬으며 타일렀다는 대목의 진위를 한번 살펴보자. 이는 당시 말다가 10세 미만의 어린 소년이었다는 의미인 것이 분명하다.

앞서 본 바와 같이 『일본서기』는 18년 전인 웅략 5년(461년) 조에서, 곤지가 다섯 아들을 데리고 도왜하였다고 하였다. 말다는 둘째였고, 세 아우가 있었으니 최소한 7~8세는 되었을 것이다. 그렇다면 18년 후인 웅략 23년(479년)에는 최소한 25~6세의 청년이 되어있었던 것이 분명하다. 아마도 30세 전후가 아니었을까?

그런 정도의 나이인 말다를 「어리지만 총명하다」라거나 「머리를 쓰다듬었다」라고 할 수는 없을 것이다. 『일본서기』의 허구성을 다시한번 실감할 수 있다. 그는 왜왕으로 재임하다 귀국하여서는 백제의 왕으로 즉위하였던 것이다.

말다왕은 『일본서기』에 나오는 바와 같이 왜군 500명을 호위병으로 거느리고 귀국하였다. 앞서 전지왕은 100명의 호위병이었지만, 여기서는 500명이다. 언제부터인지는 알 수 없으나 대폭 증원된 것을 알 수 있다.

이 엄청난 호위부대의 규모만 보더라도 그가 왜왕이었던 사실을 알기에 부족함이 없다. 그리고 전지왕의 경우와 마찬가지로 동성왕도 왜국에서 귀국하자 바로 왕위에 오른다. 같은 패턴인 것을 알 수 있다.

『신찬성씨록』 하내국 제번편에는 말다왕의 후손인 비조호조(飛鳥戸造 아스카베노미야누코) 씨속이 있다.

5. 왜왕 사마(후일의 무령왕)와 남동생왕(男弟王)

무령왕은 왜왕이었다

말다왕이 479년 백제로 돌아간 이후, 새로 즉위한 왜왕은 누구였을까?

『일본서기』나 『삼국사기』 어디에도 보이지 않아 알 수가 없다. 그런데 백제에서는 말다왕의 이복 아우인 무령왕이 501년 즉위한다. 무령왕은 즉위 이전에는 무슨 일을 하였을까? 역시 『일본서기』나 『삼국사기』 어디에도 보이지 않는다.

따라서 아무런 확실한 근거가 없는 추측의 영역에 불과하지만, 필자는 무령왕이 즉위 이전에는 왜왕이었다고 보고 있다. 앞서 본 전지왕자나 말다왕자가 귀국하여 백제왕으로 즉위한 전례가 있기 때문이다. 다만 그가 언제 왜왕으로 즉위하였는지는 알 수가 없다.

남동생왕은 왜왕 계체가 아니다

그러면 무령왕이 백제로 돌아와 왕위에 오른 501년 이후의 왜왕은 누구일까? 와카야마현의 스다하치만(隅田八幡) 신사에 있는 인물화상경이라는 거울에 그 해답이 있다(졸저 『천황가의 기원은 백제 부여씨』 463쪽). 우선 거울에 새겨진 명문을 보자.

> 「癸未年 八月 日十大王年 男弟王 在意紫沙加宮時 斯麻念長泰 遣開中
>   費直 穢人 今州利二人等 所白上同二百旱 所此竟
>
>   계미년 팔월 일십대왕년(日十大王年), 남동생왕(男弟王)이 어시사카궁(意
>   紫沙加宮)에 있을 때, 사마(斯麻)가 길이 태평하기를 생각하여, 개중비직
>   (開中費直)과 예인(穢人) 금주리(今州利) 두 사람을 보내어, 좋은 구리 이백
>   한(旱)으로 이 거울을 만들었다」

계미년은 503년이다. 사마(斯麻)는 무령왕의 이름이다. 이를 무령왕으로 보는 견해는 한국과 일본의 다수설로 보인다.

남제왕(男弟王)은 한자의 의미 그대로 남동생왕이다. 이 남동생왕의 이름이 무엇인지 나타나 있지 않은 점이 아쉽다. 형인 무령왕은 백제를 다스렸고, 그 동생은 왜왕으로서 왜국을 통치하였던 사실이 이 거울에 잘 드러나 있다.

일본의 통설은 이 남제왕을 『일본서기』에 나오는 26대 왜왕 계체로 본다. 계체의 이름 '오오토(男大迹)'와 '남제(男弟)'의 일본식 발음 '오오토'가 같은 발음이기 때문이라 한다.

그런데 일본의 이 통설은 거울의 '남제왕(男弟王)'을 한자의 음이 아닌 훈으로 읽어야 한다는 것을 당연한 전제로 하지만, 이는 전혀 부당하다.

이 거울은 백제의 무령왕이 만들어 왜왕에게 준 것이다. 무령왕이 왜왕의 이름을 한자의 왜풍 훈으로 적었을 리는 만무하다. 더더구나 이 당시는 왜국에 한자의 훈이 생겨나기도 훨씬 이전이다.

따라서 '남제왕'의 '남제'는 8세기 일본의 한자 훈인 '워어터'로 읽을 것이 아니라, 백제의 한자음인 '남데' 혹은 '남더'로 읽어야 마땅하다. 그리고 이는 고유명사가 아니라 한자의 의미 그대로 남동생이라는 의미이다.

자, 여기서 백보를 양보하여 '남제'를 일본식 훈의 표기라고 가정하여 보자. 그렇게 되면 남제(男弟)는 한자의 훈으로 읽어「워어터」, 계체의 이름 남대적(男大迹)은「워어퍼터」인데, 두 번째 음절 '어'를 축약하여「워퍼터」로 읽고 있다.

그런데「워퍼터」와「워어터」가 어찌하여 같은 발음인가? 이 둘의 발음이 같다고 한다면 이는 학문이라 할 수가 없다.

무엇보다도 계체라는 왜왕은 실존인물이 아니라 창작된 가공인물이다. 그의 이름이라는「워퍼터(男大迹)」는 한자의 훈으로 된 이름인데, 그가 즉위하였다는 507년의 왜국에는 이런 한자의 훈으로 된 이름을 가진 사람은 단 한 사람도 없었다.

왜국에서 한자의 훈이 생겨난 것은 6세기 중반이라 하지만(『日本語の誕生 (일본어의 탄생). 沖森卓也. 2005. 吉川弘文館』 68쪽), 사람의 이름에 이런 한자의 훈독이 본격적으로 사용되기 시작한 것은 백제가 멸망하고도 조금의 세월이 지난 7세기 말엽부터이다. 망명 백제인들에 의하여 비롯된 것으로 보인다.

명문에는 남동생왕이 어시사카(意紫沙加)라는 궁에 있을 때 무령왕이 이 거울을 만들었다 하였다. '어시사카'는 지명인 것이 분명하지만, 어디인지 알 수가 없다. 『일본서기』에는 어시사카에 있었다는 왜왕의 궁은 보이지 않는다. 물론 계체라는 왜왕의 궁도 여기가 아니다.

한편 『일본서기』에 의하면 계체는 507년 즉 정해년에 즉위한 것으로 되어있다. 그런데 사마 즉 무령왕이 이 거울을 보낸 계미년은 503년이다. 즉 이때는 계체의 즉위 4년 전이다.

무령왕의 남동생인 왜왕

무령왕은 「좋은 구리 200한(旱)으로 이 거울을 만들었다」고 하였다. '한(旱)'은 무게의 단위인 것은 분명하지만, 구체적인 것은 알 수가 없다. 좋은 구리를 듬뿍 넣어 만든 좋은 거울이라는 점을 자랑하고 있다. 마치 칠지도에서 백제 왕세자가 「백번이나 단련한 철로 칠지도를 만들었다」라고 자랑한 것을 연상시킨다. 이 대목에서도 이 거울이 상위자가 하위자에게 보낸 것임을 알 수 있다.

무령왕은 자신의 이름을 '사마'라고만 하였다. 성이나 직함의 기재는 생략하였다. 자신의 아우에게 보내는 것이므로 이는 당연한 일일 것이다.왜왕이 친동생이므로, 이렇게 공식적인 직위를 생략하여도 전혀 문제가 없었을 것이다.

받는 사람의 표기도 '남제왕' 즉 남동생왕이라는 아주 직설적인 표기로서, 어떤 존중이나 배려, 이런 것은 전혀 보이지 않는다. 외교의 대상인 외국의 왕이라면 당연히 '대왕'이라고 표기하여야 마땅하지만 그러지 아니하였다.

앞서 본 칠지도에서는 칼을 만들어 보낸 사람 스스로를 '백제 왕세자 기(奇)', 받는 사람을 '왜왕 지(倭王 旨)라 하였던 것을 보았다. 형제간이므로 번거로운 정식 예법을 생략한 형태이다.

무령왕은 남동생왕이 「길이 태평하기를 생각하여(念長泰)」 거울을 보낸다고 하였다. 이 '장태(長泰)'라는 한자를 '길이 모시기를'이라는 의미의 '장봉(長奉)', 혹은 '장수하기를'이라는 뜻인 '장수(長壽)'로 보는 견해도 있으나, 형님인 무령왕이 왜지의 남동생왕에게 보내는 것이므로, '길이 태평하기를'이라는 의미를 나타내는 '장태(長泰)'인 것이 분명하다.

당시의 왜지는 태평성대가 아니라 통일전쟁의 와중이었던 모양이다. 그래서 전쟁이 없는 '태평한 세월'이 되기를 기원한 것이 아닌가 싶다. 칠지도에서 '온갖 병화(兵禍)를 피할 수 있다'라고 한 것, '파적검'과 '호신검'이라는 칼 이름의 의미와도 일맥상통하고 있다.

6. 왜왕 주군(酒君)

『일본서기』 인덕 41년(353년) 3월조를 보면, 백제 왕족 주군(酒君 사캐노키미)이라는 이름이 보인다. 그가 무례하였기에, 왜국의 기각숙녜가 백제왕을 책망하였고, 그러자 백제왕이 주군을 사슬로 묶어 왜왕에게 헌상하였는데, 나중에 왜왕이 용서하였다 한다.

백제왕이 왕족 주군을 쇠사슬에 묶어 왜왕에게 헌상하였다는 것은, 백제가 왜의 속국이었다는 인상을 나타낸다. 백제왕의 이름도 나오지 않는다. 어느모로 보나 『일본서기』가 꾸며낸 창작설화인 것이 분명하다.

그러나 이 백제 왕족이 왜로 건너간 것은 분명한 역사적 사실일 것이다.

그의 이름 '사캐(酒)'의 고어는 '사카'였다. 당시의 백제음으로는 '사가'였을 것이다. 그는 왕족이었으니 부여씨였다. '부여사가'가 그의 성명이었던 것이 확실하다.

이어서 인덕 43년조에도 주군에 관한 설화가 보인다. 한 백성이 이상한 새를 잡아 인덕에게 바치자, 인덕이 주군에게 물었다 한다. 그러자 주군이 "그런 새는 백제에 많다. 길들여 여러 새를 잡는다"고 하였다는 것이다. 이상한 새는 매이고, 주군이 처음으로 매사냥을 왜국에 도입하였다는 설화이다.

그래서 매를 키우는 응감부(鷹甘部 타카카피배)를 정하고, 그 곳의 지명을 응감읍(鷹甘邑 타카카피무라)으로 하였다 한다. 이 지명은 현대의 오사카시 히가시스미요시(東住吉)구 '응합정'에 지금도 남아있다. 이 히가시스미요시구는 고대의 백제군 남백제향이었다. 매사냥을 모르던 왜국에 백제의 귀족들이 이를 전하였다는 설화이다.

『삼국사기』를 보면, 백제의 아신왕이 매사냥과 승마를 좋아하였다는 기사가 있다. 백제의 귀족들이 매사냥을 즐겼던 사실을 알려준다.

재일교포 사학자 단희린 선생의 『日本に殘る古代朝鮮(일본에 남은 고대 조선). 1976. 創元社』를 보면, 이곳에는 '주군총(酒君塚)'이라는 비석이 지금도 남아있다 한다(30쪽).

『신찬성씨록』에는 화천국 제번편의 백제공(百濟公)씨 등 주군의 후손 세 씨족이 기록되어 있는데, 백제국「주왕(酒王)」의 후손이라 하였다. 백제어로는 '사가왕'일 것이다. 앞서 본 '곤지왕', '말다왕'과 같은 맥락이다.

이런 설화와 지명, 그리고 『신찬성씨록』의 기록으로 볼 때, '주군' 즉 '부여사가'라는 백제 왕자가 왜왕으로 재임하였던 것은 분명한 사실일 것이다. 다만 그 시기가 언제인지는 알 수가 없다.

7. 왜왕 아좌

『일본서기』 추고 5년(597년) 4월조를 보면, 백제왕이 왕자 아좌(阿佐)를 보내어 '조공'하였다는 기사가 보인다. 여기에도 백제의 어느 왕인지는 나오지 않는다. 이 시기는 백제의 위덕왕 44년에 해당하는데, 이때 백제가 왜국에 조공하였던 것은 어불성설이다. 『삼국사기』에는 전혀 보이지 않지만, 이 아좌 또한 왜왕이었을 것이다. 아좌왕자를 「아좌왕(阿佐王)」이라 표현한 기록을 보더라도 이는 명백하다.

부여풍과 같이 도왜한 아우 선광은 백제 멸망 이후 백제왕이라는 씨명을 부여받게 된다. 백제왕씨의 신사를 백제왕신사라 하며, 지금도 건재하고 있다. 이 신사에는 그 유래를 전한 『백제왕영사묘유서(百濟王靈祠廟由緒)』라는 기록이 있는데, 다음 구절을 보자.

> 「…… 추고천황의 시대에 백제 '아좌왕'이 와서 성덕태자에게 절하고, 석가모니상과 경전 3천6백권을 바쳤다 ……」

추고(재위 593~628년)나 성덕, 모두 가공인물이라, 아좌왕자가 성덕에게 절하였을 리는 만무하다. 그러나 「아좌왕」이라는 표현은 주목을 요한다. 「아좌왕」은 백제풍 이름 '아좌'의 뒤에 왕을 붙였는데, 이는 백제의 풍습이었다. 무령왕을 '사마왕(斯摩王)'이라 한 것도 같은 맥락이다. 당대의 왜국 사람들은 일상적으로 「아좌왕」이라 칭하였을 것이다.

이 기록에 나오는대로 「아좌왕」이 왜왕으로 부임하면서, 석가모니상과 수많은 경전을 가져간 것은 사실이리라. 왜국의 불교는 철저하게 왕실불교였던 사실을 여기서도 알 수 있다.

한편 나라의 법륭사에는 아좌가 그렸다는 성덕태자의 초상화가 전해지고 있다. 일본에서는 가장 오래된 초상화라 한다. 과연 백제의 왕자 아좌가 그린 그림일까? 일본의 학계에서는 그림의 양식으로 보아 8세기의 나라시대, 아니면 그 이후인 평안시대의 그림으로 보는 것이 일반적인 견해이다. 따라서 6세기 말의 인물이라는 아좌가 그렸을 가능성은 전혀 없다.

성덕태자는 『일본서기』가 창안한 가공인물이다. 그의 초상화까지 전해지고 있는 것을 보라. 역사 날조를 웅변하여 주는 좋은 증거물이다.

8. 왜병을 동원하러 건너간 계(季) 왕자

1) 계왕자의 도왜

계왕자가 동원한 왜군

성왕이 신라군과 싸우다 전사한 이후, 백제의 왕자 '계(季)'가 왜국을 방문하여 많은 병력을 동원하였던 모양이다. 이 왕자는 후일의 혜왕(惠王)으로서, '혜'는 시호이고 이름은 '계'이지만, 『일본서기』에는 '혜'로 나와있다. 착오인 것이 분명하다.

『일본서기』 흠명 16년(555년) 2월조를 보면, 백제에서 왕자 '혜'를 보내 부왕인 성왕의 전사 사실을 통보하였다 한다. 이듬해 정월에 왕자 계가 귀국하였는데, 이 때의 기사를 보자.

「백제의 왕자 혜가 돌아가려고 청하였다. 하사한 병기와 좋은 말이 매우
　많았다. 여러 가지 상과 녹을 주어 많은 사람이 감탄하고 부러워하였

다. 아배신, 좌백련, 파마직을 보내, 축자국의 수군을 거느리고 나라까
지 호송하였다.
이와 별도로 축자화군[백제본기에 축자군의 아들 화중군의 아우라 하였
다]을 보내, 용사 1천명을 거느리고 미저(彌旦)까지 호송하였다. 그리하
여 항로의 요충지를 지키게 하였다」

왕자 계는 성왕의 전사 사실을 통보하러 도왜하였을까? 부왕의 전사 사
실 통보보다는 왜국 병력 동원이 주목적이었다고 생각된다.

그가 귀국할 때 거느린 병력의 규모를 주목하여 보자. 왕자 계를 호송한
것은 규슈의 수군이었는데, 병력 규모가 나오지 않는다. 앞서 동성왕이 귀
국할 때에는 500명이었지만, 이때는 신라와의 전투가 긴박한 상황이었으
니 좀 더 규모가 크지 않았을까?

호위부대와는 별도로 용사 1천명을 보내어 미저(彌旦)에 이르기까지 호
송하였다. 미저는 어디인지는 알 수가 없다.

또한 『일본서기』는 천황이 왕자 계에게 수많은 병기와 좋은 말을 하사
하였다 한다. 이것은 그가 왜국에서 막대한 양의 무기와 말을 징발한 사실
을 이렇게 왜곡하였을 것이다.

『일본서기』의 위 기사에 나오는 아배신, 좌백련, 파마직은 모두 가공인
물들이다.

파병에 대한 포상

그리고 이 왕자가 555년 2월에 왜국에 도착한 다음, 무려 11개월이나 왜
국에 머무르다 다음해 1월에 귀환한 점을 주목하여 보자. 어떻게 일국의
왕자가 외국에 무려 11개월이나 체재한단 말인가? 백제와 왜가 대등한 사

이의 외교관계였다면 전혀 상상도 할 수 없는 일이다. 왜가 백제의 속국이었다는 또 하나의 훌륭한 증거라 하겠다.

성왕은 신라군과 싸우다 관산성 전투에서 전사하였다. 『일본서기』 흠명 정월조와 5월조를 보면 이때 왜군도 참전한 것으로 되어있다. 병력은 1천명, 말은 100필, 배는 40척. 총사령관은 '내신(內臣)'이라 하였으나, 이 자는 이름이 없어 가공인물이다. 별로 대단하지 아니한 규모였으나, 성왕이 왜왕에게 명령하여 동원한 왜군이었던 것은 분명하다.

『일본서기』를 보면, 이 파병에 대하여 성왕이 왜왕에게 상을 하사하였다 한다. 좋은 비단 2필, 양탄자 1장, 도끼 300개, 포로 남자 2명, 여자 5명이라 하였다. 이 기사는 믿어도 좋을 것 같다. 백제의 대왕이 속국의 왜왕에게 하사하는 선물로서 적당한 규모이기 때문이다.

그런데 병력 1천명의 원군에 대하여 그 반대급부가 위의 선물이라고 한다면, 이는 지나치게 약소하다. 반대급부나 대가관계에 있는 것이 아니라, 백제 대왕이 속국의 왜왕에게 보낸 포상인 것이 분명하다.

광개토대왕 비문에 보이는 왜군도 백제와 금관가야, 아라가야가 각각 동원한 왜군일 것이다. 백제는 그 외에도 여러 차례 왜군을 동원하였을 것으로 보이지만, 다른 기록에는 보이지 않아 구체적으로 알기 어렵다.

2) 위덕왕이 부친 성왕의 모습으로 만든 불상

성왕의 실제 모습으로 만든 불상

일본의 나라에는 유명한 법륭사(法隆寺 호류지)가 있다. 여기에는 고구려의 승려 담징이 그렸다는 금당 벽화가 있고, 유명한 백제관음이 있으며, 또한 성왕의 모습을 본 떠 만들었다는 불상인 구세관음상도 있다.

구세관음상은 「몽전(夢殿 유메토노)관음」이라는 이름으로도 불리운다. '몽전'이라는 이름의 전각에 있던 관음상이라는 의미이다. 몽전은 '꿈 전각'이라는 뜻인데, 성덕태자가 이곳에서 공부하다가 꿈에 여러 성인들로부터 가르침을 받았다는 전설에서 유래한 이름이다. 그러나 성덕태자는 실존하지 아니한 가공인물이므로(후술 274쪽), 이는 창작된 전설이다.

15세기 법륭사의 성예(聖譽)라는 스님이 남긴 '성예초(聖譽抄)'라는 기록에 이 구세관음의 내력이 나와있다.

「백제 위덕왕은 부왕인 성왕을 그리워하여 그 존상을 만들었다. 즉 그것이 구세관음상으로서 백제에 있던 것이다. 성왕이 죽은 뒤 환생한 분이 일본의 성덕태자이다. 성덕태자의 전신이 백제 성왕이다. 옛날 돌아가신 분인 성왕이 지금의 성덕태자이다 ……」

(『일본 속의 구다라(百濟). 홍윤기. 2008. 한누리미디어』180쪽에서 재인용)

위덕왕이 신라군과 싸우다 전사한 부왕 성왕을 그리워하여, 성왕의 생전 모습으로 이 불상을 만들었다는 것이다. 이 기록은 충분히 수긍이 가고, 역사적 진실이라는 느낌이 든다. 『일본서기』흠명 15년(554년) 12월조를 보자.

처음 신라를 공격하려고 대군을 이끌고 출진한 장본인은 태자인 여창이었다. 그러다 부왕인 성왕이 태자를 도우려 나섰다가, 세불리하여 적군의 칼날에 참살당하고 말았다. 태자는 자신의 불찰로 인하여 부왕이 전사하였다는 자책감에 심히 마음 아파하였다. 그래서 왕의 지위를 버리고, 출가하여 수도하기로 결심하였다가 포기하기도 하였다는 것이다.

실존한 사람의 모습으로 불상을 만든다는 것은 전례가 없는 일이지만, 이러한 사정이 있었기에 위덕왕이 부왕인 성왕의 모습으로 구세관음상을 만들었다는 것은 충분히 이해가 가는 일이다.

실제로도 이 구세관음상 부처님의 얼굴은 일반 부처님과는 전혀 다르다. 통상적으로 부처님의 얼굴 모습은 실존인물의 그것이 아니라, 상상에서 나온 이상적인 얼굴 모습이다. 그러나 구세관음은 이런 이상적인 모습이 아니라 길거리에서 흔히 볼 수 있는 그런 일반적인 얼굴인 것을 알 수 있다. 약간 길쭉한 얼굴은 좀 근엄한 모습을 띠고 있고, 눈, 코, 귀, 입, 모두 흔하게 볼 수 있는 보통 사람의 모습이다.

또한 머리에 쓴 관은 당시 고위 관리의 관을 닮았다. 일반적인 불상에서는 볼 수 없는 관이다. 위덕왕이 부친 성왕의 모습으로 만든 불상이라는 위 기록은 충분히 설득력이 있다.

그런데 성덕태자의 전신이 성왕이라는 것은 『일본서기』가 나온 이후 꾸며낸 창작된 전설에 불과하다.

최고의 보물로 비장되어온 구세관음상

이러한 사연이 깃든 이 불상은 위덕왕에게 있어서는 무엇으로도 바꿀 수 없는 보물 중의 보물이었으리라. 그런데 어떻게 하여 이 귀한 불상이 왜국으로 건너갔을까? 기록에는 이 불상이 처음 왜국 최초의 절인 법흥사에 있다가 나중에 법륭사로 옮긴 사실만 나올 뿐, 백제에서 왜국으로 건너간 사연은 보이지 않는다.

위덕왕과 그 뒤를 이은 백제 왕실에서 최고의 보물이었다는 점을 생각한다면, 궁금증은 더해 가지만 알 수가 없다. 필자의 추측을 말한다면, 백제 멸망 이후 왕족들이 왜지로 망명하면서, 이 보물을 가져간 것이 아닌가 싶다. 그렇지 않다면 조상인 성왕의 실제 모습으로 제작한 이 최고의 보물을 왜지로 가져갔을 리가 없다고 생각된다.

이 구세관음상은 아주 오랜 세월동안 일반에게 공개되지 아니하고, 깊숙하고 은밀하게 비장되어왔던 모양이다. 이를 처음 공개한 사람은 19세기의 미국인 페놀로사(Fenollosa)였는데, 그 과정이 흥미롭다.

다음은 『夢前觀音と百濟觀音(몽전관음과 백제관음). 久野健. 1973. 岩波書店』에 나오는 그 전말이다(3쪽). 명치유신 이후, 전통 미술품이나 공예품의 해외유출을 우려한 정부에서 이 미국인에게 조사를 의뢰하였던 것이다.

그가 몽전에 이르러 팔각형의 큰 함 앞에서 열어달라고 하였더니, 담당 승려가 완강히 거부하면서 하는 말이, "이 안에는 추고천황 때에 조선에서 수입한 불상이 안치되어 있는데, 2백년전부터 이것을 열지를 않았지요"라고 하면서, "만일 이것을 연다면, 바로 신벌이 내리고 지진이 일어 법륭사가 붕괴될 것입니다"라고 하였다 한다. 그러나 페놀로사 교수가 간곡하게 설득하여, 결국은 열쇠를 넘겨받고 함을 열게 되었다. 이때의 감동을 그는 다음과 같이 묘사하였다.

「…… 함 안에는 무명천으로 정중하게 감겨진 큰 물건이 나타났고, 그 위에는 수많은 세월의 먼지가 켜켜이 쌓여 있었다. 감겨진 무명천을 푸는 것도 쉽지 않았다. 흩날리는 먼지에 질식할 것 같은 위험을 무릅쓰며, 약 5백 야드의 무명천을 모두 풀었다고 생각했을 때, 마지막 천이 떨어지고, 이 경탄할 수밖에 없는 세계 유일무이의 불상이 갑자기 내 눈앞에 나타났다.

불상은 인체보다 조금 컸으며, 배후는 중공(中空)이었다. 어떤 단단한 나무로 면밀하게 조각하고는 금박을 입혔는데, 금박은 세월 탓에 구리와 같은 황갈색으로 변하였다. 머리에는 경탄할 만한 누공(漏空)기법으로 만든 금동제 관으로 장식되어있고, 관에서는 도금된 구리에 조선식의 교묘한 기법으로 만든, 보석으로 흩뿌린 것 같은 여러 줄의 긴 영락(瓔珞)이 드리워져 있었다」   (위 책 4쪽에서 재인용)

법륭사에서 이 불상을 최고의 보물로 여겼던 것이 분명하다. 그리하여 5백 야드(1야드는 91.44cm)나 되는 길고도 긴 천으로 정성껏 포장하고는 큰 함에 고이 담아, 절대 공개하지 않고 지극 정성으로 소중하게 보관하였던 것이다.

마치 석상(石上)신궁에서 칠지도를 신의 보물 단계를 넘어, 신체(神體) 즉 신의 몸 그 자체로 여기며, 최고의 보물로 소중하게 보관하였던 것을 연상케 한다. 『일본서기』에는 백제가 왜의 속국으로 되어있다. 속국에서 보낸 칼이나 불상이 이처럼 소중한 보물로 모셔졌다는 것은 상상하기 어렵다. 백제는 종주국, 혹은 부모의 나라였기에 그 왕가에서 보낸 선물은 최고의 보물이 될 수밖에 없었던 것이다.

불상은 백제산

키가 179.9cm나 되는 장신의 이 불상은 한국에서는 나지 않는 일본 특산의 녹나무로 만들었다. 그래서 위 책에서는 이 불상을 백제에서 만든 것이 아니라, 일본 땅에서 도래인이 만들었다고 주장하였고, 이러한 견해는 근래 일본의 통설처럼 되었다.

그런데 일본에서 발굴된 고대 유물을, 나무의 수종으로 그 제작지를 판별한다는 것은 아주 어리석은 일이다. 무령왕릉이 이를 극명하게 증명하여 준다. 우선 무령왕의 시신을 담은 관이 일본 특산의 금송(金松)이다. 또한 무덤에서 발견된 목기 45점 중 41점이 한국에서 나지 않는 삼나무와 편백 등 일본 특산의 수종이었던 것이다. 백제산보다 왜국산 목재의 비율이 압도적이다.

뿐만 아니라 부여의 능산리 유적에서 발견된 목제유물도 삼나무가 차지하는 비율이 높았다 한다(김수철 「무령왕릉 출토 목재의 수종」 『무령왕릉을 格物

(격물)하다. 국립공주 박물관. 2011」. 187쪽).

그리고 능산리 고분군에서 나온 관재의 수종도 역시 금송이었으므로, 무령왕 이후 백제왕과 왕족들은 계속하여 금송을 목관 재료로 사용하였다고 볼 수밖에 없다. 따라서 백제에는 왜국의 금송을 항상 수입하는 체제가 사비시대에 존재하였던 것으로 보인다는 견해도 있다(吉井秀夫 「무령왕릉의 목관」『百濟 斯麻王(백제 사마왕). 2001. 통천문화사』 175쪽).

「왜국의 금송을 항상 수입하는 체제」, 어떤 체제일까? 백제가 왜를 통치하는 체제였을 것이다. 품질 좋은 왜국산 목재를 백제로 가져 오는 것은 전혀 문제가 없었을 것이다. 어찌 목재뿐이랴. 대량의 쌀도 도입하였다고 생각된다. 아무런 물증이 남아있지 않아 짐작만 할 뿐이다.

백제관음

일본의 대중들에게 가장 인기있는 불상을 하나만 꼽으라고 한다면, 바로 이 백제관음 불상일 것이다. 앞의 구세관음과 같이 법륭사에 있다. 210cm의 늘씬한 키에 우아하고 자애로우면서도 신비한 미소를 띠고 있으며, 손에는 정병을 들고 있다.

이 정병을 '술병'이라고 하면서, '술병을 든 부처'라는 해학으로도 유명하다. 중세의 기록에 「허공장(虛空藏)보살, 백제에서 왔다」라고 되어있어, 원래는 「허공장보살」로 불리웠다 한다. 그러다 근세에 들어 「백제관음」으로 불리게 되었다.

1997년, 일본과 프랑스가 각각 자국의 대표적인 미술품 1점만을 교환 전시할 때에, 일본의 대표로 선발되어 프랑스에 전시된 바도 있다. 프랑스의 작가 앙드레 말로는 이 백제관음의 아름다움을 극찬하면서, 「만일 일본열도가 침몰할 때, 딱 하나의 물건만 건질 수 있다고 한다면 백제관음을 건져야 할 것」이라고 말했다 한다.

역시 녹나무로 만들어져, 근자 일본에서는 이 불상이 왜지에서 만들었다는 견해가 대세를 이루고 있으나, 앞서 보았듯이 수종으로 제작지를 판별하는 것은 전혀 의미가 없다.

9. 작고 초라한 왜왕의 궁전

일대일궁(一代一宮)의 원칙

『일본서기』를 읽다보면, 참으로 궁금한 것이 있다. 역대 왜왕들은 단 한 번의 예외도 없이 새로운 왕이 즉위하면, 그때마다 새로이 궁을 옮겼다고 되어 있는데, 그것이 과연 사실이었을까 하는 점이다. 한 사람의 왕이 궁을 옮겨 둘 이상의 궁을 사용한 경우는 있어도, 전후의 두 왕이 같은 궁을 사용한 적은 단 한 번도 없는 것으로 되어 있다. 실존하였던 왜왕들이 실제 이처럼 예외없이 궁을 옮겼을까?

이와 같은 현상을 일본 학자들은 「일대일궁(一代一宮)의 원칙」이라 부른다. 믿기 어려운 이런 현상이 과연 실제 있었을까? 그 이유는 무엇인가? 아버지가 살던 집을 사후 아들이 물려받아 그대로 산다고 하는 것은, 동서고금을 막론하고 자연스런 현상이다.

그리고 왕의 궁전이라는 것은, 건축하는 데에 오랜 시일과 천문학적인 비용, 노동력이 소요된다는 것이 상식이다. 그런 이유도 있고 하여, 한국이나 중국에서는 시조 왕이 새 수도에 궁을 짓거나 혹은 천도 등의 이유로 새로운 궁을 짓게 되면, 후대의 왕들이 대를 이어가며 계속하여 사용하여

왔다. 백제나 신라, 고구려 모두 마찬가지였다. 궁을 당대에만 사용한다는 것은 상식에 반하는 일이 아닐 수 없다.

그렇지만 필자는 새로운 왜왕이 즉위할 때마다 새로이 궁전을 건축한 것은 사실이라고 생각한다. 왜냐하면 백제에서 파견된 왜왕이기 때문이다. 전후의 왜왕은 간혹 부자간일 경우도 있었겠지만, 대부분의 경우는 그렇지 않았을 것이다. 형제, 삼촌과 조카, 사촌형제, 오촌, 육촌 등 여러 경우가 있었을 것으로 추측할 수 있다. 크게 보아서는 같은 백제 왕가 출신이기는 하지만, 아버지가 살던 집을 사후 아들이 물려받는 것과는 경우가 달랐을 것이다. 굳이 전임 왕이 살던 궁을 새로운 왜왕이 물려받을 이유가 없었다고 추정된다.

만일 토착왜인이 왜왕이었다면 결코 이런 현상은 결코 일어나지 않았을 것이다. 고대 한국이나 중국과 마찬가지로, 아버지 왕이 죽으면 아들 왕이 궁을 물려받아 계속하여 사용하였을 것이다. 그렇지만 6~7세기 왜국의 왕은 토착왜인이 아니었다. 백제에서 파견된 왕이었고, 선후의 왜왕은 상속이 아니라 개별적이고 독자적인 관계였기에, 이런 특이한 현상이 일어났다고 생각된다.

작고 초라한 궁전

『일본서기』에 보이는 왜왕의 궁호 즉 궁전 이름에서 알 수 있는 것은, 규모가 아주 작았을 것이라는 점이다. 몇가지 사례를 보자.

① 구금교궁(勾金橋宮) : 내를 가로지르는 다리 부근의 궁

② 백제대정궁(百濟大井宮) : 백제대정이라는 우물 부근의 궁

③ 지변쌍규궁(池邊雙槻宮) : 연못가 두 느티나무 부근의 궁

이러한 궁호에서 연상되는 것은

① 다리 거리의 조그마한 집

② 우물 가의 작은 집

③ 못가 느티나무 부근의 작은 집

등의 이미지이다. 경복궁이나 창덕궁과 같은 거대한 규모의 궁전이라면, 우물이나 느티나무 두 그루 따위로서 그 위치를 나타낸다는 것은 불가능하다. 따라서 그것으로 궁호 즉 궁전의 이름으로 삼을 수는 없다.

『일본서기』를 보면, 37대 제명은 원년(655년) 아스카의 「판개궁(板蓋宮)」에서 즉위하였다고 되어있다. 이 '판개궁'은 판자로 지붕을 이은 궁이라는 뜻이다. 굳이 지붕의 재료인 '판자 지붕'으로 궁호를 삼은 것은, 이 궁의 지붕 재료가 종전의 그것과 훨씬 나은 것으로서, 차별된다는 의미를 나타낸 것이 분명하다.

이 궁호로 미루어 보면, 아마도 그 이전 왜왕들의 궁은 판자보다도 더 못한 자재로 지붕을 이었을 것이다. 판자보다도 열등한 재료는 무엇일까? 잘 상상이 되지 않는다. 설마 초가지붕이었을까? 그럴 가능성이 크다고 생각된다

제명은 가공의 왜왕이지만, 궁전의 실태에 관한 기사는 진실에서 그다지 벗어난 것은 아닐 것이다. 이러한 사정을 종합하여 보면, 실존하였던 역대 왜왕들이 살던 궁전은, 좁은 부지 위에 판자보다도 못한 재료로 지붕을 이은 작고 초라한 건물이었다는 사실을 알 수 있다. 따라서 건축에 별 비용이 들지 않았던 것이 분명하다.

그리하여 전임 왜왕의 궁이 멀쩡하게 남아있다고 하여도, 후임 왜왕은 아무런 부담없이 불과 며칠만에 새로운 궁을 뚝딱 지어서 그리로 이전하였던 모양이다. 그것을 『일본서기』에서 새 왜왕이 등극할 때마다 새로운 궁을 지었다고 표현하였을 것이다.

이렇듯 자주 궁을 신축하여도, 그로 인하여 국가재정이 허약해졌다거나, 혹은 노역으로 인하여 백성들의 원한이 컸다는 등의 기사는 『일본서기』나 어느 기록에도 보이지 않는다. 고대의 한국이나 중국과는 사정이 전혀 달랐던 것을 알 수 있다. 소수의 인원으로 별로 큰 돈 들이지 않고, 단기간에 뚝딱 완성하였기에 가능한 일이리라.

기와로 지붕을 이은 넓고 호화스러운 웅장한 궁전이었다면, 새로운 왜왕이 즉위할 때마다 새로운 궁을 지을 수는 없었을 것이다.

10. 왜 5왕

왜왕 무(武)와 왕세자 흥(興)의 정체

중국의 사서 『송서』「왜국전」에 의하면, 478년 왜왕 무(武)가 송에 사신을 보내어 표문을 올렸다. 이 '무'라는 왜왕은 누구일까? 앞서 보았듯이 476년부터 479년까지 왜국을 통치한 왜왕은 말다왕 즉 후일의 동성왕이었다(141쪽). 따라서 478년 표문을 보낸 '무'는 동성왕이었다. 왜왕 무와 그 상표문, 그리고 그가 말다왕이었다는 사실은 졸저 『속국 왜국에서 독립국 일본으로』에서 자세하게 본 바 있다(82쪽 이하).

한편 왜왕 무에 앞서 462년 조공한 왜 왕세자 흥(興)은 앞서 본 바와 같이 왜왕 곤지였다(위 책 114쪽). 그는 461년 왜왕으로 부임한 바 있다.

그런데 일본에서는 왜왕 무가 『일본서기』의 왜왕 웅략이라고 믿어 의심치 않는다. 그리하여 「무=웅략」, 이 등식은 일본 사학계에서 물리학의 공식처럼 확고부동한 통설의 위치를 차지하고 있다.

그러나 웅략이라는 왜왕은 실존하지 아니한 가공인물이다. 그가 왜국의 신선한 공기를 호흡하며 왜국을 통치하였던 왜왕 '무'일 가능성은 전혀 없다. 우선 웅략의 이름은 '무'가 아니다.

『일본서기』에 의하면 그의 이름은 「오포파투세노와카타케루(大泊瀨幼武)」라는 한자의 훈으로 이루어진 11 음절의 일본어이다(후술 272쪽 참조). 그런데 그가 즉위하였다는 457년에는 한자의 훈으로 된 이런 이름이 존재하지 않았다. 한자의 훈도 성립하지 않았을 때이다.

그러나 『송서』의 왜왕 '무(武)'는 백제어나 일본어, 공히 당시의 한자음은 「무」였다. 이름 「무」와 「오포파투세노와카타케루」는 전혀 공통점이 없고, 달라도 너무나 다르다. 웅략은 실존하지 아니한 가공인물이므로, 실존 왜왕 '무'와는 아무런 상관이 없다.

『일본서기』로는 「왜 2왕」

『송서』에 의하면, 421년에서 478년 사이, 57년의 기간동안 5명의 왜왕이 조공하였다. 그러나 이 조공한 시기를 『일본서기』에 대조하여 보면, 거기에 해당되는 왜왕은 윤공과 웅략, 둘 뿐이다. 다음을 보자.

① 『송서』 : 왜왕 찬이 421년과 425년, 2회 조공.

　『일본서기』 : 웅략의 부왕 <u>윤공</u>의 재위기간(412~453년) 중.

② 『송서』 : 찬이 죽고, 아우 진이 왕위에 올라 438년 조공.

　『일본서기』 : 아직 <u>윤공</u>의 재위 중.

③ 『송서』 : 왜왕 제가 443년과 451년에 각각 사신을 보냄.

　『일본서기』 : 아직도 <u>윤공</u> 재위 중.

④ 『송서』 : 462년 제의 세자인 흥이 조공

『일본서기』: 웅략 6년.

⑤ 『송서』: 흥이 죽고 아우인 <u>무</u>가 477년 조공. 478년 상표문 보냄.

『일본서기』: <u>웅략</u> 21년, 22년. 그는 479년 죽었음.

『송서』에서는 찬→진→제 순으로 왜왕이 바뀌고 있으나, 『일본서기』로는 윤공 한 사람이고, 『송서』에는 흥→무로 바뀌었으나 『일본서기』는 웅략 혼자이다.

『송서』에 의하면 '왜 5왕'이지만, 『일본서기』로는 「왜 2왕」이다. 따라서 『송서』의 왜 5왕은 『일본서기』의 어느 왜왕도 아니다. 『일본서기』는 실존하지 아니한 가공의 왜왕들로 이루어진 창작사서인 것을 여기서도 확인할 수 있다.

『송서』에 의하면, 왜왕 무의 앞선 왕은 '흥(興)'으로서 '무'는 그의 아우라 하였다. 그런데 앞서 말다왕의 앞에는 곤지왕이었고, 둘은 부자관계였다. 그리고 '말다'와 '무', '곤지'와 '흥'은 이름이 서로 다르다. 이것은 어떻게 된 일일까?

『송서』에 보이는 왜왕 무의 상표문이 송 황제를 속이는 기만과 극심한 과장으로 일관하였던 점으로 볼 때, 이 또한 기만의 일환으로 보인다.

왜왕들은 중국에 조공하면서, 자신의 이름도 속였고, 앞선 왕과의 관계도 속였던 것이다. 당시의 백제에서는 자신들이 왜를 속국으로 지배하고 있다는 사실이 외부로 알려지는 것을 극도로 꺼려하였던게 아닌가 싶다.

중국에게도 그러한 사실을 알리지 않으려 하였는데, 그 진정한 의도는 알기 어렵다. 어쨌든 『삼국사기』를 지은 김부식마저도 전혀 그러한 사실을 알지 못하였던 것을 보면, 철저하게 보안을 유지하였던 모양이다.

4장 ————

왜왕 부여풍

1. 인질인가 왜왕인가?

백제가 망할 무렵의 왜왕은 의자왕의 왕자 부여풍이었다. 백제에서 언제부터 왜왕을 파견하였는지를 알 수가 없으므로, 그가 몇 대의 왜왕이었는지는 분명치 않지만, 백제가 파견한 마지막 왜왕이었던 것은 확실하다. 그런데 『삼국사기』나 『일본서기』, 공히 그가 인질이었다고 하므로 먼저 이에 관하여 살펴보자.

인질로 간 왕자는 부여풍이 유일무이

앞서 본 바와 같이, 『일본서기』에 의하면 백제 왕자가 도합 11번이나 왜국을 방문한 것으로 되어있지만, 인질은 이 부여풍이 처음이자 마지막으로서 유일무이하다.

그런데 인질이라는 것은 적대국 사이에 주고받는다. 『일본서기』를 보면, 백제는 왜의 영원한 속국으로서 모든 의무를 충실하게 다하는 것으로 되어있다. 왜가 백제에 인질을 요구하지 않았는데, 느닷없이 백제가 불쑥 인질을 보낸 듯 하다. 즉 서명 3년(631년) 3월조에 「백제왕 의자가 왕자 풍장을 보내어 인질로 하였다」라는 짤막한 기사만 있을 뿐, 그 전후 사정에 관한 아무런 설명도 없다. 『일본서기』에 의하면 이때에도 백제는 변함없이 말 잘 듣는 속국이었는데, 인질을 보냈다는 것은 전혀 상상할 수도 없는 일이다.

한편 『일본서기』를 보면, 부여풍이 인질로 왜국에 체재하고 있는 사이에도, 백제의 왕지와 신하들은 뒷집 드나들듯 왜국에 수시로 내왕하였던 것을 알 수 있다. 도합 7회나 방문한 것으로 되어있다.

백제 왕자인 교기는 전 가족과 종자들까지 대동하여 왜 조정을 드나들며 거들먹거렸다. 『일본서기』를 죽 읽어보기만 하여도 그가 인질이 아니라는 점을 알 수 있다. 만일 부여풍이 인질이었다면, 교기나 다른 사신의 편에 섞여 탈출하였을 것이다. 그렇지만 그는 왜국에서 탈출하고 싶은 마음이 전혀 없었던 것이 분명하다. 그는 다름아닌 왜왕이었다.

『속일본기』는 왜왕을 모시러 도왜

『일본서기』 이후의 역사를 기록한 『속일본기』 신호경운 2년조에 의하면, 부여풍의 도왜사실이 기록되어 있는데 그는 인질이 아니었다.

> 「의자왕은 아들 풍장왕(豊障王)과 선광왕(禪廣王)을 보내어 (왜왕을) 입시 (入侍)하게 하였다」

여기서는 부여풍의 도왜 목적을 「입시(入侍)」라 하였다. 왜왕을 가까이에서 모신다는 의미이다. 어찌하여 백제의 왕자가 왜왕을 측근에서 모신단 말인가? 있을 수도 없는 일이다.

『일본서기』가 곤지왕자의 도왜 목적도 '왜왕을 모시기 위해서'라 한 것은 앞서 보았다(137쪽). 왜왕으로 건너간 것을 숨기기 위하여 왜왕을 모시기 위해서 갔다고 연막을 친 것이다.

인질과 '왜왕을 측근에서 모시는 사람'은 하늘과 땅만큼의 차이가 있다.

한편 『속일본기』의 이어지는 기록에 의하면, 선광은 아들 창성(昌成)과 함께 건너갔다 한다.

그렇다면 선광은 다른 가족은 부여에 남겨두고 아들 창성 하나만 데리고 갔을까? 앞서 『일본서기』에서 곤지왕자가 다섯 아들을 데리고 도왜하였다고 한 기사를 본 바 있다(138쪽). 전 가족의 도왜를 이렇게 표현하였을 것인데, 아마도 선광은 아들이 창성 하나밖에 없었던 듯하다. 그 역시 전 가족과 함께 도왜한 것으로 보는 것이 옳을 것이다.

그러면 부여풍은 혼자였을까? 부여풍의 장남은 왜왕 천지이고, 차남은 왜왕 천무이다. 아우 선광이 아들 창성을 데리고 갔으므로, 부여풍도 당연히 천지와 천무를 데리고 함께 도왜하였다고 볼 수밖에 없다. 즉 부여풍과 아우 선광은 전 가족을 이끌고 도왜하였던 것이 분명하다.

『일본서기』 황극 원년(642년)조를 보면, 백제의 왕자라는 교기가 어린 자식과 종까지 포함된 전 가족을 이끌고 도왜한 것으로 보더라도, 의문의 여지가 없다. 부여풍은 왜왕이었다.

한편 『일본서기』 제명 6년(660년) 10월조는, 백제 멸망 후 인질 부여풍을 백제로 돌려 보내는 장면이다. 백제의 왕자 부여풍과 그의 처자, 그의 숙부 충승을 보냈다 한다. 그러면서 어느 책에는 제명천황이 부여풍을 백제왕으로, 왕자 새상(塞上)을 보좌로 각각 임명하여 보냈다고 하였다. 그렇다면 백제 멸망 무렵의 왜국에는 백제의 왕자로서, 부여풍과 아우 선광, 그의 아들 창성, 부여풍의 숙부 충승, 아우 새상 등, 도합 5명이 체류하고 있었던 것이 된다.

그 중에서 부여풍 혼자 인질이고 다른 왕자들은 인질이 아니었다고 되어있으니, 이것을 믿을 수가 있을까? 어찌하여 왜국은 백제 왕자 전원을 인질로 잡지 않았을까?

이것은 기록에 나오는 것이고, 실제로는 이보다 더 많은 왕자가 왜국에 체류하였다고 추정된다. 왜가 속국이었던 것이 분명하고, 부여풍이 왜왕이었다고 볼 수밖에 없다. 속국에 종주국의 여러 왕자들이 여러 가지 이유로 장기 체류하는 것은 그다지 이상한 일이 아닐 것이다.

벌을 키우는 부여풍

한편 『일본서기』 황극 2년(643년) 11월조에 의하면, 부여풍이 벌통 4매를 삼륜산(三輪山)에 놓아 키웠으나 번식하지 않았다 한다.

인질다운 처신으로 보이는 이 기사야 말로 부여풍이 인질이 아니었다는 확실한 증거라고 필자는 생각한다. 실제 부여풍이 인질이었고, 그런 그가 벌을 키웠다면, 그것이 정사라는 『일본서기』의 기사 소재가 될 리가 만무하다. 인질이란 존재가치가 미미한 사람인데, 그가 벌을 키우든 낚시를 하든, 관찬사서의 기사로 나올 수는 없을 것이다. 이 기사는 실제 인질이 아닌 풍장을 인질로 보아달라는 취지로 꾸며낸 설화인 것이 분명하다.

왜왕의 관모를 쓴 부여풍

2018년 1월 24자 『조선일보』를 보면「日 최고실력자 무덤서 나온 금실은 백제 것」이라는 제목의 기사가 있다. 요지는 이렇다.

왜왕 천지 시대의 최고 실권자 등원겸족(藤原鎌足)의 무덤인 아부야마(阿武山)고분에서 발견된 시신은 왜왕만 쓰던 관모를 쓰고 있었다 한다. 그 관모에는 금실로 수를 놓은 것이 있는데, 그 문양의 형태가 익산의 미륵사지에서 출토된 금실의 그것과 흡사하다는 것이었다.

미륵사지의 금실은 비단에 수놓은 꽃, 구름, 용 무늬의 테두리를 장식했던 것으로서, 비단은 사라지고 금실만 남아있지만, 그 형태가 아부야마 고분의 금실과 흡사하다 한다. 미륵사지 석탑이 건립된 것은 639년이며, 아부야마 고분은 669년에 조성되었다. 기사에 나오는 다음 내용을 주목하여 보자.

「등원겸족과 같은 관모를 썼던 최고위관이 한 명 더 있었는데, 일본으로
건너간 백제 의자왕의 아들 부여풍이었다」

중요한 것은 바로 이 대목이다. 부여풍이 인질이었다면 과연 왜왕과 최고권력자 등원겸족 두 사람만 쓰던 관모를 쓸 수 있었을까? 왜왕을 입시, 즉 가까이서 모시는 지위에 있었다 하더라도 역시 그러한 관모를 쓸 수는 없었을 것이다.

부여풍이 이 관모를 썼다는 것은 그가 왜왕이거나, 아니면 등원겸족과 동격인 지위, 둘 중 하나의 위치에 있었다고 보아야 하겠다. 그러나 부여풍이 등원겸족처럼 신하로서 왕을 능가하는 지위에 올라갔다고 볼 가능성은 전혀 없다. 그는 왜왕이었다. 부여풍이 이런 관모를 썼다는 것은 그가 인질이 아니라 왕이었다는 아주 중요한 물적인 증거가 된다.

그런데 이 기사에서 부여풍의 관모가 어디서 발견되었는지, 현재 어디에 보관되어 있는지 등의 중요한 사항이 나오지 않는다는 점이 아쉽다.

이와 아울러 살펴볼 것은, 『일본서기』 천지 원년(661년)조에 의하면 전함 170척에 5천 병력을 이끌고 백제로 돌아가는 부여풍에게, 왜왕 천지가 「직관(織冠)」이라는 관위를 하사하였다고 되어있는 점이다.

물론 이 기사는 부여풍은 인질이라는 전제하에서 꾸며진 것이므로, 전혀 진실과는 거리가 멀다. 즉 왜왕 부여풍이 아들 천지로부터 이러한 관위를 부여받았을 리는 만무하다.

그런데 『일본서기』에 나오는 이 「직관」이라는 관위는 당시 왜국의 정규 관위에는 없는 최고위 관위라는 점은 주목할 만하다. 조선시대의 정일품에 해당하는 당시 왜국의 최고위 관위는 '대직(大織)'이었고, 다음이 '소직(小織)'이었다. 「직관」은 정규 관위에는 존재하지 않았다. 그렇지만 어감으로 볼 때 「직관」은 '대직'보다 상위의 관위인 것이 분명하다. 마치 신라의 김유신 장군이 삼국통일의 대공훈으로 하사받은 '태대각간'이라는 관위가 연상된다.

인질에게 이러한 정규 관위에도 없는 특별한 최상위의 관위를 주었다는 것은 전혀 상식에 맞지 않는다. 『일본서기』가 부여풍이 인질이 아니라 특별한 존재, 즉 왜왕이었다는 점을 알리기 위한 또 하나의 암호를 마련한 것으로 풀이된다.

2. 왜왕 부여풍과 백제 구원군

왜국은 동원 가능한 최대한의 병력과 물자를 보냈다

663년, 구원군 본진 2만7천 대군이 도착하여 백강구 전투가 벌어졌다.

『일본서기』에는 백제가 속국이고, 부여풍은 인질이라고 되어있으나, 왜국이 망한 속국을 위하여 도합 3만2천의 병력을 동원한다는 것은 전혀 상상도 되지 않는다. 이 엄청난 대병력은 당시 왜가 동원할 수 있는 최대의 병력이었다고 생각된다. 지금으로 치면, 일본 자위대 전체 병력보다 훨씬 규모가 크고, 아마도 100만 가까운 대병력이 아닐까?

이 3만2천 대군의 갑옷과 무기, 또한 이들이 백제까지 수개월의 장거리 항해에 필요한 식량과 보급품의 규모도 실로 막대하였을 것이다.

이 대군을 실을 전함은 몇 척이나 되었을까? 앞서 부여풍이 직접 지휘한 선발대 5천 병력에 전함 170척이라 하였으므로, 2만 7천 병력이라면 단순계산으로 918척이 되지만, 전함의 규모가 좀 더 컸다고 보면 5~600척정도가 아닐까? 이 전함의 건조에도 어마어마한 국가예산이 투입되었을 것이다.

뿐만 아니다. 『일본서기』를 보면, 662년 1월, 백제의 부흥군에게 화살 10만개, 실 5백근, 면 1천근, 베 1천단, 다룬 가죽 1천장, 씨나락 3천석을 보냈다 한다. 지원 물자의 규모가 실로 엄청나다.

이 엄청난 물량을 수송하기 위한 부대의 규모도 상당하였다고 생각된다. 수송부대와 호위군, 수군, 모두 합하면 수천명은 되지 않았을까? 그리고 이들이 왕복의 항해에서 소비할 식량과 보급품, 각종 무기. 이 병력은 앞서 본 구원군 3만2천과는 별도의 병력이다.

부여풍과 뒤를 이은 왜왕 천지, 그리고 왜국 조정에서는 국력을 기울여, 동원 가능한 최대한의 병력과 물자를 최대한 신속하게 보내자는 방침이었던 것을 알 수 있다. 왜가 속국이었고 부여풍이 왜왕이었기에, 모국을 구원하기 위하여 필사적으로 최대한의 병력과 보급품을 보낸 것으로 볼 수밖에 없다.

부여풍은 백강구 전투 당시 왜의 전함에 직접 올라타고 진두지휘하였다. 그는 훨씬 이전에 백제에 귀환하여 있었으므로, 아마도 야음을 이용하여 나당연합군의 눈을 피해, 몰래 왜군 전함에 올라탔으리라.

그런데 그는 원래 왜국을 통치하던 왜왕이었다. 자신은 편하게 아스카의 궁전에 앉아있고, 휘하의 무장을 백제로 보낸다 하여도 아무도 이의를 제기하는 신하들이 없었을 것이다. 그렇지만 그는 직접 자신이 대병력을 지휘하여 사지(死地)인 백제로 뛰어들었다. 그리고 야음을 틈타 왜군 전함에 직접 올라타 전투의 선두에 섰다. 솔선수범의 전형을 보는 듯 하다. 이렇게 생각해 본다면, 백제 구원군 도합 3만2천의 대병력은 당시의 왜왕이 부여풍이었기에 가능하였을 것이다.

백제에서 파견한 왜왕이라 하더라도 우유부단하거나 안일함을 추구하는 리더십의 소유자였다면, 결코 이 엄청난 대병력을 파병할 수도 없었을 것이다. 또한 직접 병력을 지휘하여 백제로 돌아가지도 아니하였을 것이며, 발각되면 바로 그 자리에서 죽을지도 모르는 위험을 무릅쓰고 왜군 전함에 올라타지도 아니하였을 것이다.

그는 왜왕이었고, 귀환하여서도 백제의 왕이라는 최고위 지휘관이면서도, 온 몸으로 솔선수범하는 리더십을 보여주었다. 소대의 선두에 서서, "나를 따르라!"라고 외치며 적진으로 돌격하는 피끓는 소대장의 모습을 보는 듯하다.

『일본서기』가 말하는 백제 구원의 이유

여기서 『일본서기』에 나오는 백제에 구원군을 보낸 이유를 살펴보자 제명 6년(660년) 10월조를 보면, 백제의 귀실복신이 사신을 보내어 나당연합군의 공격으로 백제가 무너진 사실을 알리면서, 왕자 부여풍을 되돌려 줄 것을 요청하자, 제명이 다음과 같은 조칙을 내렸다 한다.

「구원군을 요청하는 것은 예전에도 있다고 들었다. 위험에 **빠진** 것을 돕고, 끊어진 것을 잇는 것은 예로부터 있던 일이다. 백제국이 궁하여 우리 나라에 왔다.

본방(本邦)이 멸망의 위기에 처하여, 의지할 곳도 호소할 곳도 없어, 창을 베개로 삼고 쓸개를 맛보고 있습니다. 꼭 도와주세요"
라고 멀리서 와서 표문을 올렸다. 그 뜻을 거절하기 어렵다. 장군들에게 각각 명하여 여러 방면에서 한꺼번에 나아가게 할 것이다 ……」

(『日本書紀(일본서기) ③. 小島憲之 外. 2006. 小學館』237쪽)

귀실복신이 왜왕에게 '표문'을 올렸다거나, 왕자 부여풍을 돌려달라고 하였다는 것은 『일본서기』의 창작이다. 왜왕이던 부여풍을 돌려달라고 할 수는 없는 노릇이다. 다만 복신이 왜왕 부여풍에게 사람을 보내어 구원군을 요청하였던 것은 사실이리라.

그런데 위 문장을 아무리 읽어보아도, 왜 백제를 구원하는지 이유를 알기 어렵다. 요약하여 보자.

① 위기에 **빠졌을** 때 구원군을 요청하는 것은 예로부터 있는 일이다.
② 백제가 망하여 꼭 좀 도와달라고 하는 뜻을 거절하기 어렵다.

왜 거절하기 어려운가? 그것이 핵심인데, 그 이유는 전혀 보이지 않는다. 문면으로 보면, 구원군을 요청하는 것은 예로부터 흔하게 있던 일이고, 백제가 꼭 도와달라고 부탁하기에, 거절하기 어렵다는 취지로 보인다. 친하게 지내던 외국 백제가 위기에 처하여 도와달라고 하는 것을 냉정하게 거절하기 어렵다는 취지라고 선해하여 두자.

그렇다면 1~2천명 정도의 병력을 보내어 대충 체면치레를 하는 것이 상식에 부합한다. 국력을 기울여 필사적으로 동원 가능한 최대한 병력과 물자를 보낸 점에 대한 설명으로는 전혀 납득이 가지 않는다.

실제 이유는 백제가 모국이므로, 멸망의 위기에 처한 모국을 구원하는 것이었다. 하지만 그렇게 적을 수는 없었기에, 위와같이 애매모호하게 얼렁뚱땅 넘어가려 하였던 사정을 이해할 수 있다.

그런데 거절하기 어려워 좀 도와주었을 뿐이라는 위의 문장과는 달리, 왜왕 제명은 최대한 신속하게 구원군을 보냈을 뿐만 아니라, 또한 노령의 여왕임에도 본인이 직접 나서서 장거리 항해를 불사한 것으로 되어있다.

즉 『일본서기』에 의하면, 위와 같은 명령을 내린지 불과 2달 후인 그해 12월 24일, 그녀는 대군을 지휘하여 오사카의 항구에 도착하였고(수도 아스카에서는 며칠 전에 출발하였을 것이다), 다음해 1월 6일, 벌써 전함이 바닷길에 나섰던 것이다. 참으로 질풍같은 스피드인 것이 분명하다. <u>동원할 수 있는 최대한의 병력과 물자를, 최대한의 스피드로 보내자</u>는 왜왕 부여풍의 의도를 확실하게 알 수 있다.

거절하기 어려워, 즉 마지못해 도와준다는 위 문장의 취지와는 전혀 맞지 않는다.

백제는 왜국의 본국

『일본서기』는 제명이 직접 머나먼 후쿠오카까지 간 이유는, 「귀실복신의 애원에 따라서(隨福信所乞之意)」라 하였다. 그러나 이는 전혀 이해할 수 없는 일이다. 멸망한 속국 부흥군 측에서 종주국 왜왕에게, "수도 아스카를 떠나, 배를 타고 멀리 후쿠오카로 가서 진두지휘해 주세요"라고 감히 애원할 수가 있단 말인가?

『일본서기』에 의하면 제명은 무려 4개월 가까운 항해 끝에 5월 9일 현재의 후쿠오카에 도착하였다 한다. 그리고 불과 두달 뒤인 7월에 거기서 급사하는 것으로 되어있다. 60살이 넘은 여왕이 전함을 타고 이렇듯 장거리 항해를 하였다는 것은 전혀 납득이 되지 않는다.

그러나 여기에는 그럴만한 이유가 있다. 즉 가공의 왜왕 제명이 죽고, 실존 왜왕 부여풍은 백제로 떠나면서, 장남 천지가 뒤를 잇는다. 이렇듯 마지막 가공의 왜왕 제명과 첫 실존 왜왕 천지를 스무스하게 연결하기 위하여는, 노령의 여왕이 후쿠오카까지 장거리 항해를 할 수밖에 없었던 것이다.

그러나 당시의 왜왕은 제명이 아니라 부여풍이었다. 부흥군 측의 요청이 아니라, 부여풍 스스로 진두지휘하여 대군을 이끌고 나섰던 것이 분명하다. 앞서 보았듯이 그는 자신의 안위는 돌보지 않고 대열의 선두에 서서 "나를 따르라"라고 외치는 스타일의 지휘관이던 것이다.

부여풍은 후쿠오카에서 대충의 준비를 마친 후, 선발대 겸 호위대 5천 병력을 이끌고 661년 8월 백제로 출발하였다. 하루라도 빨리 백제로 돌아가 부흥군과 합세하려는 마음이었을 것이다.

제명의 조칙에 나오는 「본방(本邦)」이라는 용어를 주목하여 보자. 이 '방(邦)'이라는 한자는 나라를 뜻하므로, '본국(本國)'과 같은 의미이다. 백제 옛 땅에 있던 복신이 왜에 보내는 문서에서 자신의 나라 백제를 '본방'이라 하였다는 것인데, 이는 상식에 어긋난다. 자신이 현재 살고 있는 나라는 '아방(我邦)'이라 하여야 마땅하기 때문이다.

이 「본방」은 무엇인가? 당시 왜국의 백제인들이 본국인 백제를 지칭하는 용어였다고 추정된다. 아마도 왜왕 부여풍이 신하들에게 백제 구원군을 보내라는 지시를 내리면서, 백제를 의미하는 「본방」이라는 용어를 사용한 것이 아닌가 싶다.

『일본서기』 지은이가 무심코 이 말을 사용한 것으로 보이는데, 이는 진실된 역사를 드러나게 만든 큰 실수라 하겠다. 덕분에 우리는 왜국에 살던 백제인들의 중요한 용어 하나를 알 수 있게 되었다.

『일본서기』의 왜군 장군은 모두 가공인물

구원군 본진 2만7천 병력과 대함대를 총지휘한 지휘관이 다름아닌 부여풍이었다. 물론 『일본서기』는 왜국 장군들이 지휘한 것으로 되어있다.

그리고 6명의 장군 이름이 보이는데, 전(前)장군 2명, 중(中)장군 2명, 후(後)장군 2명이다. 그 중 3명의 이름은 다음과 같다.

① 상모야군 치자(上毛野君 稚子 카미투케노키미 와쿠고)
② 거세신전신 역어(巨勢神前臣 譯語 코세노카무사키노오미 워사)
③ 아배인전신 비라부(阿倍引田臣 比邏夫 아베노피키타노오미 피라푸)

이러한 인명은 7세기가 아닌 8세기의 일본에서 흔히 볼 수 있는 씨와 성, 그리고 이름들이다. 그 구조를 ①의 예에서 살펴보면,

상모야(上毛野 카미투케)는 지명으로서 이는 이 사람의 씨(氏)이다. 군(君 키미)은 사회적 지위를 나타내는 존칭인 성(姓 카바네)이며, 마지막의 치자(稚子 와쿠고)가 이름이다. 정리하여 보면,

「지명으로 된 씨 + 존칭인 성(姓 카바네) + 이름」

6명 장군의 이름은 모두 이런 구조로 되어있다. 그런데 이러한 인명표기의 구조는, 백제가 멸망한 이후 유민들이 대거 왜로 망명한 이후인 7세기 말부터 나타나 8세기에 일반화된 바 있다. 아직 661년에는 이런 구조로

인명표기를 할 때가 아니었다.

그리고 씨나 성, 이름의 표기가 철두철미 한자의 훈으로 되어있다. 이 또한 8세기의 그것이다. 예외는 ③의 이름 '피라푸(比邏夫)'뿐이다. 일본에서 발견된 7세기의 금석문에 나오는 성명을 살펴보자.

① 왕연손(王延孫) : 법륭사 금동불 광배
② 소지나(素止奈) : 도락 스님의 묘지명
③ 물부순(勿部珣) : 묘지명
④ 왕지인 수(王智仁 首) : 선왕후(船王後)의 묘지명
⑤ 축평군 대고 신(笠評君 大古 臣) : 법륭사 불상 조상기(造像記)
⑥ 한회고 수(韓會古 首) : 서림사(西琳寺) 연기

위 인명표기를 보면, ①왕연손과 ④왕지인, ⑥한회고는 성과 이름 모두 완벽한 백제풍이다. ④왕지인과 ⑥한회고는 성명 뒤에 수(首 오비토)라는 존칭을 붙였다. 이것이 7세기의 일반적인 성명표기 형태였던 것을 알 수 있다.

⑤'축평군 대고신'의 '축평'은 지명이다. '대고'가 이름이고, '신(臣 오미)'은 존칭이다. 『일본서기』에 보이는 왜장들 성명표기와는 비슷하면서도 상당히 다르다.

②소지나는 성의 기재는 생략하고 이름 만 적은 형태이다. 순수한 백제풍이다. ③물부순의 씨명 '물부'는 왜풍이지만, 이름 '순'은 외자의 한자로 되어 백제풍이다.

다음은 『수서』「왜국전」에 보이는 608년 무렵의 왜인 이름이다.

① 소덕 아배태 (小德 阿輩台)

② 대례 가다비 (大禮 嚪多毗)

①은 아배(阿輩)가 씨이고, '태(台)'는 이름이다. 외자의 한자로 된 백제풍의 이름이다. 관위 소덕을 앞에 붙였다.

②는 씨가 나오지 않고, '가다비' 전체가 이름인데, 말음 '비(毗)'는 백제풍이다. 역시 관위 대례를 앞에 붙였다. 금석문과『수서』에 보이는 이런 성명들이 당시 왜국 귀족들의 일반적인 그것이었다.

『일본서기』에 보이는 위 장군들의 성명은 훨씬 발전된 형태로서 이와는 많이 다르다. 8세기 풍으로 창작된 인물들인 것이 분명하다. 따라서 한 사람의 예외도 없이 모두 허구의 가공인물로 볼 수밖에 없다.

그러면 왜군은 누가 지휘하였을까? 백제풍의 성명을 가진 인물들이었을 것이다. 이들을 그대로 나타내면 진실된 역사가 드러나게 된다. 그래서 『일본서기』는 8세기 풍으로 창작된 인물을 기록하였던 것이 분명하다.

왜군을 총지휘한 부여풍

『일본서기』에 나오는 왜군 장군 6명은 모두 실존인물이 아니다. 그러면 2만7천 왜군을 총지휘한 인물은 누구일까?『일본서기』를 보자.

「8월 13일, 일본의 먼저 도착한 수군이 당군과 접전하였다. 일본이 패하여 물러났다. 당군은 진영을 견고하게 지켰다. 일본의 여러 장군과 백제왕은 상황을 잘 살피지도 않고 의논하기를, "우리가 선수를 치면, 저들은 물러갈 것이다"라고 하였다.

다시 대오가 혼란한 중군의 병력으로 진격하여, 견고한 진을 형성한 당군을 쳤다. 당군은 좌우로 협공하여 포위하였다. 순식간에 패하였다. 물에 빠져 죽는 자가 많았고, 뱃머리를 돌릴 수도 없었다. 박시전래진(朴市田來津 에티타노쿠투)은 하늘을 우러러 맹세하고는, 이를 갈며 분노하여 수십인을 죽였으나 마침내 전사하였다」

백제 구원군 2만7천 대병력과 당 수군의 전투 장면을 묘사한 대목은 이것이 전부이다. 아주 유치하고 수준 낮은 묘사인 것을 알 수 있다.

우선 백제왕 즉 부여풍과 왜 장군들은 서로 대등한 관계인 것처럼 보인다. 그러나 부여풍은 왜왕이었다. 그가 창작된 가공인물인 왜 장군들과 대등한 관계였을 리가 만무하다.

한편 『삼국사기』를 보면, 이 전투에서 참패한 이후 살아남은 패잔 왜군을 거느리고 당나라 군대에 항복한 지휘관은 백제의 왕자 부여충승과 충지였다. 어찌하여 백제의 왕자가 왜군을 지휘하여 항복한단 말인가? 이런 사정을 종합하여 보면, 2만7천 구원군의 최고 지휘관은 부여풍, 부사령관은 충승과 충지, 두 왕자였던 것이 분명하다.

다시금 위 전투장면으로 돌아가 보자. 왜군이 진격하자 당군은 좌우로 협공하여 포위하였다는데, 참으로 상투적이고 진부한 묘사라는 비난을 피할 수가 없을 것이다.

가장 용감하였던 '박시전래진'이라는 인물의 이름은 순수하게 한자의 훈으로 되었다. 이 또한 창작된 가공인물인 것이 분명하다.

그는 하늘을 우러러 맹세하고는 이를 갈고 분노하였다 한다. 이 또한 생동감이라고는 없는 진부한 묘사이다. 그리고 그가 수십인을 죽였다는데, 육지가 아닌 수군끼리의 수상전투에서 어떤 방법으로 혼자서 수십인을 죽였는지 도무지 이해할 수가 없다. 적 함선에 뛰어올라가지 않고서는 수십인의 적을 죽일 수가 없을 것 같은데, 그런 것 같지도 않다.

위 전투장면의 내용을 크게 나누어 보면, 처음 전초전 비슷한 소규모 전투가 일어나 왜군이 불리하였고, 두 번째의 큰 전투에서 왜군이 대패하여 결판이 났다고 되어있다. 그러나 『삼국사기』는 4회의 접전이 있었다고 하였다.

또한 이 기사에는 적과 아군의 전과 혹은 피해상황에 대한 내용도 없다. 왜군이 너무도 일방적으로 큰 손해를 보고 대패하였기 때문일까? 전체적으로 이 기사에는 실제 있었던 일로 믿을만한 대목이 하나도 없다. 어느 모로 보나 사실에 기초한 것이 아닌, 붓끝의 창작에 불과하다. 『일본서기』 대부분의 기사가 그러하듯.

일본의 학자들도 『일본서기』를 맹목적으로 믿는 것은 아니다. 이른바 '엄중한 사료비판'을 거치지 않으면 안된다고 한다. 그러나 천지 이후부터는 거의 그대로 믿는 경향이 있다. 그런데 천지 이후의 기사에도 날조된 기사가 허다하다.

대표적인 사례를 들어보면, 천무 원년(672년) 7월조, 내란인 임신의 난이 막바지일 때, 고시현주 허매(許梅)라는 관리에게 갑자기 신이 내려 말을 할 수 없게 되었는데, 신은 "신무천황릉에 말과 무기를 바쳐라"고 하였다는 것이다.

그렇지만 신무천황은 703년 『고사기』가 처음 창작한 인물이다. 672년의 천무가 신무를 알았을 리가 없고, 더군다나 신무의 무덤이 존재하였을 리가 만무하다. 신무릉은 근세에 새로이 만들어낸 무덤이다(286쪽).

패잔 왜군이 백제인들을 태워 왜로 돌아갔을까?

『일본서기』의 위 기사에 이어지는 다음 대목을 보면, 왜군이 수많은 백제인들을 배에 태워 왜로 돌아간 것으로 되어있다. 『일본서기』를 보자.

「9월 7일, 백제 주유성이 마침내 항복하였다. 이때 나라 사람(國人)들이 서로 "주유성이 함락되었다. 어떻게 할 수가 없다. 백제의 이름은 오늘로서 끊어졌다. 조상의 묘소에 어찌 갔다 올 수 있겠는가? 다만 저례성(弖禮城)에 가서 일본 장군들과 만나, 기밀한 일을 의논하여 보자"라고 하였다 ……

24일, 일본 수군과 좌평 여자신, 달솔 목소귀자, 곡나진수, 억례복류, 그리고 백성 등이 저례성에 이르렀다. 다음날 배가 떠나 처음으로 일본으로 향하였다」

이 기사를 보면, 8월 13일 왜군이 패하였으나, 그 잔존병력도 상당수 남아있어, 9월 24일 수많은 백제의 귀족과 백성들을 태워 왜로 돌아간 것으로 되어있다. 그런데 이 또한 전혀 믿을 수가 없다.

『삼국사기』를 보면, 나당연합군은 왜군과 네 번 싸워 모두 이겼다 한다. 전함 4백여척을 불태우니 연기와 불꽃이 하늘마저 태웠고, 바다 또한 붉게 물들었다 하였다. 아마도 전멸에 가까운 대참패였다고 추정된다. 『일본서기』에도 살아서 귀환한 병력이 얼마인지 나오지 않는다.

앞서 이 구원군의 총 함선 수를 약 5~6백여척으로 추정한 바 있다. 4백여척은 이때 침몰하였고, 또 상당수는 부여충승과 충지가 지휘하여 항복하였다. 남은 전함은 불과 수십척이었을 것이다.

이 전투가 끝난 직후, 당 수군과 육지의 신라군이 강과 바다, 연안과 육지에서 촘촘하고도 삼엄한 잔적 수색 및 토벌작전을 시행하였을 것은 당연한 수순이다. 만일 이 전투에서 살아남은 왜군이 있었다면, 왜로 도주하기에도 급급하였을 것이다. 가까운 백제의 해안에 상륙한다는 것은 목이 열 개 있어도 부족할 정도로 위험천만한 일이었다고 생각된다.

이러한 사정은 백제의 왕으로서 구원군을 총지휘하였던 부여풍마저도,

백제의 해안이나 왜가 아닌 고구려로 도주하였던 것을 보면, 당시의 상황이 얼마나 위험하고 화급하였는가를 알고도 남음이 있다.

그럼에도 불구하고 『일본서기』에는 백제의 수많은 유민과 왜 수군이 서로 미리 연락한 결과, 약속장소인 저례성에서 백제인들이 대기하고 있었고, 이윽고 왜 함선이 나타나 이들을 싣고는 왜로 출발하였다고 되어있다.

그런데 패잔 왜군과 백제 유민들은 당군과 신라군의 감시망을 피하여 어떻게 연락하였을까? 무전기나 휴대폰이 없었음에도, 그들이 연락을 취하고는 약속장소를 잡았다는 것은 상상하기 어렵다.

어느모로 보나, 왜군 함선이 정연한 대오를 이루어 백제의 저례성이라는 곳으로 가서, 백제인들을 태워 유유히 왜로 귀환하였을 가능성은 제로에 가깝다. 좌평 여자신 등이 왜로 망명한 것은 분명한 사실이지만, 이들이 이 전투의 패잔 왜군 함선에 올라탔을 가능성은 거의 없다.

왜국 백제인들의 비통한 탄식

위 기사를 보면, 주유성(주류성)이 함락당하자 백제에 있던 백제 사람들이 서로 말하기를

「"주유성이 함락되었다. 어떻게 할 수가 없다. 백제의 이름은 오늘로서 끊어졌다. 조상의 묘소에 어찌 갔다 올 수 있겠는가?"」

라고 하였다고 되어있다. 졸지에 나라를 잃은 백제인들의 비통한 마음이 절절하게 느껴진다. 그런데 『일본서기』에 의하면, 이 비통한 탄식은 백제에 있던 백제인들이 한 것으로 되어있다. 그러나 이는 왜국에 있던 백제인들의 탄식일 것이다.

이들이 「"조상의 묘소에 어찌 갔다 올 수 있겠는가?"」라고 하였던 점을 주목하여 보자. 백제에 사는 백제인이라면, 비록 나라가 망하였다 하더라도 조상 묘소 참배는 전혀 문제가 되지 않을 것이다. 아무리 악랄한 신라군이라 하더라도 백제인들의 조상 묘소 참배를 막을 리는 없기 때문이다. 또한 신라군의 병력으로서는 산마다 지키면서 묘소 참배를 감시할 여유는 전혀 없었을 것이다. 그럴 이유도 없다.

따라서 묘소 참배를 할 수 없게 된 것은 왜국 백제인들에게 국한된 일이다. 그들의 모국 백제는 이제 신라의 영토가 되고 말았다. 모국을 방문하기 위하여 타고 간 배가 발각되면 그들은 죽음을 면키 어렵다.

『일본서기』는 왜국 백제인들의 비통하고 애절한 탄식을 마치 백제 고지에 있던 백제인들의 그것인 양 위장한 것을 알 수 있다. 아마도 『일본서기』 지은이는 어릴 적, 왜국 백제인들의 이러한 탄식을 여러 차례 들었던 모양이다. 그것을 그대로 적다간 진실된 역사가 탄로나기에, 백제에 있던 백제인의 탄식인 양 가장하였을 것이다.

부여풍이 읊은 만엽가는 최고의 명시

부여풍은 백제 부흥군을 이끌면서, 복신을 죽이는 등 분열에 대한 책임에서 자유롭지 못하다. 그래서 학계에서도 그에 대한 평가가 그다지 긍정적이지만은 않은 것으로 보인다. 그러나 그의 온 몸을 던져 솔선수범하는 이러한 리더십은 참으로 높이 평가할 만하다. 멸망 무렵 백제에 출현하였던 대영웅 중의 한 사람으로 꼽아도 무리가 없을 것이다.

그의 성격과 리더십이 잘 드러나 있는 만엽가 한 수를 감상하여 보자. 『만엽집』의 7번 노래가 바로 그의 작품이다.

오사카에서 출항하여 후쿠오카로 가는 도중, 부여풍의 함대는 현재의 에히메현 니키타(熟田) 나루에 도착하여 숙영하면서 물때를 기다렸다.

「니키타 나루에서 배 타려고 달 기다렸더니,
  물때도 맞았네. 이제는 노저어 나가자꾸나!」

아마도 물때가 맞지 않아 며칠 기다렸던 모양이다. 급한 성격의 부여풍으로서는 조급증이 일었을 것이다. 드디어 고대하던 달이 뜨고 물때가 왔다.

「자, 이제 힘차게 노 저어
  우리의 모국 백제로 나아가자꾸나!
  적을 무찌르고 짓밟힌 조국을 되찾자꾸나!」

이 노래는 『만엽집』 4천5백여 수의 가요 중에서도 손꼽히는 명시이다. 일본의 고등학교 교과서에도 자주 등장하여, 인구에 널리 회자되고 있다. 필자가 개인적으로 가장 좋아하는 만엽가이기도 하다. 『만엽집』에는 이 노래가 37 왜왕 제명의 작품으로 되어있으나, 그는 실존하지 아니한 가공의 왜왕이다.

부친 부여풍을 기다리며 즉위를 7년 미룬 천지

부여풍은 백강구 전투에서 참패한 후 고구려로 갔다. 백제 해안에 상륙하는 것은 너무 위험하였기 때문으로 생각되지만, 어찌하여 왜가 아닌 고구려로 갔을까 라는 의문이 생긴다. 식량 부족 등의 이유로 왜로 가기에는 너무 멀었기 때문일까? 아니면 왜 수군의 미숙한 항해술로 인하여 항로가 잘못되었을까?

어쨌든 그는 668년 고구려가 멸망하자, 이번에는 당군에게 잡혀 중국으로 압송되었다. 참으로 운도 따라주지 않았던 모양이다.

부여풍의 아들인 천지는 부여풍이 백제로 떠난 후, 왕으로서의 모든 업무를 집행하면서도, 즉위식은 미루고 또 미루었다. 무려 7년이나 미루었으나, 『일본서기』에는 그 이유가 전혀 나오지 않는다.

왕이 즉위식을 7년이나 미룬다는 것은 그 유례를 찾기 어려운 특별한 일이 아닐 수 없다. 필자는 한국과 중국의 전체 역사를 꿰뚫고 있지 못하므로, 과연 이런 사례가 있었는지 알지 못하고 있다. 그런데 일본의 학계에서는 무슨 이유로 천지가 이렇듯 즉위식을 미루고 또 미루었는지, 논의는 있지만 정곡을 찌른 견해는 찾을 수가 없다.

천지는 부여풍의 아들이었고, 당시 부여풍은 고구려에서 생존하여 있었기에 혹시 부친이 돌아올지도 모른다는 생각에 즉위를 미루었을 것이다.

천지가 왜왕으로 즉위한 이후에 부친이 돌아온다면, 천지는 왕위에서 물러나 부친에게 왕위를 돌려주어야 할까? 도로 태자로 되는 것인가? 아주 머리 아픈 곤란한 문제가 생길 수밖에 없다.

만일 아버지인 부여풍이 백강구 전투에서 전사했다면, 천지는 아마도 바로 즉위하였을 것이다. 혹시라도 아버지 부여풍이 고구려에서 탈출하여 불쑥 나타나, "아들, 너 그동안 수고했어"라고 하면서 너털웃음을 터뜨릴지도 모른다는 생각에, 계속 즉위를 미루었던 것이 분명하다. 천지의 부친에 대한 지극한 효심과 애정을 읽을 수 있다.

현재의 천황가는 부여풍의 직계 후손으로 이어져 내려온 가문이다.

3. 왜왕 부여풍의 소아(蘇我)씨 처단

왕권을 무시한 소아씨의 전횡

6세기 중반쯤부터 7세기 전반까지, 왜국은 소아(蘇我)씨 일족의 세상이었다. 왜왕을 능가하는 권세를 자랑하였다. 『일본서기』에 의하면, 소아마자는 587년, 라이벌이던 권세가 물부수옥을 죽였다. 여러 신하들과 합세하여 수백의 사병(私兵)을 동원하여 물부씨 일족을 몰살하고는, 그 경제적 기반을 몰수한 것으로 되어 있다.

592년에는 왜왕 숭준을 죽이기노 하였다. 소아씨 일족에 의하여 비명횡사한 왕자도 여럿 있는 것으로 되어있다. 숭준은 물론 창작된 가공의 왜왕이지만, 실존하였던 백제에서 파견된 어느 왜왕이 소아씨에 의하여 참살된 것은 사실이었으리라.

소아씨의 위세는 하늘을 찌를 듯하였고, 왜왕의 왕권은 한없이 위축되기만 하였다. 왜국에 있던 왜왕뿐만 아니라, 백제의 대왕에게 있어서도 소아씨 일족은 크나큰 우환이고 근심거리였을 것이다.

이 소아씨는 어떤 가문인가? 고구려군의 기습공격으로 수도 한성이 함락당하고 개로왕이 전사할 무렵(475년) 활약한 백제의 장군 목협만치(木刕滿致)의 후예이다(졸저 『속국 왜국에서 독립국 일본으로』 288쪽).

소아씨 제거

소아씨 일족을 처단한 주역은 다름아닌 왜왕 부여풍이었다. 『일본서기』에 나오는 그 개요를 살펴보자. 때는 645년 6월, 장소는 아스카 왜왕의 궁전.

「삼한(三韓)이 조공을 올리는 날, 신하가 표문을 낭독하였다. 태자 중대형
　(후일의 왜왕 천지)은 긴 창을 들고 대극전 옆에 숨었다. 중신겸족 등은 활
　과 화살을 가지고 그를 호위하였다. 중대형은 신하들과 함께 불의에 칼
　로 입록의 머리, 다리, 어깨를 베었다. 거적으로 입록의 시신을 덮었다.
　그 자리에 있던 고인대형 왕자는 상황을 보고 사택으로 뛰어들어 사람
　들에게, "한인(韓人)이 입록을 죽였다[한정(韓政)으로 인하여 주살된 것
　을 말한다]. 내 마음도 아프다"라고 말하였다」

　이날 소아입록이 죽고, 이로 인하여 그의 일족이 처참하게 몰락한 것은
역사적 진실일 것이다. 그러나 과연 『일본서기』의 이 내용이 사실일까?
　우선 「삼한이 조공」한다거나 「표문을 낭독」하였다는 것부터가 웃기는
소리이다. 한국의 어떤 나라가 왜에 조공하였단 말인가? 전혀 있을 수 없
는 일이다. 그러면 이 대목을 어떻게 해석하여야 할까? 백제의 대왕이 보
낸 사신이, 왜왕의 궁에서 명령문을 낭독하였다는 의미일 것이다. 정반대
로 왜곡하였던 것을 알 수 있다. 백제 대왕의 명령문을 '표문'으로 180도
개변한 것이 분명하다.
　그리고 태자 중대형이 긴 창을 들고 매복하였다가 칼로 입록을 베었다
고 되어있으나, 이 또한 믿을 수가 없다. 왜왕의 장남이 마치 졸병처럼 이
런 행동을 하였을 리는 만무하다. 아마도 이날의 거사, 실행의 주역은 중
신겸족이었을 것이다. 그가 모든 계획을 꾸미고 행동대원들을 배치하였다
고 생각된다.
　그렇지만 이 모든 계획을 승인하고 총지휘한 사람은 당시의 왜왕 부여
풍으로 볼 수밖에 없다. 무대가 왜왕의 궁전이기 때문에 더욱 그러하다.
　입록이 죽은 후 고인대형 왕자가 「"한인(韓人)이 입록을 죽였다"」라고 외
쳤다는 기사를 주목하여 보자. 당시의 '한인'이라는 말은 백제와 고구려,

신라, 가야 사람을 총칭하는 말이었다. 그러나 기사의 본문 어디에도 한국 사람은 나오지 않는다. 일본서기의 기사대로라면 모두 순수한 토착왜인이지, 한국 사람은 단 한 사람도 없다.

그러나 현장에 있던 고인대형은 한국인이 입록을 죽였다고 외쳤다 한다. 여기서의 한국인은 백제인인 것이 분명하다. 이 대목에서 필자는, 백제에서 보낸 사신단 중에 숙련된 무사가 포함되어 있어, 그가 기습적으로 입록을 벤 것은 아닐까라고 상상해 본다. 「"한인(韓人)이 입록을 죽였다"」는 것은 바로 이러한 사정을 말하는 것은 아닐까?

더욱 놀라운 것은 『일본서기』의 주석에서 「한정(韓政) 때문에 입록이 주살되었다」라고 고백한 대목이다. '한정'은 한자의 의미 그대로 한국의 정치이지만, 여기서는 백제의 정치라는 의미일 것이다. 백제의 정치는 무슨 뜻일까? 본국인 백제 의자대왕의 정치적 결정이라는 의미로 해석하면 자연스럽다. 결국 의자대왕이 입록을 처단하라는 정치적 결단을 내렸고, 그로 인하여 입록이 살해되었다는 의미가 된다. 『일본서기』가 이러한 사실을 암호화하여 전하고 있는 것을 알 수 있다.

이렇게 본다면, 이날의 주역은 부여에 있던 의자왕, 왜왕 부여풍, 계획을 수립하고 현장에서 지휘한 중신겸족, 세 사람이었다고 생각된다.

의자왕이 중신겸족에게 하사한 최고의 바둑판

애초 의자왕이 왜왕으로 부여풍을 선발한 것도, 소아씨 제거라는 임무를 염두에 둔 인선이 아니었나 싶다. 평범한 인물로는 도저히 소아씨를 대적할 수 없기에, 여러 아들 중에서도 적극적이고 과감하며, 용맹이 넘치는 부여풍을 왜왕으로 보낸 것으로 생각된다. 의자왕의 의도는 대성공을 거두었다.

의자왕은 소아씨 일족 처단이라는 엄청난 임무를 성공적으로 수행한 중신겸족이 아주 사랑스러웠던 모양이다. 모든 권한을 장악한 소아씨 일족에게 도전한다는 것은 전혀 승산이 없는 일이었고, 목이 열 개 있어도 감당하기 어려운 일이었다.

목숨을 걸고 일을 성공시킨 중신겸족에게 의자왕은 최고의 선물을 하사하였는데, 그것은 바둑판이었다. 일본에서 목화자단기국(木花紫檀棋局)이라 부르는 바둑판으로서, 아마도 세계의 바둑 역사상 최고로 아름답고 호화로운 바둑판이 아닌가 생각된다. 어떤 금은보화보다도 참으로 멋진 선물일 것이다.

일본의 동대사 정창원에 보관되어 있는데, 의자왕이 중신겸족에게 준 것으로만 되어있을 뿐, 왜 주었는지 그 이유는 기록에 없다. 그러나 필자는 소아씨 제거라는 크나큰 임무를 완수한 데에 대한 포상이 확실하다고 생각하고 있다.

2019년 가을, 영화천황의 즉위를 기념하는 동대사 보물 특별전시회가 동경국립박물관에서 열렸는데, 필자는 바로 거기에서 이 바둑판을 실견하였다. 바둑판 표면은 한국이나 일본에서 나지 않는 최고급목재인 스리랑카산 자단나무로 만들었다. 바둑판의 줄은 상아로 긋고, 역시 상아로 낙타와 악어 등 여러 가지 그림을 그렸다.

바둑알도 상아로 만들었는데, 날아가는 새가 조각되어 있다. 바둑판의 본체는 한국산 소나무로 만들어 상당히 무겁다고 한다. 백제의 세계 최고 수준의 공예 솜씨를 알려주는 증거품은 바로 이 바둑판과 금동대향로 두 보물이라고 생각된다.

그러나 이 전시회에는, 의자왕이 중신겸족에게 하사한 바둑판이라는 설명은 보이지 않았다. 아마도 구경하던 일본인들은, 고대에 일본인이 만든 좋은 바둑판으로 알았을 것으로 보인다.

중신겸족이 백제에 사신으로 갔던 적도 없었다. 따라서 백제의 대왕이 왜국의 신하에게 이런 보물을 하사한 이유를 달리 설명하기 어렵다. 그렇지만 『일본서기』에 나오는 이 소아입록 처단 기사와 아울러 생각하면, 바로 목숨을 걸고 실행한 이때의 거사에 대한 포상인 것이 분명하다.

5장 ————

백제인들이 붙인
왜국의 지명

1. 지명은 역사의 산 증인!

일본의 출판사 각천서점(角川書店)에서 1980년대에 발간한 『角川(가도카와)일본지명대사전』이 있다. 각 현별로 고대, 중세, 근세, 현대의 지명을 2,000여페이지 사전에 담아 상세한 해설을 붙였는데, 무려 50여권이나 되는 거질이다.

이 사전 50여권의 케이스 뒷표지 첫머리에 큰 글씨로 다음과 같은 캐치프레이즈가 적혀 있다. 참으로 깊은 공감을 느꼈기에 소개하여 본다.

「地名は歴史の生き證人!

　지명은 역사의 산 증인!」

그렇다. 지명은 고분에서 출토되는 토기나 무기 등의 유물과 마찬가지로, 아니 오히려 그보다 더 생생한 역사를 전하여 주는 증인이다. 특히 고대에 백제가 왜를 통치한 사실을 알려주는 증인으로서는 유물보다 더 중요한 가치가 있다.

6세기 이후 백제인들이 왜를 지배하고 통치하였지만, 막상 수도인 아스카나 나라 일원에도 백제의 삼족토기와 같은 유물이 여기저기서 쏟아져 나오는 것은 아니다. 아마도 현대 한국의 상사 주재원들이 일본으로 파견되어 나갈 경우, 그릇이나 일상용품을 가져가지 아니하는 것과 비슷한 현상으로 생각된다.

그렇지만 지명을 보면, 수많은 백제인들이 건너가 살면서 왜국을 지배하였던 사실이 명명백백하게 드러나 있다. 날조된 역사를 기록한 『일본서기』는 거짓말만 하지만, 「지명」이라는 증인은 거짓말을 하지 않고, 진실된 역사를 그대로 증언하여 준다.

필자가 이 사전을 처음 본 것은 십수년전 아스카 만엽문화관(萬葉文化館) 내의 작은 도서실에서였다. 애타게 찾던 일본 속의 백제나 가야 지명이 고스란히 기록되어 있는 것을 보고 얼마나 감탄하였는지 모른다. 팔이 아프도록 수첩에다 볼펜으로 메모하였지만 조족지혈에 불과해, 안타까운 탄식만 삼켰던 기억이 지금도 생생하다. 다행스럽게도 몇 년전 전질을 구입하여, 일본 고대사의 진실을 규명하는 소중한 자료로 활용하고 있다.

2. 일제강점기 일본인들이 붙인 한국의 지명

일제강점기, 만연하였던 일본풍 지명

일제강점기, 한국을 점령한 일본인들이 한국의 지명을 마음대로 요리하였다. 우선 수도 '한성'부터 '경성'으로 고쳤다. 그리고 일본의 지방행정 기초 단위인 '통(通)'이나 '정(町)'도 도입하였다. 그리하여 '중앙통', '본정통', '명치정' 따위의 일본식 지명이 무수하게 도입된 바 있다.

당시 한국에 건너와 살던 일본인들은 그 인구수가 한국인에 비해 10%도 되지 않았을 것으로 보이지만, 지명은 일본인들이 마음대로 요리하였다. 일본인들이 지배층이고 한국인은 숫자가 많아도 피지배층이었기에, 이런 일이 벌어진 것이다.

한편 그 당시 2백수십만명의 한국인들이 먹고살 길을 찾아, 혹은 징용이나 징병의 결과로 일본으로 건너가 정착하였다. 그러나 당시의 일본에 한국인들이 붙인 지명은 단 하나도 없었다. 한국인은 피지배층이었기 때문이다. 그리고 일본에서 장관이나 차관, 국장, 지사, 시장, 군수 등의 고위관료로 출세한 한국인도 단 한명도 존재하지 않았다.

그런데 고대의 왜국에서는 이와는 정반대의 현상이 벌어졌던 것이다. 고위귀족, 관료는 백제인과 가야인 등 한국인 일색이었던 것이다. 그리고 한국인들이 붙인 지명이 전국 곳곳에 무수하게 존재하였는데, 특히 수도 아스카 일원, 그리고 백제인들이 처음 상륙하는 항구인 오사카 일대에 많았다.

『일본서기』에 의하면 백제는 왜국의 속국이었다. 수많은 백제인들이 왜로 건너갔지만, 그들은 백제왕이 왜왕에게 헌상한 존재들이고, 왜왕이 생살여탈권을 쥐고 있어 이리저리 배치한 것으로 되어있다. 왜국의 지배세력은 토착왜인이었으며, 백제인은 어디까지나 피지배계층 혹은 하층민에 불과하다고 되어있다.

그러나 이는 창작된 역사이다. 실제는 백제인들이 왜국을 지배하고 통치하였다. 인구는 적었지만 그들이 지배세력이었다. 그러기에 그들은 마음 내키는대로 백제풍 지명을 붙일 수 있었던 것이다. 일제강점기에 일본인들이 마음대로 일본식 지명을 붙였던 것과 같은 맥락이다.

3. 일본 지명에 남은 백제

1) 백제

쿠다라(百濟)

고대의 일본에서는 백제를 '쿠다라'라 하였다. 왜 한자음 '파쿠사이'로 부르지 않고 '쿠다라'라고 하였을까? 이 '쿠다라'는 무슨 의미일까? 한국어 '큰 나라'가 변하여 '쿠다라'가 되었다고 보는 설도 있으나, 성립하기 어렵다. 한국어에서 'ㄴ' 자음이 'ㄷ' 자음으로 변한 사례를 찾을 수 없기 때문이다. 이는 일본어에서도 전혀 다를 바 없다.

부여에는 부소산이 있고, 서쪽 기슭에 '구드래'라는 이름의 포구가 있다. 부여의 외항으로서, 백제인들이 왜국으로 갈 때 이 포구에서 출항하였을 것이다. 현재 서울의 외항이 인천인 것과 마찬가지이다.

이 '구드래'는 고대에 '구다라'였다고 생각된다. '구다라→구더라→구드라→구드래'로 바뀌었을 것이다. '다'가 '드'로 바뀐 것은 충청방언에 흔하게 보이는 고모음화 현상이다. '라→래'의 변화는 한국어에서 아주 흔하다. '나→내'의 변화와 마찬가지다.

왜지의 백제인들은 "아, 언제 구다라로 돌아갈까"라거나 "구다라로 가서 늙은 어머님을 뵈야지"라는 식으로 일상대화를 나누었을 것이다. 그것이 나중에는 국명으로 정착한 것으로 추정된다. 정식 국호 '백제' 대신 친근하고 살갑게 부르던 포구의 이름 '구다라'였다고 생각된다.

토착왜인들이 포구의 이름 '구다라'를 국명 대신 부른 것이 아니라는 점을 유념하자. 토착왜인이 사신으로 백제에 자주 드나들었다고 하더라도, 그들은 포구의 이름 따위에는 관심이 없었을 것이다. 그것으로 정식 국호를 대신한다는 것은 전혀 상상할 수도 없는 일이다.

백제천(川), 백제야(野), 백제원(原)

『일본서기』와 『고사기』, 『만엽집』에 의하면 수도 아스카에는 다음과 같은 '백제' 지명이 있었다.

① 앞서 수도 아스카를 흐르는 '백제천(百濟川 쿠다라가와)'이라는 내의 인근에 '백제대궁'과 '백제대사'를 본 바 있다.

'백제천'은 원래 '소가(曾我)천'이었다. 백제인들이 아스카에 밀집하여 살면서, 내의 이름을 모국의 국호를 따서 백제천으로 바꾸었던 것이다.

② 또한 '백제대정(百濟大井)'이라는 지명도 있었다. '대정'은 큰 우물이라는 뜻이다. 이 부근에 지은 '백제대정궁'도 있었다.

③ 백제원(百濟原) : 백제 벌판

백제야(百濟野) : 〃

백제지(百濟池) : 백제 연못

백제가(百濟家) : 백제의 집(최초의 사찰 비조사 부근) 등 수많은 백제 지명
이 있었는데, 지금은 거의 사라졌다.

나라의 백제

일본의 수도권인 현재의 나라현 일대에는 수많은 '백제' 지명이 있었다.
다음은 일본지명연구소에서 발간한 『大和地名大辭典(야마토지명대사전). 1984.
名著普及會』에 나오는 소자(小字) 중의 백제이다.

현대 일본의 지방행정단위는 현 아래에, 시, 정, 촌이 있다. 그 아래의
말단 단위가 대자(大字 오오아자)와 소자(小字 코아자)이다. 대자는 몇 개의
소자를 거느리고 있다.

① 백제(百濟 쿠다라)

② 서백제(西百濟 니시쿠다라)

③ 동백제(東百濟 히가시쿠다라)

④ 백제상(百濟上 쿠다라우에)

⑤ 쿠다라베

⑥ 백제정(百濟町 쿠다라마치)

현재 남아있는 것이 이 정도이니, 그간 사라져 없어진 백제 지명은 얼마
나 많았을까?

오사카의 백제

(1) 8세기의 일본, 현재의 오사카시에는 '백제군(百濟郡)'이 있었다. 군이라는 넓은 지방행정단위의 명칭으로 국호 백제를 붙인 것이다. 이 군의 하급 단위인 세 '향(鄕)'의 이름을 보자.

「동부(東部), 서부(西部), 남부(南部 일명 백제)」

이렇듯 방향을 가리키는 동서남북의 뒤에 '~부(部)'라는 이름으로 이루어진 향만을 가진 군은 일본 전역에서 이곳이 유일무이하였다.

이 '부'라는 명칭은 아마도 백제의 수도 부여가 동,서,남,북,중이라는 '5부'로 이루어진 데에서 유래한 것으로 짐작된다. '백제군'이라는 이름으로도 모자라, 그 아래 단위인 향의 명칭도 백제의 수도 5부에서 따왔던 것이다. 백제풍의 지명으로 일관한 것을 알 수 있다.

'남부향'의 다른 이름은 '백제향'이다.

(2) 근세까지도 이곳에는 「북백제(北百濟)」와 「남백제(南百濟)」라는 지명이 남아있었으나 사라지고 말았다.

(3) 백제군을 흐르는 내를 「백제천(百濟川)」이라 하였다. 현재의 평야천(平野川)이다. 수도 아스카의 '백제천'과는 다른 내이므로, 고대의 왜국에는 '백제천'이라는 이름의 내가 두 군데에 있었던 것을 알 수 있다.

(4) 고대의 '서부향(西部鄕)'에는 「백제야(百濟野)」라는 이름의 들판도 있었다. 역시 아스카의 백제야와는 다른 곳이다.

이 백제천과 백제야의 부근에는 「백제사(百濟寺)」라는 절이 있었다.

(5) 8세기의 오사카, 금부군(錦部郡)에는 「백제향(百濟鄕)」이 있었다.

『일본서기』 민달 12년 10월조에는 나니파(현대의 오사카)에 「석천 백제촌(石川 百濟村)」과 「하백제 하전촌(下百濟 河田村)」이 있었다. 석천 백제촌은 바로 금부군의 백제향에 있었다.

(6) 홍윤기 선생의 『일본 속의 백제 구다라(百濟). 2008. 한누리미디어』를 보면(391쪽), 오사카 동부에 「백제산(百濟山)」이 있었다.

오사카의 천북군(泉北郡)에는 향 아래의 행정단위인 대자 중에 「백제(百濟)」가 있었다.

고대의 오사카 일원에는 실로 무수한 '백제' 지명이 있었던 것이 분명하다. 홍윤기 선생의 위 책을 보면, 지금도 오사카 시내에는 백제라는 지명의 흔적이 여럿 남아있다(20쪽).

고대에 있었던 백제군 등 백제라는 지명의 유산이 지금도 완전히 사라지지 않고 남아있는 것을 알 수 있다.

기타 백제가 포함된 지명

이종철 선생의 『일본지명에 반영된 한계어원 재고(2015. 국학자료원)』를 보면, '백제'라는 국호가 들어간 지명이 일본의 여러 곳에 산재하고 있는 것을 볼 수 있다(20쪽).

① 쿠다라기무라(百濟來村) : 구마모토 현
② 쿠다라기(久多良木) :   〃
③ 쿠다라하마(百濟濱) : 시마네 현

④ 쿠다라마치(百濟町) : 후쿠오카 현

일제강점기, 일제는 한국에 무수한 일본식 지명을 붙였다. 그러나 '일
본'이라는 국호가 들어간 지명은 존재하지 않았다. 일본인들도 한국인의
정서와 반발을 고려하여 차마 그러한 지명을 붙이지는 못하였을 것이다.
그러나 백제인들은 토착왜인들의 그러한 정서는 전혀 고려하지 않았던 모
양이다. 거침없이 백제라는 국호를 곳곳에 붙여놓았다.

2) 이마키(今來)

새로이 도왜한 백제인들의 터전 「이마키」

고대의 왜국에서 백제인들이 가장 밀집하여 산 곳은 바로 수도인 아스
카였다. 이 아스카를 둘러싼 일대를 '이마키 군(今來郡 금래군)'이라 하였
다. 『일본서기』 흠명(欽明) 7년(546년) 조에 이 군명이 처음 보이고 있으나,
이보다는 수십년 후 즉 7세기를 전후한 무렵에 처음 생겼을 것으로 추정
된다.

일본어 '이마(今)'는 지금 혹은 방금이라는 뜻이고, '키(來)'는 오다는 의
미이므로, 이 말은 방금 오기, 즉 방금 온 사람이라는 의미가 된다. 백제에
서 새로이 건너간 사람들이 모여 살던 곳이기에 이런 이름이 생겨났던 것
이다. 이런 이름을 붙인 사람들은 누구인가?

'이마키'들이 도왜하기 이전부터 그곳에 살던 사람들인 것이 분명한데,
그들은 원주민인 토착 왜인들이 아니다. 백제에서 먼저 건너간 사람, 즉
'후루키(舊來)'들이 이런 이름을 붙였던 것이 분명하다.

수도 아스카에는 이미 먼저 백제에서 건너간 사람들이 밀집하여 도시를

이루고 살고 있었을 것이다. 새로이 건너간 사람들은, 기존의 '후루키(舊來)'들이 점거한 도심에서 좀 벗어난 논밭이나, 골짜기, 산자락에 새로운 마을을 이루어 살게 되었고, 그러한 마을이 이마키라는 이름으로 불리웠을 것이다.

세월이 흐르고 계속하여 이마키들이 도왜하여 새로운 '이마키' 마을을 이루게 된다. 이마키라는 이름을 가진 마을은 한둘이 아니라, 수도의 여러 곳에 무수히 분포하고 있었을 것이다. 그러다 어느 때인가 행정구역을 제정 혹은 개정하면서, 넓은 행정단위의 이름을 이마키로 붙인 것으로 추정할 수 있다.

일본의 하자들도 도왜한 백제인들이 많았던 사실은 인정하지만, 이 사람들은 주로 기술자들이었다고 강변한다. 『일본서기』에 등장하는 이른바 「금래(今來)의 재기(才伎)」가 많았던 관계로, 그 사람들이 이러한 지명을 붙였을 것이라고 주장한다. '재기'는 기술자라는 의미이다.

그러나 이는 백제인의 역할을 애써 축소하려는 물타기에 불과하다. 일본의 역사학이나 고고학에는 이런 물타기를 아주 흔하게 볼 수 있다. 외국인인 백제 출신의 기술자들이 지명을 바꿀 수 있었을까? 불가능한 일이라고 단정할 수 있다. 백제인의 주력은 왜왕을 포함한 고위관료 등 지배층 귀족이었다. 『일본서기』를 보면,

① 642년, 최고 권력자인 소아하이(蘇我蝦夷)가 '이마키'에 쌍묘를 만들었다.
② 658년, 왜왕 제명이 요절한 손자의 무덤을 '이마키'에 마련하였다.
③ 649년, 흥지(興志)가 산전사라는 절을 지으러 아스카에 있다가, 반란 사실이 드러나 도주하여 오는 부친을 '이마키'의 큰 느티나무 아래에서 맞이하였다.

실제로는 이보다 훨씬 많은 '이마키' 지명이 곳곳에 널려 있었을 것이다.

나라(奈良)현 일원의 '이마키'

다음은 『大和地名大辭典(야마토지명대사전)』에 보이는 나라현 소자(小字)의 '이마키(今木)'이다. 소자는 촌(村) 아래의 최소 행정단위이다. 이 '이마키'의 원래 한자표기는 '금래(今來)'였을 것이다.

① 이마키(今木) : 5곳

② 키타이마키(北今木), 미나미이마키(東今木) 등 앞에 방위(동, 서, 남, 북, 중)를 붙인 이마키 : 7곳

③ 이마키타(今北) : 7곳

　　이마기타(〃) : 8곳

　　이마키다(今木田) : 2곳

　　[이마키타(今北)의 한자표기는 원래 '금래전(今來田)'으로 추정. 그 의미는 '새로이 도래한 사람들의 땅']

등 도합 33곳의 '이마키'가 지금도 남아있다. 사라져 없어진 '이마키'는 이보다 훨씬 많지 않을까? 어쨌든 왜국의 수도권에는 '이마키' 마을들로 넘쳐났던 것을 알 수 있다.

여러 지방의 이마키

① 이마키(今木)촌 : 오사카부 키시와타(安和田)시

② 　 〃 　 〃 　 : 　 〃 　 대정(大正)구

③ 이마키(今木)촌 : 오카야마현 읍구(邑久)군

[현재는 오오토미(大富)로 바뀌었음. 인근에 이마키성(今木城)이 있음]

④ 이마키(今木) : 오이타현 우사(宇佐)군

[현재는 니나키(蜷木)로 바뀌었음]

⑤ 이마키(今木)정 : 도야마현 도야마시

⑥ 이마키(今木)산 : 돗토리현 암미(岩美)군

[작은 산이지만 오랜 전설이 있고 인근에서는 유명한 산]

⑦ 이마키타(今北) : 효고현 니기(尼崎)시

⑧ 이마키타(〃)정 : 미에현 상명(桑名)시

⑨ 이마키(今木)사(寺) : 이시카와현 야야시(野野市)정

[지명이 아닌 절 이름이나 고대에는 이 일대의 지명으로 추정]

고대의 왜국에는 수도뿐만 아니라, 멀리 떨어진 지방에도 여러 '이마키' 지명이 있었던 모양이다. 고대의 왜국에서는 자신이 백제에서 금방 건너왔다는 의미를 가진 '이마키'라는 말이 아주 자랑스런 호칭이었을 것이다. 그러나 후일 이러한 지명들은 거의 사라져 버렸으므로, 지금까지 남아있는 것은 극소수에 불과하다.

히라노(平野)신사의 「이마키」 대신(今木大神)

(1) 히라노 신사

환무천황(재위 781~806년)은 수도를 나라에서 교토로 옮겨 헤이안(平安)시대를 연 바 있다. 그의 모친은 백제의 후손인 고야신립(高野新笠 타카노 니이

가사)으로서 사후 황태후로 추존되었다. 『속일본기』에 나오는 그녀의 내력을 간략하게 살펴보면,

> 「…… 황태후의 선조는 백제 무령왕의 아들인 순타(純陀)태자에서 나왔다 …… 백제의 먼 조상인 도모왕(都慕王)은 하백의 딸이 태양의 정기에 감응하여 낳은 아들이다. 황태후는 그 후예이다. 그런 이유로 시호를 '천고지일지자희존(天高知日之子姬尊)'이라 하였다」
>
> (『續日本記 五(속일본기 5). 靑木和夫 外. 1998. 岩波書店』453쪽)

순타태자는 『일본서기』에 한 줄 이름만 보이는데, 자세한 것은 알 수가 없다. 도모왕은 고구려의 시조 주몽이다. 황태후는 백제의 후예였다.

이 황태후를 모시는 신사가 히라노(平野)신사로서, 교토의 북쪽에 지금도 건재하고 있다. 2004년은 이 신사의 창립 1,200주년. 이를 기념하여 이 신사에서 발간한 『平野神社史(히라노신사의 역사). 2003. 巧美堂』는 이 신사의 역사와 이모저모를 잘 전하여 준다.

우선 이 황태후가 백제 출신이니, 시호에다 백제를 의미하는 '천(天)'을 붙여놓은 것을 확인할 수 있다.

(2) 히라노 신사에서 모시는 신

이 신사에서 모시는 신은 원래

① 이마키 대신(今木大神), ② 쿠도(久度)신, ③ 푸루아키(古開)신

으로서 3신이었는데, 나중에 ④피메(比賣)신이 추가되어 4신이 되었다.

④의 '피메'는 고귀한 여성이라는 의미이므로, 황태후가 여성이라는 뜻

을 나타낼 뿐 별 의미가 없다. 그런데 앞의 3신은 모두 도래 계통의 신으로 보는 것이 정설이다(위 책 22쪽).

① 이마키 대신(今木大神)은 이 신사의 주신 즉 주되는 신이다. '이마키'는 물론 지명 '이마키'에서 유래한 이름이다. 우에타(上田正昭) 선생에 의하면, 원래 환무천황이 즉위 이전 모친 고야신립과 함께 살던 궁에서 모시던 신이었는데, 모친의 사후 히라노 신사를 창건하면서 주신으로 모셨다는 것이다.

그 이전에는 아스카의 이마키 마을에서 모시던 신이었다고 보는 견해가 유력하다고 한다(上田正昭「渡來神の面影(도래신의 모습)」『日本のなかの朝鮮文化 45號(일본 속의 조선문화 45호). 1980』 11쪽).

그런데 이 신의 이름 '이마키'는 지명이다. 신이나 사람이 아니다. 그렇다면 실제로는 어떤 신일까라는 의문이 생긴다. 중세의 국학자 반신우(伴信友)는 이 이마키 대신을 백제의 성왕으로 보았다(『歸化人と社寺(귀화인과 신사, 절). 今井啓一. 1974. 綜藝社』. 60쪽).

② 쿠도(久度)신의 '쿠도'는 원래 부뚜막 혹은 굴뚝을 뜻하는 고대일본어이지만, 여기서는 굴뚝의 의미라 한다. 여성인 황태후를 모시는 신사에 어울리는 신의 이름이다.

부뚜막이나 굴뚝은 4세기의 왜지에는 없던 물건이다. 4세기 말 이후 가야인들이 처음 이를 가져갔는데, 굴뚝을 뜻하는 이 '쿠도'는 고대 한국어이다. 굴뚝을 중세에는 '굴독' 혹은 '굴'이라 하였다. 단음절로 된 '굴'이 보다 고형인 것이 분명하다.

중세어 '굴', '굴독', 고대일본어 '쿠도'를 아울러 생각하여 보면, 고대에는 한국어도 '구도'였을 것이고, 그것이 왜지로 건너가 '쿠도'가 되었을 것이다. 한편 한국에서는 축약되어 '굳'이 되었다가, 다시 '굴'로 변한 것으로 보인다.

'굴독'은 이 '굴'과 '독'의 합성어인데, '독'은 돌이 아닐까?

③ 푸루아키(古開)신은 무슨 의미인가? 누구도 그 의미를 모르고 있다.

'푸루'는 한국어 '불'이다. 부뚜막이나 굴뚝, 부엌은 불이 핵심적인 요소이다. '아키(開)'는 원래 열다는 뜻의 일본어이지만, 여기서는 그런 의미가 아니다.

일본어 '아키라카(明)'는 밝다는 뜻이다. '푸루아키'의 '아키'도 그런 의미일 것이다. 그리하여 이 신의 이름을 의역하면 '불 밝히기'가 된다.

이 신의 다른 이름은 '푸루세키(古關)'. '푸루'는 역시 불이다. '세키(關)'는 관문이라는 의미의 일본어이다. 따라서 이 신은 '불 관문'이라는 뜻이 된다. 앞서 보았듯이 쿠도(久度)신은 굴뚝 외에 부뚜막이라는 의미도 있다. 부뚜막이 바로 불의 관문이 아닐까?

(3) 최고의 신사

중세의 어느 저명한 문인은 자신의 저서에서 이 히라노 신사를 가리켜

「이 조정(本朝)의 종묘(宗廟)」

라 하면서, 조정의 신앙은 다른 신사와는 다르다고 기록하였다 한다(위 『히라노신사의 역사』 24쪽).

「이 조정의 종묘」! 이 신사에 대한 최고의 찬사가 아닐 수 없다. 일본에는 수많은 신사가 있지만, 천황가의 조상을 모시는 사실상의 종묘 역할을 하는 신사라는 의미이다. 여기에는 그 이유가 있다.

여러 기록에 의하면, 981년부터 1179년까지 198년 동안 여러 천황이 19회나 이 신사에 직접 행차하여 참배하였다. 평균 10년에 한번 꼴이다. 그런데 이것은 기록에 남아있는 것이고, 실제로는 이보다 더 많았을 것이라 한다. 천황의 행차에는 수많은 귀족들이 동행하였으므로, 성대한 행렬이 신사까지 이어졌을 것이다(위 책 25쪽).

역대 천황들은 『일본서기』에 나오는 최고의 신이자 천황가의 조상신이라 하는 천조대신의 이세신궁은 외면하고, 번국 백제 출신의 고야신립 황태후를 모시는 이 신사에는 자주 참배하였던 것이다. 이 사실을 주목하여 보자. 천조대신을 천황가의 조상신으로 간주하지 않았다는 좋은 증거 중의 하나이다.

요즘 시중에는 '국민가수'나 '국민 여동생' 등의 말이 유행하고 있다. 아마도 이 황태후는 그 무렵 「(천황가의) 국민 외할머니」가 아니었을까?

천조대신이나 시조 신무가 아니라, 백제 출신의 이 황태후를 친근한 조상으로 모셨던 것을 알 수 있다.

그후 세월이 흘러 중세 무가(武家)시대가 되자, 최고 무사 집안에서 이 신사의 신을 씨신(氏神) 즉 씨족의 신으로 모셨다(위 책 39쪽).

① 이마키 대신(今木大神) : 원(源 미나모토)씨의 씨신
② 쿠도(久度)신 : 평(平 타이라)씨   〃

원씨와 평씨는 모두 환무천황의 후손들이니 이해가 가는 일이다. 그 외 ③푸루아키 신은 1개 씨족, ④피메 신은 4개 씨족의 씨신으로 모셔지게 된다. 이 신사가 「이 조정의 종묘」라는 찬사를 받게 된 것은 이러한 이유도 클 것이다.

3) 나라(奈良)

새로운 수도 「나라」

원래 일본의 수도는 아스카였다. 그러다 710년 원명천황이 인근에 새로운 수도를 건설하여 천도하였는데, 그 이름이 「나라」였다. 그후 환무천황의 시대인 784년 교토로 천도하기까지 일본의 수도로서 번성한 바 있고, 이 시기를 역사학에서는 '나라시대'라 일컫는다.

이 수도를 당시 사람들은 '平城京(평성경)'이라 적고는 '나라노미야코'라 읽었다. '미야코(京)'는 수도를 뜻한다. 수도의 이름 '나라'는 그 범위가 확대되어 현재는 '나라'현이 되었다.

이 '나라'라는 지명은 원래 그곳의 지명으로 존재하던 것일까? 천황의 궁전과 여러 관서 및 귀족들의 주거지가 들어선 도성 전체는 아주 넓은 지역이다. 근대의 이코마(生駒)군 전체에 해당된다. 그런 넓은 지역을 총칭하는 '나라'라는 지명은 원래는 존재하지 않았다. 이 지역을 새로운 수도로 정한 뒤, 새로이 붙인 이름이었다.

새로운 수도의 이름 '나라'는 무슨 의미인가? 일본어로 보자면, 명사 '나라(楢)'는 졸참나무를 뜻한다. 동사 '나라스(乎)'는 평평하게 하다는 의미로서, '나라'는 그 어근으로 볼 수 있다. 이런 의미일까?

「나라」를 한국어로 본 견해

이에 관하여 재일동포 사학자 단희린 선생의 『日本に殘る古代朝鮮(일본에 남은 고대조선. 1976. 創元社』를 보면, 일본 학자들의 견해가 잘 소개되어 있다. 『日本古語大辭典(일본고어대사전)』(松岡靜雄著)에는

「'나라'는 한국어 '나라'로서, 국가라는 의미가 있으므로, 오랜 옛날 이
   땅을 점거하여 붙인 이름일 것이다. 이 말은 우리 나라(일본)에서도 사
   용되었다가 언젠가 사어가 되고 만 것인가? 아니면 대륙계의 이주민만
   사용하였던 것인가?」   (위 책 234쪽에서 재인용)

라 하였는데, 진실에 근접한 견해라 하겠다. 저자는 '나라'라는 말이 원래
일본어였는지, 아니면 한국에서 건너간 사람들이 사용하던 한국어인지 의
문을 품고 있다. '대륙계 이주민'은 한국인을 에둘러 표현하는 말이다. 저
자의 의문에 필자가 답을 한다면 다음과 같다.

「'나라'는 토착왜인의 언어가 아닌 한국어로서, 처음에 가야인이, 이어서
   백제인이 곳곳의 지명으로 붙인 것인데, 토착왜인들의 말에 침투되지
   는 못하고 사어가 되고 말았다」

한편 『日本地名學研究(일본지명학연구)』(中島利一郎 著)는

「조선어 '나라'는 국(國), 평야, 궁전, 왕의 네가지 의미가 있는데, 그 이
   전에 평성(平城 나라)의 땅에 조선인 부락이 있었던 것과 마찬가지로, 현
   재 나라의 동대사 지주신이라는 한국신사(韓國神社)가 있다. 따라서 '나
   라'라는 지명은 처음부터 조선인에 의하여 이름붙여진 것으로 생각된
   다 ……」   (위 책 235쪽에서 재인용)

라 하였다. 여기서 한국어 '나라'에 4가지 의미가 있다고 한 것은 잘못이
다. 국가라는 한 가지 의미밖에 없다. 그러나 처음부터 조선인에 의하여
붙여진 이름이라고 본 것은 탁견이다. 이 조선인은 누구인가? 바로 '나라'

천도를 결정한 백제인인 것이 분명하다.

일본의 수도 '나라'라는 지명은 천도 이후 새로이 만든 지명이라는 점을 유념하지 않으면 안된다. 이전부터 존재하던 지명이 아니다. 그렇게 본다면, 새로운 수도의 이름으로서 졸참나무나 평평하게 하다 따위는 전혀 어울리지 않는다. 이런 의미일 리가 없다. 8세기의 일본어로는 도저히 풀이할 수가 없다.

「나라」는 백제어

새로운 수도의 이름으로서 국가를 뜻하는 한국어 '나라'는 아주 적절하고 근사하다. 그런데 근래에 들어, 일본의 여러 곳에 '나라'라는 지명이 존재한다는 이유로 이 견해는 부정당하고 있다(『地名語源辭典(지명어원사전). 山中襄太. 1978. 校倉書房』 262쪽).

필자는 지명에 아주 관심이 많아 「지명사전」 혹은 「지명어원」 등의 책을 십수권 가지고 있는데, 거의 이런 식으로 '나라'가 한국어라는 사실을 부정하는 것을 볼 수 있다.

일본의 곳곳에 '나라'라는 지명이 많은 것은 사실이다. 『각천일본지명대사전』에 의하면, 수도 '나라'를 제외하고도 9곳의 '나라'가 후쿠오카현에서부터 군마현에 이르기까지 넓은 범위에 분포하고 있다. 그 외에도 '나라하라(楢原 나라 들판)', '나라츠(楢津 나라 항구)' 등 '나라'가 붙은 많은 지명이 전국 곳곳에 보인다. 얼핏 보기에도 100곳은 넘을 것 같다.

4세기 말 이후 금관가야인들을 비롯한 한국 남부지방의 여러 세력들이 앞다투어 왜지로 진출한 바 있다. 그들이 왜지의 곳곳에 무수한 소국을 세운 바 있었는데, 그들 세력의 본거지나 중요한 거점에 국가를 뜻하는 '나라'라는 지명을 붙여 놓은 것이 아닌가 싶다. 새로운 수도의 이름 '나라'와 전혀 다를 바 없다. 일본 곳곳에 분포한 '나라'라는 지명은 고대의 한국인들이 붙인 것이다.

그런데 일본 전국의 수많은 '나라' 지명이 전부 국가를 뜻하는 한국어라고는 생각되지 않는다. 일본어의 의미 그대로 졸참나무가 많이 자생하기에, 혹은 평평한 지형이라서, '나라'라는 지명이 붙은 곳도 꽤 많으리라 생각된다.

여기서 생각할 것은, 새로운 수도로 천도하였을 무렵에도 일본열도의 곳곳에는 '나라'라는 지명이 많이 존재하고 있었고, 천황이나 귀족들도 그러한 사실을 잘 알고 있었을 것이라는 점이다. 그럼에도 불구하고 새로운 수도의 이름을 '나라'라고 붙였던 것이 분명하다. 따라서 일본 여러 곳에 '나라' 지명이 많다고 하여, 한국어 '나라'가 아니라고 보는 견해는 성립할 수 없다.

새로운 수도에 '나라'라는 이름을 붙인 사람이 구체적으로 누구인지 알 수 없지만, 상식적으로 볼 때 당시의 천황이던 원명이었을 것이다. 그는 부여풍의 장남인 천지의 딸이다. 새로운 수도로 옮긴 710년은 백제 멸망으로부터 불과 50년 이후이다. 원명천황이 백제어 '나라'로서 수도 이름을 정하였다 하더라도 전혀 이상할 것이 없고, 아주 자연스러운 일이라 하겠다.

4) 고을

삼국시대의 지방행정제도 가운데에 가장 핵심적인 행정단위가 군(郡)이었다. 그 전통은 현대까지도 이어져 내려오고 있다. 고대의 왜국에서는 7세기에는 '평(評)'이라 하였다가, 702년에 '군'으로 표기를 바꾸었다. 이 '평'이나 '군'을 고대의 일본에서는 고유어로 '커퍼리'라 하였다.

커퍼리 郡 군 [고대 일본어] 군

ᄀᆞᆯ [중세 한국어] 고을

'고을'의 중세어가 'ᄀᆞᆯ'인데, 고형은 '거벌'이었을 것이다. 백제 사람들이 왜국을 통치하면서, 지방행정단위에 백제식 용어를 도입한 것을 알 수 있다.

'고을'의 전신 '거벌'은 왜국으로 건너가 「커퍼리 → 코포리 → 코오리」로 변화되었다. '코리'로 축약된 경우도 있다. 이 말은 일본의 방방곡곡에 '코오리' 혹은 '코리'라는 형태의 지명으로 남았다. 『각천일본지명대사전』을 보면,

① 코오리(郡) : 17곳

② 코오리야마(郡山) : 16곳

③ 코오리가와(郡川) : 4곳

④ 코오리모토(郡元, 郡本) : 4곳

⑤ 코오리무라(郡村) : 3곳

⑥ 코오개(郡家) : 3곳

⑦ 코오사토(郡里) : 2곳

일본 전역에 걸쳐 수많은 지역의 지명으로 사용되었던 것을 알 수 있다. 그 외에도

코오리가리(郡里), 코오리죠우(郡條), 코오리다캐(郡岳), 코오리노코우(郡鄕), 코오리타(郡田), 코오리하라(郡原), 코오노우라(郡浦), 코오즈(郡津).

등 무수한 지명이 지금도 남아있다.

현대 일본어의 '코오리'는 현대 한국어 '고을'과 흡사한 발음인 것도 흥

미룹다. 같은 말이 한일 양국에서 천수백년의 세월을 지나면서 독자적으로 진화하였는데, 그 결과는 거의 같은 발음이었다.

5) 땅을 의미하는「~타(田)」

일본에서 가장 흔한 지명 접미사는 아마도 '~타(田)'일 것이다. 고대에서부터 현대에 이르기까지 무수한 '~타' 지명이 있다.

원래 일본어 '타(田)'는 벼를 경작하는 논을 의미하는 말이다. 그런데 '사카타(坂田)'라는 지명을 보자. '사카(坂)'는 비탈을 뜻하므로, 이 지명은 비탈진 땅이라는 의미인 것이 분명하다. 여기서의 '타(田)'는 논이 아니라 땅을 의미한다. 비탈에는 논을 만들 수가 없다.

이 '타'는 '땅'이다. 졸저 『일본 천황과 귀족의 백제어』에서 본 바 있다 (132쪽). '땅'은 중세에 'ㅅ다'라 하였다. 고대에는 '다'였을 것이다. 바로 이 '다'가 왜국으로 건너가 여러 곳의 지명에 사용된 것이다.

① 야마타(山田) : 산에 있는 땅. 논이 산에 있을 수는 없다.
② 아파타(粟田) : 고대 일본어 '아파(粟)'는 조를 의미. 조를 논에 심을 수는 없다. 조를 심는 땅이라는 의미.
③ 미야코타(京田) : '미야코(京)'는 수도. 수도의 땅
④ 타캐타(竹田) : '타캐(竹)'는 대나무. 대나무가 많은 땅
⑤ 이파타(磐田) : '이파(磐)'는 바위.
⑥ 이캐타(池田) : '이캐(池)'는 연못.

6) 들

백제인들이 가져간「들」

'들'은 원래 넓고 평평한 땅이다. 나아가 농사를 짓는 논이나 밭으로 된 넓은 땅을 뜻하기도 한다. 중세에는 '드르ㅎ'이라 하였으나, 고대에는 '더러'이었다고 추정된다. '더러 → 드르 → 들'로 변화하였을 것이다.

일제강점기의 유명한 학자 카나자와(金澤庄三郞) 선생에 의하면, 이 '덜'이 일본으로 건너가 여러 곳의 지명에 남아있다 한다(『日鮮同祖論(일선동조론). 1943. 汎東洋社)』152쪽).

① 가츠츠루(勝津留) : 오이타현
② 오오츠루(大津留) : 〃
③ 츠루(津留) : 구마모토현

위 세 지명의 '츠루(津留)'는 원래 '투루'였다. 모두 '들'이 건너가 변한 형태라 한다. 뿐 만 아니다.

① 가토리(香取) : 시가현
② 마츠라(松浦) : 사가현
③ 츠루(都留) : 야마나시현

카나자와 선생은 위 세 지명의 '토리'와 '츠라', '츠루'는 모두 '들'이 변한 모습이라 하였다. 이런 지명은 일본의 전역에 다수 존재한다. 다음을 보자.

① 나카즈루(中鶴) : 구마모토 현

② 나가츠루(長鶴) : 시즈오카 현

③ 오오토리(大鳥) : 오사카 부

①, ②의 일본어 '츠루(鶴)'는 원래 두루미를 뜻한다. 그러면 이 두 지명은 '가운데 두루미', '긴 두루미'가 되는데, 그런 의미가 아니다. '가운데 들', '긴 들'인 것이 분명하다.

③의 일본어 '오오(大)'는 크다는 뜻이다. '토리(鳥)'는 새, 고대의 발음은 '터리'였다. 고대 한국어 '덜(즉 들)'을 표기한 것이다. 따라서 이는 '큰 들'이다. 큰 새가 아니다. 일본의 지명이지만 일본어로는 의미가 통하지 않고, 한국어로 해석하여야 그 뜻을 이해할 수가 있다.

츠루 畑 전 [후쿠오카 방언] 밭

후쿠오카 방언 '츠루'는 밭을 뜻한다. 고대에는 '투루'였다. 고대 한국어 '더러'가 변한 형태이다. 한국에서도 '들'은 원래는 평야를 뜻하지만, 넓게 펼쳐진 논이나 밭도 '들'이라 한다.

성무천황 노래의 「들」

일본 최고의 사찰 동대사를 창건한 성무천황(재위 724~749년)은 실존 왜왕 천무와 지통 부부의 증손자이다. 문학적으로도 비범한 재능을 지녔던 인물로 보인다. 그는 『만엽집』에 10수의 작품을 남겼다. 『만엽집』 1539번 노래는 성무의 작품으로서, 여기에 나오는 「들」을 살펴보자

「秋日乃 穗田乎鴈之明 闇尒 夜之穗杼呂尒毛 鳴渡可聞

아키노피노 포타워카리가네 쿠라케쿠니 요노포토로니모 나키와타루카모

가을 낮, 벼 논의 기러기 소리, 어두워졌지만, 밤의 벼 들에도, 울며

건너는구나」

네 번째 구의 '夜之穗杼呂(요노포토로)'에 나오는 '토로(杼呂)'는 당시 발음으로 '터러'였다. 이것이 바로 '들'이다. 앞의 '포(穗)'가 벼이므로, '포터러'는 '벼 들'이라는 의미가 된다. 벼를 뜻하는 '포'에 관하여는 뒤에서 자세히 보기로 하자(237쪽).

두 번째 구에 보이는 '포타(穗田)'는 '벼 논'이라는 의미인데, '포터러' 즉 '벼 들'과 대를 이루고 있다. 이 '포터러'의 정확한 의미를 아는 사람은 일본에는 없는 것으로 보인다.

그 의미를 알 수 없다고 실토하는 학자도 있고, 새벽의 희뿌염을 의미한다고 보는 견해도 있으나(『萬葉集釋注 四(만엽집석주) 4. 伊藤博. 1996. 集英社』609쪽), 그런 의미가 아니다. '포타' 즉 '벼 논'과 대를 이루는 '포터러', 이는 '벼 들'일 수밖에 없다.

7) 골

한국에는 '~골'이라는 지명이 지금도 전국 곳곳에 무수하게 남아있다. 골짜기라는 의미이다. 전통적으로 한국의 마을은 산을 등지고 골짜기를 따라 발달하였기에, 마을 이름으로서 '~골'이 옛적부터 애용되었던 모양이다.

『삼국사기』를 보면 고구려에 '~忽(홀)'이라는 지명이 여럿 보인다. 이것이 바로 '~골'의 표기이다. 고구려 사람들도 '~골'이라는 지명을 즐겨 사용하였던 모양이다. 카나자와 선생의 『일선동조론』을 보면(150쪽)

카마쿠라(鎌倉) : 가나카와현

위 지명의 '쿠라'는 바로 골짜기의 의미라 한다. 이 지명의 '카마(竈 조)'는 가마솥을 뜻하고, '쿠라'는 '골' 즉 골짜기이니 가마솥 모양의 골짜기라는 의미라 한다. 한국에도 '가마골'이라는 지명이 드물지 않다.

일본 전역에는 '~쿠라'라는 지명이 수없이 보인다.

① 오오쿠라(大倉, 大藏) : 30여곳

② 오쿠라(小倉) : 〃

③ 아사쿠라(朝倉) : 20여곳

④ 카타쿠라(片倉) : 3곳

⑤ 카마쿠라(鎌倉) : 10여곳

⑥ 이와쿠라(岩倉) : 13곳

8) 골짜기를 뜻하는 「~실」

'실'은 골짜기를 뜻하는 한국의 고유어이다. '시내'는 '실내'가 변한 말로서, 골짜기에서 흘러나오는 내라는 의미이다. '실바람'은 골짜기에서 불어오는 바람을 뜻한다.

한국에는 '~실'이라는 지명이 무수하게 존재하고 있다. 골짜기의 지형이 가마와 닮았다고 하여 '가마실', 닭과 비슷하여 '닭실', 계곡물이 풍부하다고 '무실' 등이다. 그 외에도 '안실', '새실', '숲실' 등 수많은 '~실'이 있다.

이 '실'을 백제인들이 일본어로 가져가 '~시리'라 하였다. 일본에는 무수한 '~시리'가 지금도 남아있다. 원래 일본어 '시리(尻)'는 엉덩이 혹은 뒤를 뜻하는데, 골짜기를 뜻하는 한국어 '실'을 이렇게 표기하였다. '시리'

가 탁음으로 변하여 '지리'로 되는 경우도 많다.

① 시오지리(鹽尻, 소금실)

② 오오지리(大尻, 큰 실)

③ 타캐지리(竹尻, 대나무 실)

④ 타키노시리(瀧尻, 폭포 실)

⑤ 우마지리(馬尻, 말 실)

9) 멧부리

산의 가장 높은 꼭대기 즉 봉우리를 '멧부리'라 한다. 중세에는 산을 '뫼'라 하였는데, 그것이 변하여 '메'가 되었다.

'부리'는 물건의 뾰족한 부분을 뜻한다. 앞서 본 마을을 뜻하는 '부리'와는 발음은 같으나 다른 말이다. 일본에는 여러 산의 이름에 이 '부리'가 붙어 있다. 산봉우리는 대체로 뾰족하게 생겼기에 이런 이름을 붙였을 것이다. 백제 혹은 가야인들이 붙인 이름이다.

① 세후리산(脊振山)산 : 후쿠오카현

② 하타후리야마(旗振山) :   〃

③   〃   〃   : 효고현

④ 키부리야마(來振山) : 기후현

10) 산마루

산이 많은 일본에서 가장 흔한 산 이름은 무엇일까? 아마도 '마루야마

(丸山)'가 아닌가 싶다. 일본어 '마루(丸)'는 둥글다는 의미의 형용사이므로, 이 산이름은 '둥근 산'이라는 의미가 된다.

그리고 일본에는 한자표기만 다른 '마루야마(圓山)'가 있다. 이 '마루(圓)' 또한 둥글다는 뜻이므로 같은 의미이다. 『각천일본지명대사전』에서 확인하여 보니, 일본 전역에 45곳의 '마루야마(丸山)', 13곳의 '마루야마(圓山)', 도합 58곳의 '마루야마'가 존재하였다.

일본에는 이렇듯 '둥근 산'이 많은 것일까? 산은 일반적으로 봉우리가 뾰족하지만, 아주 드물게 둥근 모양의 봉우리를 가진 산들이 있기는 하다. 그런데 일본에는 유독 둥근 모양의 산이 많을까? 그럴 리가 없다. 이 '마루'는 둥글다는 의미의 일본어 '마루(丸, 圓)'가 아니다.

한국어 '산마루'의 '마루'는 산의 꼭대기를 뜻한다. '마루'는 산이나 지붕 등의 가장 높은 부분을 의미하는 말이다. 일본의 산이름 '마루야마'의 '마루'는 바로 이 '마루'이다. 다음 일본 방언을 보면, '마루'라는 한국어가 고대에 왜로 들어갔다는 사실을 알 수 있다.

마루 丸 [가나카와 방언] 초가지붕의 꼭대기

타카**마루** 高所 고소 [구마모토 방언] 높은 곳

타카 高 [일본어] 높다

마루 [한국어] 꼭대기

가나카와 방언 '마루'는 초가지붕의 꼭대기이다.

구마모토 방언 '타카마루'는 '높은 마루'라는 의미이다.

두 방언의 '마루'는 둥글다는 의미의 '마루'가 아니다. 꼭대기를 뜻하는 한국어 '마루'인 것이 분명하다.

마루야마 [니이가타 방언] 원뿔 모양의 산

봉우리가 원뿔 모양으로 뾰족하게 생긴 산을 니이가타방언에서 '마루야마'라 한다. 봉우리가 둥근 산이 아니다. 뾰족한 산인 것을 유념하자. 이 '마루'는 바로 한국어 '마루'인 것이 분명하다.

이 '마루'는 중세에는 'ᄆᆞᄅᆞ'라 하였는데, 고대에는 오히려 현대어와 동일한 '마루'였던 것으로 추정된다. 필자가 '마루야마'의 '마루'를 한국어 '마루'라고 생각하게 된 결정적인 단서를 제공한 것은 다음 산의 봉우리 모습이다.

타카**마루**야마(高丸山) : 도쿠시마현

이 산은 높이 1,438m의 큰 산으로서, 웅장한 위용을 자랑한다. 『각천일본지명대사전』에는 이 산의 사진이 실려 있다. 그 봉우리는 흔하게 볼 수 있는 뾰족한 모양이다. 이름은 '둥근 산'이지만, 실제 이 산은 뾰족한 모습의 일반적인 봉우리를 가지고 있다. 이 산 역시 '높은 마루'가 원래의 의미이다.

11) 모루(牟婁)

백제에는 '모루'라는 지명이 있었고, 백제인들이 이를 왜국으로 가져갔다. 광개토대왕 비문에

「**모루**성(牟婁城), 고**모루**성(古牟婁城), **모로**성(牟盧城), 구**모로**성(臼牟盧城), 각**모로**성(各牟盧城)」

등의 지명이 보이는데, 모두 광개토대왕이 백제를 공격하면서 공취한 백제의 성들이다. 거슬러 올라가면『삼국지』「동이전」의 한(韓)조에 보이는,

「자리**모로**국(咨離牟盧國), **모로**비리국(牟盧卑離國)」

등의 국명에 붙은 '모로'와 같은 어원일 것이다. 고대 한국인들이 애용하던 지명 혹은 국명인 것을 알 수 있다.

『일본서기』지통 6년(692년) 5월조에는「기이국(紀伊國)의 **모루**군(牟婁郡)」이라는 지명이 보인다. '기이국'은 현재의 와카야마현이다. 바로 인접한 미에 현에는 근세까지도

「동**모루**군(東牟婁郡), 서**모루**군(西牟婁郡), 남**모루**군(南牟婁郡)」

이라는 지명이 사용된 바 있다.

그리고 8세기의 대화국, 즉 현재의 나라현 갈상군(葛上郡)에도 '**모루**향(牟婁鄕)'이 있었고 지금도 남아있다.

이 외에도 일본 전국에는 수많은 '모루' 지명이 남아있다. 그런데 이 '모루'는 고대 이래 일본에서 그 발음이「무로」였다. 고대의 한국에서도 이 지명을 '무로'라 하였는지, 아니면 현대 한국어의 발음처럼 '모루'라 하였는지는 확실치 않다. 아마도 고대 일본의 발음이 백제어의 원형을 그대로 간직하고 있는게 아닌가 싶다.

지명의 이 '무로'라는 발음을 일본에서는 '실(室)'이라는 한자로 표기하는 경우가 많다. 일본어 '무로(室)'가 방을 의미하므로 이렇게 표기하고 있다.

그런데 지명에서 사람이 인공적으로 만든 '방'이라는 의미가 나올 리가

없다. 따라서 지명표기의 '무로'는 그 의미를 나타내는 것이 아니라, 백제어 '모루'를 나타내기 위한 표기인 것을 알 수 있다 .『각천일본지명대사전』에 나오는 '무로' 계통의 지명을 보면,

① 무로(室, 牟呂) : 12곳

② 무로하라(室原) : 7곳

③ 무로다(室田) : 5곳

④ 무로타니(室谷) : 3곳

⑤ 무로츠(室津) : 4곳

⑥ 야마무로(山室) : 11곳

등 전국에 걸쳐 100곳이 넘는 '무로' 지명을 찾을 수 있다.

12) 어떻게 백제풍의 지명을 붙였을까?

일제강점기에 일본인들이 마음대로 일본식 지명을 붙였던 것은 앞서 본 바 있다. 백제인들이 왜지에 수많은 백제풍의 지명을 붙인 것과 마찬가지이만, 구체적으로 살펴보면 상당한 차이를 느낄 수 있다.

즉 일제강점기의 일본인들은 주로 행정권력을 이용하여, 행정구역 개편 등의 방법으로 일본풍의 지명을 붙였던 것이다. 이와 달리 일본인들이 다수 모여 살면서, 그들의 입에서 입으로 전해지던 일본풍의 지명이 정착하였다는 사례는 필자가 아는 한 없다. 한국인들의 반일감정이 이를 용납할리가 없었을 것이다.

이에 반하여 백제인들은 행정권력보다는 수많은 백제인들이 밀집하여 모여 살면서, 입에서 입으로 붙인 백제풍의 지명이 훨씬 많다. 가령 아스

카와 오사카의 '백제천', '백제야', 여러 곳의 마을 이름 '이마키(今來)' 등
이 대표적인 사례라 하겠다.

　물론 '백제군'이나 '이마키군'과 같은 경우는 행정권력으로 백제풍의 지
명을 붙인 경우인데, 이런 사례는 흔하지는 않다.

6장 ─────

왜국 지배층의 언어, 백제어

1. 지배층의 공용어는 백제어

지배층의 공용어 백제어

6~7세기, 왜국을 통치한 왜왕은 백제에서 파견한 왕자였고, 귀족들 또한 백제인 혹은 그 후예들이었다. 즉 왜왕 이하 지배층은 백제 출신이었다. 물론 도왜한지 오래된 가야 출신들도 일부 포함되어 있었다. 그러면 지배층인 백제인 혹은 그 후예들은 무슨 언어를 사용하였을까? 토착왜인들의 언어인 왜어를 재빨리 배워, 이 말을 사용하였을까? 그렇지 않다. 왜국 지배층의 공용어는 왜어가 아니라 백제어였을 것이다.

필자는 졸저 『천황과 귀족의 백제어』와 『일본열도의 백제어』를 출간한 바 있다. 전자는 주로 『일본서기』와 『고사기』, 『만엽집』, 『풍토기』, 즉 8세기 일본의 문헌에 나오는 백제어, 그리고 후자는 일본열도의 방언과 중앙어에 남은 백제어를 각각 다루었다.

여기에는 무수한 백제어가 나오고 있을 뿐만 아니라, 지면관계상 책에 신지 못하여 필자의 컴퓨터에 잠들어 있는 백제어도 많다. 이는 백제 멸망 이전 왜국 지배층의 공용어가 백제어였다는 사실을 알려 준다. 뒤에서 보는 몇몇 백제어들은 극히 일부에 불과하다.

그러다 660년, 전혀 뜻하지 아니하게 모국 백제가 멸망하고 말았다. 왜국의 백제인들은 이제 백제의 속국 '왜국'에서 벗어나 독립국 '일본'으로 탈바꿈하는 길을 선택하였다.

그리하여 새로운 국호를 일본으로 정하고, 기본적인 법률인 율령을 제정하였으며, 백성들의 호적도 만들었다. 그러면서 백제가 왜를 지배한 역사를 삭제하고, 붓끝으로 창작한 역사를 기록한 『고사기』와 『일본서기』를 편찬하였다. 왜국의 백제인들은 백제인으로서의 정체성을 버리고, 스스로 왜인화의 길을 선택하였던 것이다.

그리하여 최소한으로 잡아도 『고사기』와 『일본서기』가 나온 720년 무렵에는, 지배층의 언어로서 백제어는 물러가고 일본어가 그 자리를 차지하였던 것이 확실하다. 아마도 700년을 전후한 어느 시기에, 백제어 대신 일본어를 공용어로 한다는 조정의 공식적인 명령 혹은 지침 같은 것이 시행되었던 것이 아닌가 싶다. 8세기 일본 지배층의 언어생활을 알려주는 『만엽집』의 노래들이 기본적으로 8세기의 일본어로 되어있기 때문이다.

그렇지만 『만엽집』에 실린 4천5백여수의 노래들을 보면, 무수한 백제어가 포함되어 있다. 따라서 8세기 천황을 포함한 일본 귀족들은 단 한명의 예외도 없이 백제어에도 능통하였던 사실을 확인할 수 있다. 어릴때부터 지배층의 가정에서는 부모가 자식에게 백제어를 철저하게 교육하였던 모양이다.

통역관

백제 멸망 이전 왜국 지배층의 공용어가 백제어였다는 또 하나의 증거는 왜국에 수많은 통역관이 존재하였다는 점이다.

『신찬성씨록』 산성국 황별편을 보면, '워사(曰佐)'라는 씨족의 유래에 관한 기사가 보인다. 요점만 살펴보면,

① 왜왕 흠명의 때에 동족 4인과 국민 35인을 이끌고 귀화하였다.
② 왜왕이 그들이 멀리서 온 것을 가상하게 여겨 39인의 통역관으로 삼았다. 사람들이 '워사(曰佐)'라 이름 붙였다.
③ 이들은 근강국의 야주군, 산대국의 상락군, 대화국의 첨상군 세 지방 워사씨의 조상이 되었다

왜왕 흠명은 물론 가공인물이라 의미가 없다. 위 기사의 39명의 통역관이라는 기사를 주목하여 보자. 실제로는 이보다 훨씬 많았을 것이다. 아주 많은 수의 통역관이 존재하였던 사실을 이렇게 표현하였다고 생각된다.

그리고 이 통역관은 수도 아스카에만 존재하였던 것이 아니다. 위 기사에서는 세 지방에 살았다고 하였다. 그 중에서 '근강국'은 수도권 바깥이지만, 백제 멸망 이전에도 수많은 백제인들이 정착한 바 있다.

또한 이 통역관들은 지위가 높았다. 이들이 천황과 동족이라는 '황별'편에 등재된 것을 보라. 한편 『신찬성씨록』 하내국 제번편에도 세 워사씨가 보인다. 이들은 황별이 아니라 오랑캐인 '제번(諸蕃)'으로 되어있다. 하(下)워사, 상(上)워사, 조(調)워사가 그들이다. 신분이 높은 통역관도 있었고, 높지 않은 통역관도 다수 존재하였다고 해석할 수 있다.

앞서 백제의 곤지 왕자들을 비롯한 여러 왕자들이 오랜 세월동안 계속하여 왜국으로 건너가 왜왕으로 부임하였던 사실을 보았는데, 이들이 처

음부터 왜어를 해득하였을 리는 만무하다. 그리고 이 왕자들을 시종하여 왜로 건너갔던 여러 신하들, 또한 수시로 도왜하였던 수많은 학자, 관리, 승려, 기술자들, 이들을 위하여 많은 통역관이 필요할 수밖에 없었을 것이다.

지배층은 백제인들이었지만, 아마도 말단 관리는 토착왜인들이 차지하였을 가능성이 있다. 그리고 밥을 짓고 빨래하는 하녀, 잔심부름하는 하인, 건축 현장의 일꾼들, 이런 하층의 피지배층은 대부분 토착왜인들이었을 것이고, 이들이 백제어를 능숙하게 구사하였을 리는 없다. 수많은 통역관이 필요하였던 것은 이런 이유일 것이다.

통역관을 뜻하는 고대 일본어 '워사(長 장)'는 원래 우두머리 혹은 수장이라는 의미였다. 한자표기 '長(장)'이 원래의 의미를 잘 나타내주고 있다. 그런데 이 말이 통역관을 뜻하기도 하였다.

생각해보면, '워사'라는 말은 원래부터 왜어에 있던 고유어였을 것이다. 그후 백제인이 왜국을 지배하면서 '통역관'이라는 직업이 생겼는데, 이를 지칭할 마땅한 말이 없어, 우두머리를 의미하는 '워사'를 여기에 붙인 것이 아닌가 생각된다. 하인이나 일꾼 등 지휘를 받는 토착왜인들의 눈으로 본다면, 통역관인 '워사'는 아주 지위가 높은 사람 즉 우두머리였기에 이런 이름을 붙였으리라.

불교 사찰의 공용어 백제어

불교는 백제에서 전파한 종교이므로, 사찰에서는 백제어가 통용되었을 것이다. 타무라(田村圓澄) 선생의 다음과 같은 발언을 주목하여 보자.

「아스카 시대의 스님들은 사원 내에서 어느 나라의 말을 사용하였을까?

조선반도 삼국의 말 가운데 백제의 언어는 '한어(韓語)'라 하였는데, 가
령 경전의 독송은 말할 것도 없고, 불교 경전의 강의, 혹은 불사나 법
회의 지시 따위의 일상어는, 비조사(飛鳥寺) 등에 있어서는 '한어'가 사
용되지 않았을까?

혜자, 혜총, 관륵 등의 불교계를 지도하는 스님이 조선반도에서 도래한
스님이고, 또한 불교 그 자체가 타국의 가르침이라는 인식이 있었으므
로, 지도적인 도래승이 사는 비조사 등에서는 '한어'가 공용어로서 사용
되었다고 생각된다」

(『古代朝鮮佛敎と日本佛敎(고대조선 불교와 일본 불교). 1985. 吉川弘文館』66쪽)

불교의 지도자, 즉 불교의 모든 것에 통달한 스님들이 백제에서 건너갔
으므로, 아스카의 큰 절에서는 백제어가 통용되었을 것으로 보았다. 당시
의 상황을 간파한 견해라 하겠다. 어디 불교 뿐이랴. 세속에서도 왜왕을
비롯한 지배층은 백제인 혹은 그 후예들이었으므로, 당연히 백제어가 공
용어의 위치를 점하고 있었을 것이다.

『만엽집』은 한국어로 해독할 수 없다

8세기 일본 지배층의 언어생활을 분명하게 알 수 있는 자료는 『만엽집』
이다. 여기에 실린 노래들은 기본적으로 8세기의 일본어로 되어있다. 한
자의 훈과 음을 빌어 당시의 일본어를 표기하였는데, 신라의 향가와 그 표
기방법이 흡사하다.

그런데 이 『만엽집』의 노래들이 전부 한국어로 되어있다고 주장하면서,
이를 고대한국어도 아닌 현대한국어로 쉽고도 편하게 술술 해독하여 내는
사람들이 있다. 참으로 기가 막힌 일이 아닐 수 없다.

백제가 멸망한 이후, 왜국 지배층이던 백제인들은 모든 면에서 급격하게 「탈백제화」, 「일본화」 정책을 추진, 시행하고 있었다. 국호도 일본으로 바꾸고, 새로운 율령, 관위제, 호적, 학교, 역사서 등 속국이 아니라 독립국 일본으로 탈바꿈하려고 혼신의 노력을 기울였던 것이다.

지배층의 공용어도 백제어에서 왜어로 바꾸었다. 통역관도 이제 필요가 없게 되었다. 물론 그들이 백제어를 완전히 버린 것은 아니고, 백제어에 능통하였음에도 공적으로는 일본어를 공용어로 사용하였던 것이다.

따라서 『만엽집』의 노래들도 기본적으로 당시의 일본어로 되어있다. 그렇지만 백제어와 일본어의 같은 발음을 이용한 언어의 유희 등의 수법으로 수많은 백제어를 숨겨놓은 것은 사실이다. 그러나 4천5백여 수나 되는 전체 만엽가에 나오는 어휘의 총수와 대비하여 보면, 이는 극히 일부에 불과하다.

『만엽집』의 노래는 한국어로는 절대 풀 수가 없다. 8세기의 일본어로 된 노래이고, 더구나 이를 한자의 음과 훈으로 표기하였기 때문이다. 또한 8세기의 일본어는 문법과 어휘, 발음, 모든 면에서 현대 일본어와는 큰 차이가 있다. 따라서 이 분야의 교육을 받지 아니한 현대 일본인도 만엽가를 전혀 해독할 수 없다. 신라의 향가를 현대 한국인들이 해독할 수 없는 것과 같은 맥락이다.

만엽가를 현대한국어로 해독한다는 것은 신라의 향가를 현대일본어로 풀어내는 것과 전혀 다를 바 없다.

2. 일본어 속의 수많은 백제어

한국은 근세에 일본의 지배를 받은 바 있다. 그래서 현대의 한국어에는 무수한 일본어의 잔재가 숨어있다. 참으로 안타까운 일은 근대의 새로운 문물을 한국이 독자적으로 수용하지 못하였고, 일본의 지배를 받던 그 시기에 일본을 통하여 받아들이게 되었다는 점이다. 그리하여 새로운 문물에 관한 모든 용어는 일본인들의 그것을 사용하게 되었던 것이다.

정부, 국회, 법원, 장관, 차관, 국장, 과장, 회사, 은행, 보험, 민법, 형법, 계약, 채권, 사기죄, 경찰서, 호적등본, 물리, 화학, 분자, 원자, 방정식, 함수, 전기, 사단, 연대, 참모, 기관총, 병원, 수술, 외과, 내과, 관광.

이 모든 것이 일본인들이 만든 용어이다. 이런 용어들은 지금에 와서는 일본풍이라 하여 바꿀 수도 없을 정도로 고착화되고 말았다. 그러나 고대에는 그 반대였다. 백제 사람들의 언어인 백제어로 된 온갖 말들이 일본에서 통용되었던 것이다. 졸저 『천황과 귀족의 백제어』와 『일본열도의 백제어』에서 상세하게 보았다. 현대의 일본인들이 자신들 고유의 일본어로 알고 있는 여러 낱말들이 그 뿌리는 백제어에 닿아있는 경우가 많다. 여기서는 대표적인 말들을 살펴보기로 한다.

사무라이

무사를 뜻하는 '사무라이'는 세계에 널리 알려진 유명한 일본어이다.

그런데 이 '사무라이'는 원래 무사를 의미하는 말이 아니었다. 고대에는 이 말이 귀인을 모시면서, 잡일과 심부름도 하고 위급할 때에는 경호도 하는 사람을 뜻하였다. 한자로 '시(侍)' 혹은 '후(候)'로 표기하였는데, '시(侍)'는 '모실 시'이고, '후(候)'는 살피다 혹은 망보다는 의미이다. 두 한자표기가 이 고대 일본어의 의미를 잘 나타내 주고 있다.

원래 '사모라푸(侍, 候)'라는 동사가 귀인의 측근에 대기하여 모시면서 지키다는 의미였고, 그 명사형인 '사모라피'가 그러한 일을 하는 사람이라는 뜻이었다. 무예를 전문으로 하는 무사라는 의미는 전혀 없었던 것을 유념하여 보자.

그러다 '사모라피 → 사부라피 → 사무라피 → 사무라이'로 발음이 변화되었고, 중세에 접어들어 의미도 무사로 바뀌게 되었다.

고대의 일본에는 '무사'라는 직업이 존재하지 않았다. 농사를 짓지 않고 무예 수련만을 전업으로 하는 '무사'와 그 단체인 '무사단(武士團)'은 10세기 이후 비로소 나타났다. 전에 없던 새로운 직업인 셈이다. 이러한 신종 직업인 무사에게, 언중들은 새로운 이름을 붙인 것이 아니고, 종전에 있던 말 중에서 가장 비슷한 '사부라피'라는 이름으로 불렀던 것이다. 등장한지 얼마되지도 아니한 신종직업에 종사한 무사들이 점점 세력을 키워, 나중에는 무가시대를 열었고 정권을 장악하기까지 이르렀다.

그런데 '사부라피'와 흡사한 말이 경남 창원의 방언에 남아있다.

사부라피 侍 시, 候 후 [고대 일본어] 귀인을 측근에서 모시는 사람
사부리 [창원 방언] 부잣집 일을 보는 사람

김정대 선생의 『경남 창원 지역의 언어와 생활(2007). 태학사』에 의하면, 창원 방언 '사부리'는 부잣집 일을 보는 사람을 뜻한다(183쪽). 소작인이 추수하여 타작할 때, 이 '사부리'가 어김없이 나타나 수확량을 속이는지의 여부를 감시하였다는 것이다. 지주의 명을 받들어 소작인을 관리, 감독하

는 일을 하였던 모양이다.

'사부라피'의 어근 '사부라'와 창원방언 '사부리'는 의미와 발음이 흡사하다. 아마도 창원에는 고대에 '사불다'라는 동사가 있었을 것이다. 원래는 '사부라다'였는데, 축약되어 '사불다'로 된 것이 아닐까?

어근 '사불'에 사람을 뜻하는 '이'가 결합되어 '사부리'가 된 것으로 짐작된다. 이 말은 고대의 한국에서 널리 사용되었던 것으로 보이지만 사어가 되어 사라지고, 창원 지역에만 간신히 살아남은 모양이다.

그런데 일본과는 달리 한국에는 무사라는 새로운 직업이 생긴 바도 없었고, 또한 평화가 장기간 계속되었으므로, 창원에서는 부잣집 일 보는 사람이라는 의미로 바뀌게 되었을 것이다. 현대 일본어 '사무라이'보다는 창원 방언 '사부리'가 원래의 의미에 가깝다.

일본어 '사무라이'가 한국어 '싸울 아비'에서 유래하였다고 주장하는 사람도 있으나, 고대 일본어를 모르는 데에서 나온 억측이다. '사무라이'는 원래 '싸우는 사람'이라는 의미가 아니었기 때문이다. '귀인을 가까이에서 모시는 사람'이 원래의 의미였다.

스시(壽司)

일본을 대표하는 음식인 '스시'는 세계에 널리 알려져, 미국이나 유럽에도 애호가가 많다. 한국에도 수많은 스시 가게가 성업 중이다. 한국 사람들은 스시는 순수한 일본 음식이지 한국과는 전혀 관련이 없는 것이라고 생각하고 있으나, 전혀 그렇지 않다.

우리가 아는 스시, 즉 밥을 둥글게 만 위에다 생선회 조각을 덧붙이는 형태의 그것은 역사가 백여년에 불과하고, 고대의 스시는 전혀 달랐다. 『일본국어대사전』에 의하면, 고대 일본의 스시는 생선이나 조개류를 소금에 절여 자연발효시킨 음식이었다 한다. 이러한 음식은 한국에도 아주 오래전부터 존재하였다. 바로 '젓'이 그것이다. 현대 한국 사람들이 맛있게 먹는 멸치젓, 새우젓, 따위의 '젓'이다.

조사(助史) : 신라 목간

신라의 수도 경주 안압지에서 발견된 목간에 나오는 '조사(助史)', 신라 사람들은 '젓'을 이렇게 표기하였다.

'조(助)'라는 한자의 중고음은 'dzʃo' 혹은 'dzʃwo'였으므로, 신라음은 '조'였다고 생각된다. 현대음과 동일하다. '사(史)'는 현대어와는 날리 '시'라는 발음이었다. 따라서 신라 사람들은 '젓'을 '조시'로 발음하였다고 볼 수 있는데, 이것이 변하여 '젓'이 된 것이다. '젓'은 중세에도 같은 발음이었다. 그러면 통일 이전 삼국시대 신라에서는 어떠하였을까?

현대 한국어의 'ㅈ' 자음은 고대에는 대부분 'ㄷ'이었고, 일부는 'ㅅ'이었다는 점을 생각한다면, 이 '조시'는 원래 '소시'였을 가능성이 크다.

그런데 현대일본어 '스시'는 고대에 <u>수시</u>였다.

수시 [고대일본어]

조시 [신라어]

신라어 '<u>조시</u>'는 고대일본어 '<u>수시</u>'와 발음이 흡사하고, 의미는 동일하다. 백제의 발음도 신라의 '조시'와 별로 다르지 않았을 것이고, 백제인들이 '조시' 이전 단계의 '소시'를 왜로 가져간 것으로 생각된다.

어머니(母)

일본어 중에는 고대에는 아주 흔하게 사용되었으나 지금은 완전한 사어가 되어 쓰이지 않고 있는 말들이 많이 있다. 그 중의 하나가 '오모(母 모)'로서, 어머니를 의미한다. 고대의 정확한 발음은 '어머'였다.

원래 일본의 고어에서 어머니는 '파파(母)'라 하였지만, '오모'는 어머니를 좀 더 친근하게 부르는 말이고, 유아어로도 사용되었다.

어머 母 [고대 일본어] 어머니
어머니 [한국어]
어메, **오메** [전라, 경상방언] 〃

일본의 고어 '어머'는 한국 사람들에게는 아주 친숙한 말이다. 바로 현대어 '어머니'나 전라, 경상방언 '어메' 혹은 '오메'와도 흡사하다. 굳이 설명이 필요가 없다. 친근하고 정감있는 말 '어머'는 백제인들이 가져간 것이 분명하다. 이 말에서 백제인들은 모국 백제에 두고 온 그립고도 그리운 어머니를 생각하였을 것이다.

한국에서는 어머니의 대를 이루는 아버지가 있다. 그런데 고대의 왜국에서는 '어머'만 있고, 그와 대를 이루는 아버지를 의미하는 말이 존재하지 않았다. 대응의 짝이 없는 '어머', 이 사실만 보더라도 이 말은 백제어인 것이 분명하다. 백제인들이 아버지에 해당하는 말은 왜국에서는 별로 사용하지 않았던 모양이다. 고대의 기록에도 보이지 않는다.

오미 [미에 방언] 어머니
어미 [중세 한국어] 〃

미에는 나라(奈良)의 바로 동쪽에 인접한 현으로서, 이곳의 방언 '오미'는 그대로 중세 한국어 '어미'와 닮았다.

우메 [시가, 시즈오카, 니이가타 방언] 어머니
우마 [나라, 교토, 미에, 기후, 야마가타 방언] 〃
어메, **오메** [전라, 경상방언]

시가(慈賀) 일원의 방언 '우메'는 전라도와 경상도의 방언 '오메' 또는 '어메'를 연상케 한다.
나라 일원에서는 '우마'라 한다. '우메'보다 이 형태가 더 고형이다.

피

몸의 '피'는 중세에도 같은 발음이었다. 격음이 없던 고대에는 '비'였을 것이다. 백제인들이 이 말을 왜국으로 가져가 널리 사용되었다. 일본어로는 '치(血)', 고대에는 '티'였다. 먼저 일본의 방언에 남은 '피'를 보자.

히 月經 월경 [도쿠시마, 가가와, 히로시마, 시마네, 효고, 니이가타,
야마가타 방언] 여성의 월경

많은 지방의 방언에서 여성의 월경을 '히'라 하는데, 고대에는 '피'였다. 월경은 바로 '피'이다. 발음과 의미가 완벽하게 일치하고 있다.

피도마리 經水止 경수지 [고대 일본어] 월경이 멈추는 것

월경이 멈추는 것을 의미하는 고어 '피도마리'의 '피' 역시 '피'이다.

피 肥 비 [고사기] 피로 물든 강의 이름
피 [한국어]

『고사기』를 보면 수사노가 「비하(肥河 피가와)」라는 이름의 강에서 머리가 여덟 개 달린 괴물 뱀을 퇴치하는 영웅담이 나온다. 뱀이 여덟 개의 술통에 든 술을 잔뜩 마시고 취하게 되자, 수사노가 칼을 뽑아 뱀의 머리를 모두 잘랐더니, 강이 피로 물들었다 한다. 원문은 이렇다.

肥河 血變之流(비하 혈변지류)
비강, **피**로 변하여 흘렀다

강의 이름이 '피(肥)'인데, 뱀의 '피'로 변하여 흘렀다는 것이다. 강의 이름 '피'와 백제어 '피'를 이용한 교묘한 언어의 유희이다.

이 강은 상상 속의 존재가 아니라 고대의 이즈모(出雲 출운)라는 곳에 실존하였던 강이며, 현재의 시마네 현 '피이가와(斐伊川 비이천)'이다. 강 이름의 한자표기가 바뀌었을 뿐이다.

피투기 日嗣 일사 [고대 일본어] 왕위를 잇는 것
투기 繼 계 [〃] 잇기

고대 일본어 '피투기'는 천황의 등극 순서, 혹은 천황 자리를 이을 계승자를 뜻하였고, 의미가 발전하여 천황의 자리라는 뜻도 있었다. 무슨 말인가? '투기(繼 계)', 현대어 '츠기'는 잇기라는 뜻이다.

그런데 '피'는 무엇인가? 하늘의 해를 뜻하는 고대일본어 '피(日)'로 보는 견해도 있다. 그러면 이는 '해 잇기'라는 의미가 되는데, 해를 어떻게 잇는단 말인가? 그런 의미가 아니다. 바로 한국어 '피'이다. 따라서 이 말은 '피 잇기'이다. 대대로 피를 이어 천황의 자리를 물려받는다는 의미인 것이 분명하다. 중요한 궁중의 용어가 백제어로 된 것을 알 수 있다.

아마투**피**투기(天津日繼 천진일계)

『고사기』에는 앞에 '아마투(天津)'라는 말을 붙인 '아마투피투기(天津日繼 천진일계)'라는 말도 보인다. '아마(天)'는 하늘이고, '투(津)'는 '~의'라는 의미인 고대의 조사이다. 즉 「하늘의 피 잇기」이다.

그런데 여기서의 하늘 역시 백제이다. 따라서 이 말은 「백제의 피 잇기」라는 의미가 된다. '피 잇기' 즉 천황의 자리를 잇는다는 것은 다름아닌 「백제의 피 잇기」라고 8세기의 백제인들은 생각하였던 것이다.

비

하늘에서 내리는 '비'는 중세에도 같은 발음이었다. 백제 시대에도 다를 바 없었을 것이다. 백제인들이 이 '비'를 왜국으로 가져갔다. 다음 방언을 보자.

① 히후리 雨乞 우걸 [나라 방언] 기우제
② 오히마치   〃   [가가와 방언]   〃

두 방언은 모두 날이 가물 때, 비 내리기를 기원하는 기우제를 뜻한다.

나라 방언 ①히후리의 고어는 '피푸리'였다. '피'는 '비'이고, '푸리'는 부르다는 뜻이다. '부르다'를 전라, 경상방언에서는 '부리다'라 한다. 그 어근 '부리'로서 명사이다. 즉 이 방언은 '비 부르기'라는 의미가 된다. 순수한 백제어로 된 말이다(후술 252쪽).

시고쿠 섬 가가와현의 방언 ②'오히마치'는 고대에 '오피마티'였다. '오(御)'는 높임의 의미를 더하는 접두사이고, '마티(待 대)'는 기다리기, '피'는 바로 '비'이다. 즉 이 방언은 '비 기다리기'라는 의미가 된다. 백제어가 마치 화석처럼 두 방언에 남아있다.

『고사기』에 나오는 '비'를 살펴보자. 니니기가 하늘 즉 백제에서 내려온 후 미인을 얻어 기뻐하였는데, 장인은 미인의 언니까지 같이 보내주었다. 그녀는 못생긴 추녀였다. 그래서 니니기는 미인인 동생과는 동침하였으나, 추녀인 언니는 돌려 보냈다. 그러자 장인이 탄식하면서, 추녀는 왜 왕실의 장수를 기원하는 의미인데, 돌려보냈으니 장래 왜왕들의 수명이 길지 않을 것이라고 하였다. 그때 하는 말이,

「왕들의 수명은 나무꽃(木花)의 '아마피'일 뿐」

'아마피'가 문제이다. '아마(雨 우)'는 비를 뜻하는 고대일본어이다. '피'는 무슨 말인가? 이 '피'를 알지 못하여, 여러 주석서에서 '아마피'의 의미를 불상으로 처리하였다.

'피'는 바로 '비'이다. 즉 '아마피'는 일본어 '아마'와 백제어 '비'의 합성어이다. 따라서 이는 동어반복이다. 그냥 '아마'로만 하여도 충분한데, 『고사기』를 지은 태안만려는 여기서 장난기가 발동하였던 모양이다. '아마'의 뒤에 백제어 '비'를 집어넣었던 것이다. 당시 일본 지배층이던 백제인들은 이 '피'의 의미를 모르는 사람이 없었을 것이다. 세월이 흘러 백제

어가 사용되지 않게 되면서, 이 말의 의미도 잊혀지게 되었다.

꽃은 비를 맞으면 금방 떨어지게 된다. 장인의 말은 이런 의미이다.

벼

한국인의 가장 중요한 식량인 '벼'는 중세에도 같은 발음이었다. 백제 시대에는 어떤 발음이었을까? '버'였다고 생각된다. 이 말이 고대에 일본으로 건너가 널리 사용되었다. 일본어로는 '이네(稻 도)'이다.

오카보 陸稻 육도 [일본어] 밭벼

일본의 중앙어인 이 말은 밭에 심는 밭벼를 뜻한다. 일본어 '오카(岡 강)'는 언덕 즉 물이 없는 땅을 의미하고, '보'는 '벼'이다. 따라서 이 말은 마른 땅의 벼라는 의미이다. 이 말의 '보'는 고대에는 '버'였을 가능성이 크다. 고대의 일본어에는 '어' 모음이 존재하였고, 현대 한국어와 비슷한 정도로 그 쓰임새가 많았다.

호즈미 稻叢 도총 [오이타 방언] 볏가리

볏가리를 뜻하는 오이타 방언 '호즈미'의 고어는 '포두미'였다. '포'는 '벼', '두미(積 적)'는 더미를 뜻한다. 고대 일본어 '두미'는 백제어 '더미'가 변한 말이다. 따라서 이 방언은 '벼 더미'이다.

포두미 穗積 수적 : 고대 일본의 지명

고대 왜국에는 '포두미'라는 지명이 있었다. 지금의 나라현 텐리(天理)시 부근으로서, 아스카의 외곽이다. '벼 더미'라는 의미인 것이 분명하므로, 백제인들이 붙인 지명이다. 이 곳을 본거지로 하는 '포두미(穗積)' 씨족이 있었다.

『일본서기』와 『고사기』에 나오는 신의 이름에 무수하게 등장하는 '포 (穗)'라는 말은 바로 벼를 뜻하는 백제어 '버'이다. 다음에 나오는 '니니기' 신의 이름에서 다시 한번 백제어 '버'를 확인하여 보자.

'니니기'는 천황가의 조상신 천조대신의 손자로서, 그가 고천원에서 천 손강림하여 왜국을 통치하였다 한다.

포노니니기 番能邇邇藝 번능이이예 [고사기]

『고사기』에 의하면 이 신의 원래 이름은 '아메니기시쿠니니기시아마투 피타카피코포노니니기노미코토'라는 길고도 긴 이름이다. 핵심적인 부분 이 바로 이 '포노니니기'인데, 맨 앞의 '포'는 앞서 본 '벼'이다.

이 '포'를 '番(번)'이라는 한자로 표기한 점을 주목하여 보자. 이는 '버'라 는 백제어를 표기할 한자가 없어, 차선으로 '번(番)'을 선택하였을 것이다. 지은이의 의도는 '버'로 읽어달라는 취지인 것이 분명하다.

일본의 통설은 이 '포'가 이삭을 의미하는 고대일본어 '포(穗 수)'라 하 나, 그것은 한국어 '벼'를 알지 못한 탓이다. 고대 일본의 '포'는 원래 식물 의 이삭을 뜻하였고, 의미가 발전하여 벼 이삭을 의미하기도 하였다. 앞서 밭벼를 뜻하는 '오카보'를 보았는데, 이 '보'는 '벼 이삭'이 아니라 '벼'인 것이 확실하다. 볏가리를 뜻하는 방언 '호즈미(穗積 수적)'의 '호'도 벼 이삭 이 아니다. '니니기'는 무슨 의미인가?

니니기 [고사기, 일본서기]

닉다 [중세 한국어] (곡식이) 익다

일본어에는 고대에도 '니니기'라는 말은 없었다. 따라서 이 말은 원래부터 있던 말이 아니라 『고사기』가 창안한 것이 분명하다. 무슨 의미일까? 중세 한국어 '닉다'는 곡식이 익다는 의미이다. '니니기'는 바로 이 '닉다'의 어근 '닉'을 두 번 반복하여 만든 말로 추정된다. '포'가 벼이므로, '포노니니기'라는 이름은 '벼의 익기 익기'라는 의미가 된다.

포포데미 穗穗手見 수수수견 [고사기]

데미 [전라, 제주방언] 더미

니니기의 아들이고, 시조 신무의 부친 이름이 '포포데미'이다. '포'는 역시 '벼', '데미'는 '더미'가 변한 말이다. 앞서 벼더미를 뜻하는 고어 '포두미'를 보았는데, 여기서는 '포데미'이다. 전라, 제주방언에서는 '더미'를 '데미'라 한다. 묘하게 발음이 일치하고 있다.

따라서 '포포데미'는 '벼 벼 더미'가 원래의 의미이다. '벼'를 중복하여 사용하였으니, 이것은 니니기에서 '니기'를 반복하여 사용한 것과 같이 강조의 의미가 있다. 또는 백제어라는 사실을 너무 쉽게 발각당하는 것을 피하기 위한 의도도 있었을 것이다.

『일본서기』와 『고사기』, 『만엽집』에는 무수한 '포(穗)'가 나오는데, 예외 없이 모두 벼를 의미한다. 벼 이삭이 아니다. 일본 학자들은 이러한 사실을 전혀 모르고 있다.

『고사기』 수인단에는 왕비의 오라비가 반역을 꾀하다 발각되자, 볏단으로 성을 쌓아 저항하는 장면이 나온다. 왕비는 볏단 성 안에서 왕자를 낳

앗다. 얼마 후 진압군이 볏단 성에 불을 질러 반란을 진압하였다. 왕비가 이때 낳은 왕자의 이름을 지었으니, 「포무티」였다.

포무티(本牟智) : 볏단 성에 불이 붙었을 때 낳은 왕자

왕비는 그 이름의 내력을 설명하기를 "불이 볏단 성을 태울 때, 불 속에서 낳았기 때문에 ……"라고 하였다. 과연 고대일본어에서 불을 '포(火 화)'라 하였으므로, '포무티'의 '포'는 불을 뜻한다고 해석할 수 있다.

그런데 볏단 성 안에서 낳았기에, '포'는 또한 백제어 '버' 즉 '벼'이기도 하다. 『고사기』는 일본어와 백제어, 이중의 의미로 이 '포'를 사용한 것이 분명하다.

「포무티」의 '무티'는 무슨 말인가?

무디 [중세 한국어] 무더기

중세 한국어 '무디'는 무더기를 뜻하는 말이었다. 현대어 '조개무지'는 '조개 무더기'라는 뜻이다. '무지'는 '무디'가 변한 말이다. 백제에서도 마찬가지로 '무디'였을 것이다.

따라서 「포무티」는 '벼 무더기' 혹은 '불 무더기'라는 이중의 의미가 된다. 볏단으로 쌓은 성에 불이 붙었으니, 그것은 '벼 무더기'이지만 한편으로는 '불 무더기'이기도 하다.

일본의 통설은 이 '무티'를 고귀한 사람의 이름 뒤에 붙이는 고대일본어 '무티(貴 귀)'로 보고 있으나, 『고사기』를 지은 태안만려의 본심이 과연 어떠하였을까는 독자 여러분의 판단에 맡기는 바이다.

앞서 성무천황(재위 724~749년)의 만엽가에 나오는(213쪽),

① 穗田(포타) : 벼 논

② 穗杼呂(포터러) : 벼 들

을 보았다. 이 '포' 또한 '벼'인 것이 분명하다. '벼 이삭 논'이나 '벼 이삭 들'일 리가 없다. 이 '포(穗)'를 성무천황은 '퍼'로 읽었을 것이고, 벼를 뜻하는 백제어로 여겼을 것이 분명하다.

일본의 통설은 이 '穗田(포타)'를 '벼 이삭이 나온 논'이라는 의미로 풀이하지만, 그 의미도 어색하고, 더구나 '나오다'라는 말은 어디에도 없다. 벼를 뜻하는 이 '포'는 일본의 여러 방언에는 아직도 많이 남아있다.

쌀

백제인들이 '벼'를 가져가 일본어 '이네(稻 도)'와는 비교도 되지 않을 정도로 많이 사용하였으니, '쌀'도 당연히 가져갔을 것이다. 일본어로 쌀은 '코메(米 미)'이다.

그런데 아쉽게도 『일본서기』나 『고사기』, 『만엽집』 같은 문헌에서는 그 사용례가 거의 발견되지 않는다. '벼'와는 달리, 왜 '쌀'은 기록에 잘 남기지 않았는지 그 이유를 알 수 없다.

앞서 니니기가 천손강림할 때 길을 인도하였다는 국신(國神)의 이름 '사루타피코'의 '사루타'가 '쌀 논'인 것을 보았다(39쪽). 그렇지만 방언에는 많이 남아있다. 백제인들이 일상대화에서는 왕성하게 사용하였던 모양이다.

사라누카 [오사카, 교토, 니이가타 방언] 겨

누카 糠 강 [일본어]   〃

쌀 [한국어]

오사카, 교토 등지에서는 쌀을 찧을 때에 나오는 껍질인 겨를 '사라누카'라 한다. '누카(糠 강)'는 겨를 뜻하지만, '사라'는 무엇인가?

일본어로는 해석할 수 없다. 바로 '쌀'이다. 발음이 거의 동일하다. 쌀은 백제시대에도 현대어와 발음에서 큰 차이는 없었던 것으로 생각된다. 고대에는 경음이 존재하지 아니하였고, 경상방언에서는 지금도 '살'이라고 하는 것으로 보아, 백제 사람들도 '살'이라 하였을 것이다(이에 관한 자세한 논의는 졸저 『일본열도의 백제어』 190쪽).

사루코키 [고치 방언] 벼이삭을 털 때 쌀알이 남는 것
쌀 [한국어]

고치 방언 '사루코키'는 벼이삭을 훑어 낼 때, 쌀 알갱이가 조금 남은 것을 뜻한다.

'코키'는 이삭을 훑어 내다는 뜻의 동사 '코쿠(扱 급)'의 명사형이고, '사루'는 다름 아닌 쌀이다. '쌀 훑기'라는 의미이다. 요즘은 이러한 작업을 모두 기계로 하지만, 불과 백여년 전만 하더라도 사람의 손으로 일일이 이삭을 훑어내었다.

앞서 본 교토 방언에서는 '사라'였으나, 여기서는 '사루'이다. '살'이 지역에 따라 조금씩 변형된 모습을 볼 수 있다.

사루키 白米飯 백미반 [미에 방언] 흰 쌀밥
쌀 [한국어]

미에 방언 '사루키' 는 잡곡을 넣지 않고 쌀로 지은 밥이라는 뜻으로서, '사루'와 '키'의 합성어이다.

'사루'는 물론 쌀이다. '키'는 무엇인가? 이 '키' 또한 한국 사람들에게는 낮익은 말이다. '밥 한 끼'의 '끼'이고, 졸저 『일본 천황과 귀족의 백제어』에서 본 바 있다(124쪽). 이 방언은 '쌀 끼'가 원래의 의미이다.

샤리 [오사카, 미야기 방언] 쌀

쨔리 [함북방언]　　//

오사카와 미야기 방언 '샤리' 역시 '쌀'을 뜻한다. 앞서 본 방언 '사라'나 '사루'와 비교하면 좀 특이한 발음이다. 이 '샤리'는 함북방언 '쨔리'와 정확하게 일치하고 있다.

'쨔리'는 '살'의 변이형으로 보이는데, 함북 이외의 지방에서는 발견되지 않는다. 그렇다면 이 방언은 고구려 사람들이 전한 것일까? 원산지는 고구려이지만, 그것이 백제로 전해졌고 백제 사람들이 일본으로 가져간 것으로 추정된다.

천손 니니기를 보호하는 세 여신 중의 하나를 모시는 신궁이 있는 섬 오키노시마(沖ノ島)는 섬 전체가 신의 몸이다. '신체도(神體島)'로 불리는데, 여기에는 온갖 금기도 많고, 또한 한국 심메마니의 말처럼 특별한 말을 사용한다.

그 중의 하나가 바로 쌀을 의미하는 '샤리'이다(『천황가의 기원은 백제 부여씨』 373쪽).

따(地)

앞서 '~타(田)'라는 일본의 지명에 관하여 본 바 있다(211쪽). 이 '타'는 원래 일본어에서 벼를 재배하는 논을 의미하지만, 지명에서는 '땅'을 의미하였다. '땅'은 백제 시대에는 '다'였을 것이고, 이것을 백제인들이 왜지의 곳곳에 지명으로 붙여 놓았던 것이다. 여기서는 먼저 『일본서기』 신무단에 보이는 '~타(田)'를 살펴보자.

키**타** 城田 성전 : 성을 쌓은 땅
타케**타** 猛田 맹전 : 크게 소리 지른 땅
투라마키**타** 頰枕田 협침전 : 시체가 줄지어 누운 땅
아파**타** 粟田 속전 : 조를 심은 땅

위의 모든 '타'는 논이 아니다. 논에다 성을 쌓을 수도 없고, 조를 심을 수도 없다. 한자표기 '田(전)'는 일본어의 훈이 논을 의미하는 '타'이므로, 이를 빌려 일본어 '타'를 표기하기 위한 수단일 뿐이다. 이 '타'는 땅을 뜻한다. 현대 일본어에 남은 '타' 즉 땅을 보기로 하자.

① 우미베**타** *海邊* 해변 : 해변
② 누**타** *沼田* 소전 : 늪

①은 해변을 뜻한다. 일본어 '우미베(*海邊*)'도 해변이지만, 뒤에 '타'를 붙여 '해변 땅'이라는 의미를 나타내고 있다.
②는 늪이다. '누(沼 소)'만으로도 늪인데, 역시 뒤에 '타'를 붙여 '늪 땅'이라는 의미가 된다. 백제어 '다'가 지금도 살아 숨쉬고 있다.

데

'먼 데에는 가지마라'의 '데'는 장소를 뜻하는 말이다. 이 '데'가 고대에

일본으로 건너가 아주 다양하게 사용되었다(졸저 『천황과 귀족의 백제어』 55쪽). 현대 일본어에도 이 말은 한국어와 완전히 동일한 용법으로 다양하게 사용되고 있다.

> **카미테** 上手 상수 : 높은 **데**
> **시타테** 下手 하수 : 아래 **데**
> **미기테** 右手 우수 : 오른 **데**
> **야마노테** 山の手 : 산의 **데**
> **우시로데** 後ろ手 : 뒷 **데**

'데'는 백제시대에도 같은 발음이었던 모양이다. 일본에서는 '테(手)'라 표기하는데, 한자 '수(手)'의 훈인 손과는 아무런 상관이 없다. '테'라는 음을 나타내기 위한 표기일 뿐이다.

한국어에서 이 '데'는 단독으로 쓰이거나 다른 말의 앞에 붙는 예가 없다. 오로지 다른 말의 뒤에 접속할 뿐이다. 일본어에서도 완벽하게 같은 용법으로 사용되고 있다. 『일본서기』와 『고사기』, 『만엽집』에서도 흔하게 사용된 바 있다. 지배층 백제인의 언어가 토착왜인의 언어에 침투하여 일본어화된 사례이다.

여우비

여름날 해가 쨍쨍 내려쬐고 있음에도 갑자기 비가 쏟아질 때가 있다. 이렇게 내리는 비를 '여우비'라 한다. 예로부터 여우를 아주 변덕스러운 동물로 보았기에 이런 말이 생겼을 것이다.

키츠네 아메 日照雨 일조우 [도쿠시마, 미에, 가나카와 방언] 여우비

키츠네 狐 호 [일본어] 여우

도쿠시마 등지의 방언 '키츠네 아메'또한 여우비를 뜻한다. '키츠네(狐호)'는 여우이고, '아메(雨 우)'는 비를 뜻하므로, 이 방언은 '여우비'라는 의미가 된다. 여우비를 일본어로 번역한 형태이다.

키츠네노요메이리 [일본어] 여우비

요메이리 嫁入 가입 [〃] 시집가기

일본의 중앙어 '키츠네노요메이리' 역시 여우비라는 뜻이다. '키츠네'는 여우이고, '요메이리'는 시집가기라는 뜻이다. 따라서 이 말은 '여우 시집가기'라는 의미가 된다. 원래부터 변덕스러운 것이 여우인데, 짝짓기를 할 때에는 더욱 변덕스럽게 된다고 보았던 모양이다.

백제 사람들도 '여우비'라 하였고, 왜국으로 건너간 뒤에는 왜어로 번역하여 그대로 사용하였던 사실을 알 수 있다.

까마귀

한국에서는 무엇을 잘 잊어버리는 사람에게 흔히들 "까마귀 고기를 먹었나?"라고 하면서 놀린다.

카라스 鳥 오 [야마구치, 시마네, 교토, 시즈오카, 니이가타, 아오모리

방언] 잘 잊어버리는 사람

일본어 '카라스(烏 오)'는 까마귀를 뜻한다. 그런데 교토(京都) 등 일본 넓은 지역의 방언에서는 '까마귀'라는 말이 한국의 속담과 마찬가지로 잘 잊어버리는 사람을 의미한다.

백제 사람들은 잘 잊어버리는 사람에게 "이 까마귀 같은 놈!" 혹은 "까마귀야"라고 하면서 놀렸던 것이 아닐까? 왜국으로 건너간 후에는 왜어로 번역하여 사용하였던 것을 알 수 있다. 오히려 원산지인 한국에서 '까마귀 고기를 먹었나'로 표현방식이 조금 바뀌었던게 아닌가 싶다.

들이 1

현대 한국어에 일본인들이 만든 무수한 말들이 섞여 있는 것을 보았다. 근세에 한국이 일본의 지배를 받았기 때문이다. 이와 마찬가지로 일본어에도 수많은 한국어가 숨어있다. 백제가 고대에 일본을 지배하였기 때문이다. 하도 오랜 세월 동안 사용되다 보니, 일본 사람들도 그것이 백제어라는 사실을 전혀 알지 못하고 있다.

일본어에 숨어있는 수많은 백제어 중에서 대표적인 말 하나만 든다면, 바로 이 '들이'일 것이다. '들다'의 사동사인 '들이다'의 어근이다.

카이**토리** 賣取 매취 [일본어] 사 들이기
카이 賣 매 [〃] 사기

지금도 일상대화에서 흔히 사용되는 일본어 '카이토리(賣取)'는 물건을 사기라는 뜻이다. '카이(賣)'는 사다는 의미이지만, '토리(取)'는 무슨 말인가? 이 말을 아는 사람은 일본열도에는 존재하지 않는다.

일본어 '토리(取)'는 잡다는 뜻이다. 그러면 '카이토리'는 '사 잡기'라는 의미인가? 작은 물건은 '사 잡기'를 할 수 있지만, 자동차나 건물은 '사 잡기'할 수가 없다. 이 '토리'는 잡다는 의미의 일본어가 아니라, '들이다'의 어근 '들이'인 것이 분명하다. 따라서 '카이토리'는 '사 들이기'라는 의미가 된다.

현대 일본어 '토리(取)'의 고대 발음은 '터리'였다. '들이'도 백제 사람들은 '더리'라 발음하였을 것이다. 백제 시대에는 '으' 모음이 존재하지 않았고, 현재의 '으' 모음은 대부분 '어'였다고 추정된다.

야리토리 [일본어] 주고받기
야리 遣 견 [〃] 주기

현대 일본어 '야리토리'는 주고받기라는 뜻이다. '야리'는 '주기'라는 의미의 일본어이고, '토리'는 역시 '들이'이다. 일본어 '토리(取)' 즉 '잡기'가 아니다. 따라서 '야리토리'는 '주고 들이기'가 원래의 의미이다.

야도리 宿 숙 [고대 일본어] 여행 중의 임시숙소
집들이 [한국어] 이사하여 새로운 집으로 들어감

『만엽집』의 노래에서 흔하게 사용된 '야도리'는 집을 떠나 여행하는 도중 나뭇가지나 풀 따위로 하룻밤 묵을 임시숙소를 짓다, 혹은 그러한 임시숙소를 뜻하는 말이다.

일본의 통설은 이 말이 집을 뜻하는 일본어 '야(屋 옥)'와 잡다는 뜻의 일본어 '토리(取)'의 복합어로 보았다. 그러나 아무리 임시로 지은 간단한 잠자리라 하더라도 손으로 잡는 물건이 아니다. 숙소를 잡을 수는 없고, 사람이 들어가는 장소이다. 통설은 전혀 부당하다.

한국에는 '집들이'라는 말이 있다. 원래의 의미는 이사하여 새로운 집으로 들어가는 것이다. '집'과 '들이'의 합성어이다.

고대 일본어 '야도리'의 '도리'는 바로 이 '들이'이다. 따라서 이 말은 '집 들이'가 원래의 의미가 된다. 백제 시대에도 '집 들이'가 있었던게 아닌가 싶다. 집을 일본어 '야'로 번역하여, '들이'와 결합한 형태이다.

미오모토리 御母取 어모취 [고사기] 유모 들이기
미오모 御母 어모 [고대일본어] 유모(乳母)

『고사기』 수인단을 보면 어린 왕자의 유모를 들이는 것을 '미오모토리'라 하였다. '미오모'는 유모로서, 앞서 본 백제어 '오모'이다. '토리(取)'는 역시 '잡다'가 아니고 '들이'이다. 유모는 잡거나 혹은 포획하는 대상이 아니다. 어린 왕자를 보살펴 줄 유모를 '들이는' 것이다.

메토리 娶 취 [고대일본어] 아내 들이기
무코토리 婿取 서취 [〃] 사위 들이기

고대일본어 '메토리'는 장가 들다 혹은 아내를 맞다는 의미이다. 일본의 통설은 이 말이 여자를 뜻하는 일본어 '메(女)'와 잡다는 의미의 '토리(取)'가 합친 말이라고 한다. 그렇다면 이 말은 '처 잡기'라는 의미가 되고, 고대의 일본 사람들은 아내를 강압적으로 얻은 것이 된다.

그런 말이 아니다. 이 '토리' 역시 '들이'이다. '며느리를 들이다' '양자를 들이다'의 '들이다'는 식구를 새로 맞이하다는 의미이다.

일본어 '무코토리'는 사위 들이기라는 뜻이다. '무코'는 사위이고, '토리'는 역시 '들이'이다. 현대일본어에서 이 말은 데릴사위를 의미한다.

고대일본어는 물론 현대일본어에도 '~토리(取)'라는 말은 무수하게 많은 용례를 보이는데, 대부분 백제어 '들이'이다.

토시(年)오 **토루(取)** [일본어] 나이가 **들**다

일본어의 관용적인 표현인 '토시(年)오 **토루(取)**'는 나이가 들다는 뜻이다. 이 '토루(取)' 또한 '잡다'는 일본어가 아니다. 나이를 잡을 수는 없다. 한국어에서 '나이가 들다'라고 한다. 백제 시대에도 마찬가지였던 모양이다. 백제 사람들이 모국의 언어습관인 '들다'를 일본어와 결합하여 놓았다.

쇼쿠지(食事)오 **토루(取)** [일본어] 식사를 들다

일본의 관용어 '쇼쿠지(食事 식사)오 **토루(取)**'는 식사를 들다는 의미이다. 식사를 잡을 수는 없다. 이 '토루'가 한국어 '들다'인 것은 당연하다. 백제 사람들도 '식사를 들다'라고 하였던 것을 일본어로 옮겨 놓았다.

그런데 이 '들다'는 '들어올리다'는 뜻이므로, 앞서 본 '들어오다'라는 의미의 '들다'와는 전혀 다른 말이다. 여기서 '들어올리다'는 의미의 '들다'도 백제 사람들이 가져간 것을 확인할 수 있다.

토리미루 取見 취견 [만엽집 1265. 2034] 보살피다
미루 見 견 [일본어] 보다
돌보다 [한국어]   //

일상생활에서 자주 쓰이는 '돌보다'라는 말이 있다. 『표준국어대사전』에 의하면 이 말은 관심을 가지고 보살피다는 의미라 한다.

위 두 만엽가에 나오는 '토리미루(取見)'라는 말은 보살피다는 뜻이다. '미루(見)'는 보다는 뜻이지만, '토리'는 무슨 말인가? 일본어로는 잡다는 뜻이지만, '잡아보다'라는 말은 성립할 수 없다. 백제어 '들이'도 아니다. '들이보다'라는 말도 있을 수 없기 때문이다.

'돌보다'의 '돌'을 일본어풍으로 '토리'로 바꾼 것이 분명하다. '보다'는 일본어로 번역하여 '미루(見)'라 하여, '토리미루'라는 한일합성어를 만든 것을 알 수 있다.

만엽집 886번 노래는 유명한 산상억량(山上憶良)의 작품인데, 여기서는 '토리미루'를 병든 이를 간병하다는 의미로 사용하였다. 한국어 '돌보다'에도 간병하다는 의미가 있는 것은 물론이다. 이 '토리미루'는 고대에는 활발하게 사용되었으나, 그후 사어가 되어 현재는 쓰이지 않고 있다.

들이 2

'들이치다'나 '들이밀다'의 '들이'는 강조의 의미를 더하는 접두사이다. 앞에서 본 '들다'의 명사형 '들이'와는 전혀 다른 말이다. 그렇지만 실제 발음은 '드리'가 되어 동일하다.

일본어에도 '토리(取 취)'라는 접두사가 있어 강조의 의미를 나타낸다. 한국어의 '들이'보다 훨씬 사용빈도가 잦다.

토리아츠카우(取り扱う) : **들이** 다루다

토리카에루(取り替える) : **들이** 바꾸다

토리케스(取り消す) : **들이** 끄다(취소하다)

토리시마루(取り締まる) : **들이** 조이다(단속하다)

토리시라베루(取り調べる) : **들이** 조사하다(수사관이 조사하다)

이런 동사들은 앞에 붙은 '토리'가 없어도 별 문제가 없이 같은 뜻을 나타낸다. 그런데 이 접두사가 앞에 붙어 강조의 의미를 더하고 있고, 일상생활에서는 이 말들이 주로 사용된다. 백제어가 토착왜인들의 언어에 깊숙하게 침투한 결과인 것을 알 수 있다.

『일본서기』와 『고사기』, 『만엽집』에서 아주 흔하게 사용된 바 있으나, 지면관계상 구체적인 소개는 생략한다. 이 '들이'는 지배층의 언어뿐만 아니라, 토착왜인 대중의 언어에도 확실하게 스며들어 완벽하게 일본어화된 것을 알 수 있다.

부르다

'사람을 부르다'와 '노래를 부르다'의 '부르다'는 원래 같은 말이었을 것이다. 전라, 경상방언에서는 '부리다'라 한다.

피나푸리 夷曲 이곡 [일본서기 신대기] 시골 노래

『일본서기』에 의하면, '아디수키'라는 신이 장례식에서 빈소를 부수어 버리자, 사람들이 노래를 불렀다. 그 노래를 『일본서기』에서는 '피나푸리'라 하였다. '피나(夷 이)'는 시골을 뜻하는 고대일본어이다.

'푸리'는 노래를 의미하는 것이 분명하지만, 일본어에는 노래를 뜻하는 '푸리'라는 말이 존재하지 않았다. 일본어가 아니다. 전라, 경상방언 '(노래를) 부리다'의 어근 '부리'이다. 현대어로 하면 '부르기'이다. '부리'가 일본에서 노래라는 의미로 되었다.

미야피토부리 宮人振 궁인진 [고사기 윤공단] 노래의 곡명

아마타**부리** 天田振 천전진 [//   ]   //

위 둘은 노래의 이름인데, 가사의 첫마디에 나오는 말을 노래의 제목으로 삼았다. 위 '부리'는 역시 '부르다'의 어근 '부리'로서, 여기서도 노래라는 뜻을 나타낸다.

8세기 나라 시대에 궁중음악인 아악을 담당하던 관서인 아악료(雅樂寮)에서는 노래의 곡명을 '~가(歌)' 혹은 '~부리(振)'로 붙였다 한다(『古事記(고사기). 山口佳紀 外. 2009. 小學館』 107쪽). 이 '부리' 역시 노래라는 의미이다.

미타마**푸리** 招魂 초혼 [고대일본어] 영혼이 육체를 떠나지 않도록 기원
하는 행사

앞서 궁중 행사인 '미타마푸리(招魂 초혼)'를 본 바 있다. 살아있는 천황의 영혼이 육체를 떠나가지 않도록 부른다는 의미이다.

'미타마(御魂)'는 영혼을 뜻하는 일본어이고, '푸리'는 바로 방언 '부리다'의 어근 '부리'이다. 즉 '혼 부르기'라는 의미가 된다.

히후리 雨乞 우걸 [나라 방언] 기우제

앞서 나라 방언 '히후리'를 보았다. 비가 오지 않을 때 지내는 기우제를 뜻하는데, 고대에 '피푸리'였다. '피'는 한국어 '비'이다.

'부리'는 '부리다'의 어근이다. 이 방언은 '비 부리' 즉 '비 부르기'라는 의미가 된다.

쿠니**푸리** 國風 국풍 [고대일본어] 민요

8~9 세기의 일본에서는 민요 혹은 풍속가를 '쿠니푸리(國風)'라 하였다. 쿠니(國)는 나라이고, '푸리'는 노래이다. '나라 노래'라는 의미가 된다.

한자 표기 '風(풍)'을 주목하여 보자. 이 '風(풍)'이라는 한자는 바람을 뜻한다. 당시 일본음은 '푸우'였고, 훈은 '카제'이다. 그런데 여기서는 '푸리'로 읽고 있다. 일본어로는 전혀 이해할 수가 없다.

이는 순수한 백제어이다. 한국어에서 바람은 '불다'라는 동사와 짝을 이룬다. 어근 '불'의 일본식 버전이 '푸리'이다. '불다'는 고대일본어로 '푸쿠(吹 취)'이므로, '푸리'와는 아무런 관련이 없다. 따라서 '쿠니푸리'의 '푸리'는 백제어를 이용한 언어의 유희이다.

1980년대 한국에서도 이 '국풍'이라는 말이 유행한 적이 있었는데, 일본풍이라는 비판이 있었다. 그렇지만 거슬러 올라가면 그 근본 뿌리는 백제에 닿아있다.

바꾸다

'바꾸다'는 중세의 문헌에 '밧고다'라고 한 표현이 많았으나, 백제시대에는 오히려 현대어와 비슷한 '바구다'였을 것이다. 백제인들이 이 말을 가져갔다.

바쿠루 [거의 일본 전역의 방언] 교환하다
바쿠 [가고시마 방언] 교환

거의 일본 전 지역에서 사용되는 방언 '바쿠루'는 교환하다는 뜻이다. 주로 물물교환을 의미한다. 한국인이라면 쉽게 알아들을 수 있다. '바꾸다'의 어근 '바꾸'에다가 동사를 만드는 접미사 '루'를 붙였을 뿐이다.

가고시마에서는 그냥 간명하게 '바쿠'라 한다. 교환을 뜻하는 명사이다. 동사의 어근을 그대로 명사화하였다.

바케루 化 화 [일본어] 둔갑하다
바케모노 化物 화물 [〃] 둔갑한 요괴, 도깨비

일본의 중앙어 '바케루'는 둔갑하다는 뜻이다. 백년 묵은 여우가 처녀로 둔갑하였다는 등의 옛날 이야기가 많이 전해 내려오는 것은 한국이나 일본이 아무런 차이가 없다.

이렇게 둔갑하는 것을 일본어에서 동사로는 '바케루'이고, 둔갑한 요괴는 '바케모노'라 한다. '바뀐 물건'이라는 의미이다. 어근 '바케'는 '바쿠'가 변한 모습이다.

달다

일본의 중앙어 '아마(甘 감)'는 맛이 달다는 뜻이다.

아맏**타루이** 甘 감 [일본어] 달다
아마**타라이** [오사카 방언] 〃
달다 [한국어]

그런데 일본에는 '아마'에 '타루이'라는 말을 덧붙인 '아맏타루이'라는 말이 있다. 의미는 '아마'와 완전히 동일하다. '아마'라는 말 하나로도 충분함에도 굳이 '타루이'를 첨가한 것은 무슨 이유인가? 이 '타루이'는 일본어가 아니다. '달다'의 어근인 '달'의 일본어 버전이다.

오사카 방언 '아마타라이'도 같은 뜻이다. '타라이' 또한 '달다'의 어근 '달'을 일본어화한 것이다.

백제 사람들도 현대의 한국인과 마찬가지로 '달다'라고 하였던 것이다. 왜어 '아마'가 달다는 의미이고 그것으로도 충분함에도, 왜로 건너간 백제 사람들은 굳이 모국어를 왜어화한 '타루이'나 '타라이'를 덧붙였던 것을 알 수 있다.

시타타루이 [교토 방언] 달다

교토 방언 '시타타루이' 또한 달다는 뜻이다. '시타(舌 설)'는 혀이므로, '혀 달다'가 원래의 의미이다.

좋다

'좋은 사람' 또는 '기분이 좋다'라고 할 때의 '좋다'는 중세 한국어에서 '됴하다' 혹은 '됴타'라고 하였다. '됴'가 '조'로 바뀌어 '좋다'가 된 것을 구개음화라 한다.

토이티 [교토 방언] 좋아하는 사람
됴하다 [중세한국어] 좋다

교토 방언 '토이티'는 좋아하는 사람 혹은 애인을 뜻한다.

이 방언의 '티'는 사람을 뜻하는 고대의 한국어 '디'이고(졸저 『일본열도의 백제어』 22쪽), '토이'는 '됴하다'의 어근 '됴'가 약간 변한 형태이다. '좋은 사람'이라는 의미가 된다.

죠닌 御人好 어인호 [가가와 방언] 호인(好人)

죠진 [〃]   〃

  가가와 방언 '죠진'과 '죠닌'은 모두 호인(好人) 즉 좋은 사람이라는 뜻이다.

  '죠'는 고대에는 '됴'였을 것이다. 바로 '됴하다'의 어근 '됴'이다. 한국에서 '됴하다'가 '좋다'로 바뀐 것과 동일한 변화이다. '닌'과 '진'은 모두 한자 '人(인)'의 각각 다른 일본식 발음이다.

죠코 [시가 방언] 어린이를 칭찬하는 말

코 子 자 [일본어] 어린이

  시가 방언 '죠코'는 어린이를 칭찬하는 말이다.

  '죠'는 '됴하다'의 어근 '됴'가 변한 말이고, '코'는 어린이를 뜻하는 일본어이다. '좋은 어린이'가 원래의 의미이다.

미죠라시 體裁 체재 [가가와 방언] 겉모습이 좋다

  가가와 방언 '미죠라시'는 '겉모습이 좋다'라는 뜻이다.

  '미(見 견)'는 보다는 뜻이고, '죠'는 '됴'가 변한 말, '라시'는 '~인 듯하다'라는 의미이다. '보기에 좋은 듯 하다'라는 의미이다.

  위 일본 방언들을 보면, '됴'는 백제 시대에도 마찬가지였을 것이다.

치

'치솟다'와 '치밀다'의 '치'는 '위쪽으로'라는 의미를 더하는 접두사이며, '치달리다'의 '치'는 강조의 의미이다. 두 '치'는 기본적으로 같은 뿌리에서 나온 접두사로 생각된다. 말에 강세의 의미를 더하는 접두사이다.

때리다는 의미의 '치다'는 중세에는 '티다'였다. 일본어에서는 '우츠(打타)', 명사형은 '우치'이다. 일본에서는 고대에서부터 '우치'가 강조의 접두사로 많이 사용하였다. 때리다는 의미가 아니라, 강조의 접두사 '치'를 일본어로 번역한 말이다. 현대 일본어의 접두사 '우치(打)'를 살펴보자.

우치아케루(打明ける) : **치** 밝히다(숨김없이 밝히다)

우치아와세루(打ち合わせる) : **치** 맞추다(타협하다)

우치카사나루(打重なる) : **치** 겹치다

우치다스(打出す) : **치** 내다(명확하게 내세우다)

우치츠즈쿠(打續く) : **치** 계속되다(죽 계속되다)

위 말들의 '우치(打)'는 없어도 아무런 문제가 없이 의미가 통한다. 때리다는 원래의 의미가 아니라 강조의 의미인 것이 분명하다. 강조의 접두사인 한국어 '치'를 일본어로 번역한 형태이다. 『만엽집』 등에서도 흔하게 사용된 바 있다.

앞서 성무천황(재위 724~749년)의 만엽가를 본 바 있는데(213쪽), 이 천황이 다른 만엽가에서 강조의 '우치'를 사용한 사례는 졸저 『천황가의 기원은 백제 부여씨』에서 자세하게 살펴보았다(599쪽).

아따

"아따, 힘드네!" 혹은 "아따, 말도 많네"의 '아따'는 못마땅하거나 빈정 거릴 때에 사용하는 감탄사이다. 이 말은 모든 지역에서 사용되지만 특히 전라도 사람들이 애용하고 있다.

아타 [오사카, 아와지시마 방언] 불쾌한 뜻을 나타내는 감탄사
아타 [고대 일본어] 불쾌하다는 의미의 부사

오사카 방언 '아타'도 한국어 '아타'와 그 쓰임새가 완전히 일치한다. 못 마땅할 때에 내는 감탄사이다.

그런데 『일본국어대사전』을 보면, 이 말을 불쾌하다는 의미의 부사라고 하였으나, 그 용례를 보면 '아타 짜네', '아타 인색하네' 등 감탄사로 보는 것이 옳다고 생각된다. 문법적인 성분을 무엇으로 보든, 한국의 '아따'와 발음과 의미, 용법이 완벽하게 일치하고 있다.

백제 사람들도 못마땅하거나 언짢은 일을 당하였을 때, '아따'라는 말을 즐겨 사용하였고, 이 말을 왜국으로 가져가 토착왜인에게도 널리 보급되 었던 것을 알 수 있다.

맘마

아기에게 '자, 맘마 먹어야지'라고 할 때의 '맘마'는 밥을 뜻하는 유아어 이다. 이 말이 일본에서도 그대로 통용되고 있다.

마마, 만마 [일본어] 밥의 유아어
맘마 [한국어]   〃

마마고토 飯事 반사 [일본어] 소꿉장난

　일본에서는 밥을 '고한(御飯)'이라 하지만, 유아어로는 '마마' 혹은 '만마'이다. 한국어 '맘마'와 흡사하다. 한국어 '맘마'는 원래 '밥'을 발음하기 쉬운 형태로 변형한 '바바'에 그 유래가 있을 것이다. 밥을 뜻하는 유아어 '빠빠'를 보면 알 수가 있다. '바바'가 좀 더 발음하기 쉬운 '마마'로 바뀌었고, 그 보다 쉬운 '맘마'로 되었을 것이다.

　백제 사람들은 '마마'라고 하였던 모양이다. 그것을 왜지로 가져간 것이다. 그후 일본에서도 좀 더 쉬운 '만마'가 나왔다고 추정된다. 아이들의 소꿉장난을 일본어에서 '마마고토(飯事)'라 한다. '밥 일'이라는 뜻이다.

　지배층 백제인의 유아어가 토착왜인의 말에 침투하여, 완벽하게 일본어화된 것을 알 수 있다.

밧바 [치바 방언] 밥의 유아어
빠빠 [한국어]　　　　〃

　'맘마'를 한국에서는 '빠빠'라고도 한다. 치바 방언 '밧바' 역시 밥의 유아어이다. 일본어 '마마'나 '만마'가 중앙어로서 전국적으로 사용되는데 비해, '밧바'는 치바에서만 사용되는 모양이다. 고대에는 훨씬 넓은 범위에서 사용되지 않았을까?

지지

　어린 아이에게 "지지야, 만지면 안돼"라고 한다. 이 '지지'는 더러운 것을 뜻하는 유아어이다.

지지 [야마구치, 시마네, 돗토리, 아키타 방언] 더러운 것

지지 汚 오 [히로시마, 오카야마, 시마네, 교토 방언] 더럽다

지지쿠로이 黑 흑 [나라, 오사카 방언] 더럽고 검다

지지 [한국어] 더러운 것(유아어)

야마구치 등지의 방언 '지지'는 더러운 것을 뜻하는 유아어이다.

히로시마의 '지지'는 더럽다는 의미의 형용사로서, 역시 유아어이다.

나라와 오사카의 방언 '지지쿠로이'는 더럽고 검은 것을 의미하는 유아어이다. 쿠로이(黑 흑)는 검다는 뜻이다.

일본의 세 '지지'는 한국의 '지지'와 발음과 의미가 완벽하게 일치하고 있다.

3. 일방적으로 건너간 백제어

위에서 백제인들이 가져간 일본어 속의 백제어를 보았는데, 이는 극히 일부에 불과하다. 졸저 『천황과 귀족의 백제어』와 『일본열도의 백제어』에서 고대어는 물론 현대 일본어에도 무수하게 남아있는 백제어를 상세하게 살펴본 바 있다.

백제어가 일본어의 어휘 뿐만 아니라, 문법, 그리고 발음에도 심대한 영향을 끼치고 있었던 것은 졸저 『일본열도의 백제어』에서 고찰한 바 있다 (589쪽 이하). 아마도 백제가 멸망하지 않고 삼국을 통일하였다면, 일본어는 사라졌을 것이 분명하다. 일본열도에는 일본어의 영향을 받은 백제어가 공용어로 자리잡고 있을 것으로 추측된다. 만일 그렇게 되었다면 한국

어의 방언은 크게 '한반도 방언'과 '일본열도 방언', 두 방언으로 대별되지 않았을까?

그렇지만 일본어가 백제어에 영향을 미친 것은 단 하나도 없다. 한국에 도입된 최초의 일본어는 임진왜란 직후의 '담배'이다. 그후 19세기에 '고구마'가 들어온 정도에 불과하다. 그러다 일제강점기에 일본어가 폭발적으로 밀려들어온 것은 앞서 본 바와 같다.

백제어가 일방적으로, 그리고 무수하게 왜지로 도입된 것은 일제강점기의 일본어가 한국으로 밀려들어온 것과 전혀 다를 바가 없는 현상이다. 이는 백제의 왕자들만 일방적으로 왜국으로 건너갔고, 왜국의 왕자는 단 하나도 백제로 건너오지 아니한 것과도 완벽하게 동일한 현상이다.

백제어가 일본어에 끼친 영향은 일제강점기 일본어가 한국어에 남긴 영향보다 훨씬 더 큰 것으로 보인다. 왜냐하면 근세의 일본어는 신문물의 명칭 등 어휘에만 영향을 주었을 뿐이고, 한국어의 문법이나 발음 등 다른 분야에는 아무런 영향을 남긴 바가 없었기 때문이다.

반면 백제어는 당시의 일본어에 깊숙이 침투하여 어휘와 발음, 문법에까지 전방위적으로 엄청난 영향력을 발휘하였다. 그리하여 7세기의 일본어는 「백제어화」의 길을 일로매진 중이었다. 즉 당시의 일본어는 백제어로 인하여 거의 존망의 위기에 처하였다고 볼 수 있다. 그러다 백제의 멸망으로 다시 자신의 정체성을 회복하였던 것이다.

아마도 일제강점기의 기간은 35년에 불과하고, 백제가 왜국을 통치한 기간은 2백년이 넘는 장기간이기 때문에 이러한 차이가 발생한 것으로 생각되기도 한다.

일본어 속의 헤아릴 수도 없을 정도로 수많은 백제어의 존재는 백제가 왜국을 통치하였다는 사실을 알려주는 확고부동한 증거라 하겠다.

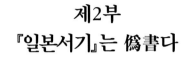

제2부
『일본서기』는 僞書다

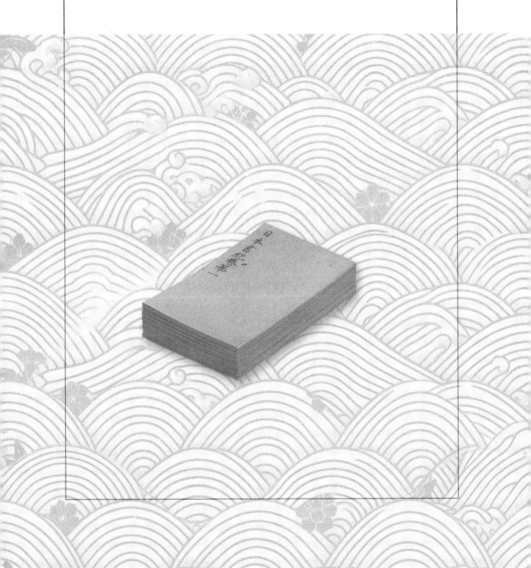

1장 ————

『일본서기』의
창작된 왜왕 37명

1. 허구의 왜왕 37명

　『일본서기』는 창작된 역사를 기록한 사서 즉 위서이다. 동서고금을 막론하고 이렇듯 꾸며낸 역사를 기록한 사서는 어디에도 찾을 수 없다. 몇 년 앞서 나온 『고사기』와 함께 전 세계 유이의 창작사서라 하겠다.

　『일본서기』는 기원전 660년에 즉위하였다는 시조 신무부터 697년에 세상을 떠난 지통까지, 도합 40명의 왕을 기록하고 있다. 그중 마지막 3명의 왕은 실존인물이고, 그 앞의 37명 왕은 모두 창작된 가공인물이다. 어떻게 시조부터 37명의 왕을 날조할 수 있는지, 참으로 기가 막힌 일이지만 이것은 어김없는 사실이다.

　그리하여 『일본서기』는 실존하지 아니한 허구의 왜왕과 귀족, 그리고 존재하지 아니하였던 허구의 온갖 사건들로 이루어진 허위의 역사서, 즉 위서이다. 창작기사의 대표선수는 바로 임나일본부 기사이다.

37명이 가짜라는 사실은 졸저 『천황가의 기원은 백제 부여씨(2020. 주류성)』에서 조목조목 상세하게 밝혀져 있으므로, 여기서는 간략하게 살펴보기로 하자.

1) 시조 신무

천황가의 시조라는 신무는 기원전 660년에 즉위하였는데, 이때의 일본은 신석기 시대였다. 금속문명, 벼농사, 문자문화, 이런 문명의 요소는 아직 도입되기 이전이고, 짐승을 사냥하고 나무 열매나 뿌리를 채집하던 시기였다.

이 신석기 시대에 신무라는 '천황'이 즉위하였고, 그 아내는 '황후', 아들은 '황자'로 불리웠다 한다. 그리고 그때부터 일본열도는 통일국가였다. 이 모든 것이 허구이고 창작임은 긴 설명이 필요없다.

『일본서기』는 그를 「신일본반여언(神日本磐餘彦 카무야마토이파레노피코)」천황이라 하였다. 모든 것이 한자의 음이 아닌 훈으로 읽는 방식이다. 이는 '日本(일본)'이라 적어놓고 '야마토'라 읽는 식인데, 사람의 이름에서 이러한 한자의 훈독표기는 7세기 말쯤에 일반화되었다.

기원전 660년의 일본열도에는 한자 그 자체가 전래되지 않았을 때이다. 그리고 '일본'이라는 국호는 670년에 성립한 바 있다. 기원전 660년의 왕이라 하여놓고는, 모든 것은 기원후 7세기 말의 표기방식이다.

창작된 가공의 왜왕인 것이 명명백백하다. 그럼에도 그는 127세에 죽은 것으로 되어있다. 이렇듯 왜왕의 수명이 긴 것으로 해놓으면, 창작의 노고를 대폭 줄일 수 있다.

시조 신무가 실존인물이 아니라는 것은 현대 일본 역사학의 확고부동한 통설이다. 이에 대하여 의문을 제기하는 역사학자는 필자가 아는 한 없다.

천황가의 시조부터 가공인물을 내세운 것인데, 그것은 천황가의 실제 출신내력을 꼭꼭 숨기고 밝히지 않으려는 의지의 소산일 것이다.

카시하라(橿原)시 아스카에 가면, 신무릉이 멋지게 조성된 것을 볼 수 있지만, 이는 19세기에 만든 것으로서 아무런 유물도 없다.

2) 2대부터 9대

이 8명이 허구라는 것은 현재의 일본 역사학에 있어서 확고부동한 통설이다. 왕과 왕비, 왕자의 이름만 나오고 역사적 사실은 전혀 보이지 않는다. 그래서 일본의 학자들은 이 8명의 왕을 「결사8대(缺史八代)」라 부른다. 역사가 없는 8대라는 의미이다.

그런데 이 8명의 왕 중에서, 5명의 이름에 '일본(日本 야마토)'이 포함되어 있다. 가령 6대 효안(재위 기원전 392~기원전 291년)은 '일본족언국압인(日本足彦國押人 야마토타라시피코오시피토)'라는 길고도 긴 이름인데, 여기에 '일본'이 들어있는 것이다. 이 사실만 보더라도 가공인물인 것을 알기에 부족함이 없다.

『일본서기』에 의하면, 신무를 포함한 이 9대의 왕 평균수명은 93.2세, 평균 재위기간은 67년이다. 그 중에서도 가장 긴 왕은 6대 효안으로서, 재위 102년, 137세에 죽었다.

9대의 평균수명이 93.2년이라는 것은 당연히 기네스북 감이다. 왜 일본 궁내청에서 기네스북 등재를 신청하지 않는지 알 수가 없다.

3) 10대 숭신

결사8대의 바로 다음 왕이 10대 숭신이다. 황국사관을 신봉하는 학자들은 이 왕부터 실존인물로 보기도 하였으나, 요즘은 가공의 왜왕으로 보는 견해가 대세이다.

그의 이름은 '어간성입언오십경식(御間城入彦五十瓊殖 미마키이리비코이리에)', 완벽하게 한자의 훈으로 된 기나긴 이름이다. 기원전 97년에 왕위에 올랐다는 숭신의 이름으로서는 전혀 어울리지 않는다. 이런 이름은 8세기의 일본에 존재하였던 것이다.

『일본서기』에 의하면 그는 재위 68년, 120살에 죽었고, 『고사기』에는 재위연수는 보이지 않지만 168살에 죽었다고 되어있다. 그의 이름과 수명만 보더라도 실존인물이 아님을 알 수가 있다.

4) 신공왕후

신라 정벌로 유명한 신공(神功)왕후는 14대 왜왕 중애의 왕비이다. 『일본서기』에는 신공이 9대 왜왕 개화(開化)의 고손녀라고 되어있다.

『일본서기』에 의하면, 신공은 서기 169년생이고, 개화는 기원전 209년생으로서, 나이 차이는 무려 378년이나 된다. 따라서 고조부인 개화와 증조부, 조부, 부친이 각각 평균 94.5세에 자식을 낳아야, 이런 차이가 날 수 있다.

이 94.5세라는 나이는 사망나이가 아니라 자식을 낳은 나이이다. 4대가 평균 94.5세에 자식을 낳다니. 만일 이것이 사실이라면, 이는 동서고금을 통털어 신기록인 것이 분명하다.

이 왕후는 남편인 중애의 사후, 왕위에 오르지는 않고 섭정으로서 통치하였다고 되어있다. 그런데 그 통치기간이 무려 69년이다. 모든 것이 상식과는 전혀 맞지 않는다. 가공인물인 것이 명백하다.

그녀의 이름은 '기장족희존(氣長足姬尊 오키나가노타라시피메노미코토)'. 한자의 훈독으로 된 이름이다. 이 당시의 왜지에는 한자의 훈이 생기기 수백 년 이전이다. 어느모로 보나, 실존하지 아니한 가공인물인 것이 분명하지만, 그녀는 신라를 정벌하여 신라왕의 항복을 받았다 한다. 가공의 여왕이 세운 이 허구의 대전공에 관하여는 뒤에서 자세히 살펴보자.

5) 15대 응신과 16대 인덕

이 둘은 실존인물로 믿는 학자가 많지만, 역시 가공인물이다. 응신은 바로 신공의 아들이다. 가공의 왕후 아들이 가공인물인 것은 당연하다. 여기서는 수명을 보자.

『일본서기』를 보면, 응신은 310년, 110살에 죽었다고 되어있다.

인덕은 399년 죽은 것으로 되어있는데, 사망나이는 나오지 않지만, 신숙주 선생의 『해동제국기』에는 110살로 나온다. 원본 『일본서기』에는 이렇게 되어있었던 것이 분명하다. 그래서 아들 인덕은 응신이 무려 89살에 낳은 아들이 된다.

아버지가 89살에 아들을 낳고 110살에 죽었는데, 그 89년 후에 아들이 또 110살에 죽은 결과가 된다. 이것이 사실일 리가 없다. 둘 다 실존인물일 가능성은 전혀 없다.

한편 응신의 모친 신공은 100살에 죽은 것으로 되어있다. 따라서 신공과 응신, 인덕 3대의 평균수명은 무려 106.6살이다. 아무리 세월이 흘러도 3대가 이토록 장수할 수는 없을 것이다. 『일본서기』 지은이가 창작의 편의를 위하여 왜왕들이 장수한 것으로 꾸며놓은 것이 분명하지만, 이 3대는 좀 심한 느낌이다.

응신의 이름은 '포무타(譽田 예전)'. 신공왕후가 낳았을 때 응신의 팔에 굳은살이 있어, 마치 활을 쏠 때 착용하는 활팔찌와 비슷하였다 한다. 활팔찌를 당시에 '포무타'라 하였으므로, 이를 이름으로 삼았다는 것이다. 이름에 관한 이 설화는 가공인물인 응신을 어떻든 실존인물로 보이도록 꾸며보려는 술수의 일환으로 이해할 수 있다.

인덕의 이름은 '오포사자키(大鷦鷯 대초료)', 뱁새라는 뜻이다. 두 왜왕의 이름은모두 순수한 한자의 훈독으로 되어있다. 어느모로 보나 8세기에 창작된 가공의 왜왕이다.

6) 21대 웅략

구구각각인 웅략의 수명

이 웅략은 일본의 역사학에서 아주 중요한 위치를 차지하고 있다. 『송서』의 왜왕 무(武)와, 이나리야마(稻荷山) 고분의 철검에 새겨진 '획가다지로(獲加多支鹵)' 대왕'을 이 웅략으로 비정하기 때문이다.

따라서 웅략이 실존인물이 아니라고 한다면, 현대 일본의 역사학과 고고학은 거의 붕괴에 가까운 위기에 처하게 된다. 그러나 웅략 또한 창작된 가공인물임이 명백하다.

『고사기』에 의하면 웅략은 124세의 나이로 기사년 8월 9일 죽었다고 되어 있다. 웅략의 수명을 짐작케 하는 『고사기』의 설화를 간략하게 살펴 보자.

「웅략이 길을 가다 우연히 강가에서 **빨래하는** 어여쁜 처녀를 만나, "궁중으로 부를테니 시집가지 말라"고 하여놓고는 **깜빡** 잊어버렸다. 처녀가 80년을 기다리다 노파가 된 후에, 한(恨)을 참지 못하고 왕을 찾아가 하소연하였다. 왕은 매우 미안해하면서, 노파가 너무 늙어 혼인하지는 못한다 하고는, 노래를 지어 하사하였다」

이 설화로 미루어 보면, 『고사기』에 나오는 웅략의 수명 124세가 원래의 모습인 것을 알 수 있다. 『일본서기』에는 이 설화가 보이지 않는다. 원래는 『고사기』와 동일한 설화가 기재되어 있었던 것을, 후세의 변작자가 삭제한 것으로 추정된다.

『일본서기』는 재위기간을 23년이라 하였으나, 수명은 나오지 않는다. 그런데 신숙주 선생의 『해동제국기』에는 재위 23년, 수명이 104살이라 하였으므로, 원본 『일본서기』에도 이렇게 되어있었던 것이 분명하다. 『일본서기』의 후세 변작자가, 사망나이와 오래 살았다는 사실을 뒷받침하는 「80년 기다린 노파」 설화를 삭제하였을 것이다.

한편 현행 『일본서기』 윤공 7년(417년)조에 의하면, 이 해에 왕후 대중희가 웅략을 출산하였다고 되어있다. 그리고 웅략 23년조에 의하면 그는 479년 죽었다고 하였다. 따라서 그의 수명은 62세가 된다.

따라서 재위기간 23년으로 계산하여 보면, 원본 『일본서기』는 81살, 『고사기』로는 101살에 즉위한 것이 된다. 현행 『일본서기』는 62살에 죽었다 하므로, 그의 즉위는 39살이다.

즉위 무렵의 웅략은 소년이 아니었다

웅략은 사후 붙여진 시호이고 이름은 따로 있는데, 소년 시절에 보여준 용맹에서 유래한 것이다. 즉 그는 형인 왕자 세 사람을 차례로 베어 죽이고는, 군사를 일으켜 원대신(圓大臣)의 집을 포위하여 공격하여, 불을 질러 태워 죽였다 한다. 『일본서기』에 나오는 그의 이름은 「오포파투세노와카타케루(大泊瀬幼武 대박뢰유무)」

이는 「오포(大)+파투세(泊瀬)+노(~의)+와카(幼)+타케루(武)」의 구조이다.

'오포(大)'는 크다는 뜻으로서 미칭, '파투세(泊瀬)'는 그의 궁이 있다는 곳의 지명이다. '와카(幼)'는 어리다는 뜻이고, '타케루(武)'는 용맹하다는 의미이다.

우선 417년에 태어났다는 웅략이 순전히 한자의 훈으로 된 이런 기나긴 이름을 가졌을 리는 만무하다. 아직 왜지에는 한자의 훈이라는 게 생겨나기도 훨씬 이전이다. 한자의 훈은 그로부터 100년 이상 지난 후에 비로소 생겨났다.

이름의 핵심적인 부분「와카타케루(幼武 유무)」는 그가 소년이지만 대단한 용맹을 과시하였으므로, 이런 이름으로 불리웠다는 것이다. 그런데 그가 81살 혹은 101살에 즉위하였다면 절대로 소년일 리가 없다. 현행『일본서기』에 익하더라도 39살에 즉위한 것이 되므로, 소년일 리는 만무하다. 모든 것이 허구이고, 그는 가공인물이다.

그리고『고사기』에는 사망나이뿐만 아니라 사망한 해의 간지가 기사년(己巳年)이며, 8월 9일 사망하였다고 날짜까지 명시하고 있다.『고사기』에 나오는 대부분의 왜왕들은 사망나이만 나오고, 사망한 해의 간지는 거의 나오지 않지만, 웅략의 경우는 예외라 할 수 있다.

이 기사년은 서기 489년에 해당한다. 그런데 이 해는『일본서기』의 기년으로는 24대 왜왕인 인현(仁賢) 2년에 해당한다. 전혀 앞뒤가 맞지 않는 것을 알 수 있다. 실존하였던 왜왕이었다면, 이런 혼란은 상상할 수도 없는 일이다.

『일본서기』지은이는 가공의 왜왕을 창작하면서, 수명이나 재위기간을 숫자로 꼼꼼하게 계산하는 작업은 전혀 하지 않았던 모양이다. 조금만 계산하여 보면, 모든 것은 뒤죽박죽이고 신뢰성은 제로이다.

웅략과 왜왕 무(武)

5세기의 인물이라는 웅략이 한자의 훈으로 된 기나긴 이름을 가졌을 가능성은 전혀 없다. 이는 8세기 일본의 표기법이고 이름이다.

그런데 『송서』「왜국전」에 나오는 왜왕 '무(武)', 당시의 백제어나 일본어 발음 모두 현대 한국어와 동일한 '무'였다. 그런 '무'라는 왜왕이 무려 11음절이나 되는 「오포파투세노와카타케루」일 가능성은 제로이다.

여기서 주의할 것은 그의 이름은 「오포파투세노와카타케루」 전체이지, 일부인 '와카타케루'가 아니라는 점이다. '무'와 「오포파투세노와카타케루」는 그 발음이나 모든 것이 달라도 너무 다르다.

한편 『일본서기』의 이 왜왕은 철검에 새겨진 '획가다지로(獲加多支鹵) 대왕'일 가능성도 전혀 없다. 이 대왕의 이름은 일본 학계에서 말하는 '와카타케루'가 아니라, 「왁카타키로」이다. 발음이 다르고, 궁의 소재지도 다르다. 가공의 인물 「오포파투세노와카타케루」가 실존하였던 철검의 대왕일리는 만무하다.

그리고 여기서 근본적인 의문을 생각하여 보자. 사람의 이름은 까마득한 옛날 사람이나 21세기를 살아가는 현대인 모두, 태어날 무렵 부모가 지어준다. 그런데 웅략의 이 이름은 태어날 무렵의 그것이 절대 아니다. 즉 그가 왕이 되기 직전 사납게 날뛰던 행동과, 왕으로 즉위한 이후 왕궁의 소재지를 알고 있는 사람이 지어준 것이 분명하다.

어떻게 이럴 수가 있단 말인가? 백보를 양보한다면, 웅략이 왕이 되고 궁전의 위치를 정한 후, 이름을 바꾸었을 가능성을 생각할 수 있다. 그러나 『일본서기』에는 태어날 때부터 이런 이름인 것으로 되어있다. 즉 웅략의 부왕이라는 윤공 2년조를 보면, 왕후는 여러 아들, 딸을 낳은 것으로 되어있는데, 그 중의 하나인 '大泊瀬幼武(오포파투세노와카타케루)천황'을 낳았다고 하였다.

웅략의 이 길고도 긴 이름은, 어느모로 보더라도 5세기 왜국의 신선한 공기를 호흡한 실존인물의 그것이 절대 아니다. 이 두 창작사서가 허구의 왜왕을 창작하면서, 붓장난으로 지어낸 이름인 것이 명백하고도 확실하다.

7) 26대 계체와 29대 흠명

26대 계체라는 왜왕은 일본 사학에서는 최후의 방어선인 마지노선과 같은 존재이다. 일본에서는 그 앞의 왜왕들은 가공인물일 가능성이 있으나, 최소한 이 계체부터는 실존인물임이 분명하다고 믿고있다. 그러나 그것은 어떻든 『일본서기』를 실제 역사로 믿고 싶은 일본 학자들의 염원에서 나온 것이 분명하고, 이 또한 허구의 왜왕이다.

『일본서기』에 의하면 그는 15대 응신의 5세손이며, 부친은 언주인왕(彦主人王 피코우시노오포키미)이라 하였다.

5대조라는 응신이 가공인물임은 앞서 보았다. 부친이라는 '언주인왕'의 훈독표기만 보더라도 가공인물임이 분명하다. 여기서의 '왕'은 한 국가의 최고통치자라는 통상적인 의미가 아니라, 천황가의 남성에 대한 존칭으로서, 이는 8세기의 호칭이다. 즉 이 인물은 8세기에 창작된 가공인물인 것이 분명하다.

가공인물인 부친과 5대조를 둔 계체가 실존인물일 가능성은 전혀 없다.

그의 이름은 '남대적(男大跡 워퍼더)'. 역시 한자의 훈으로 된 이름이므로, 가공인물인 것이 분명하다.

29대 흠명은 계체의 아들이다. 허구의 부친을 둔 흠명이 실존인물일 리가 없다. 그의 이름은 '천국배개광정(天國排開廣庭 아메쿠니오시파라키피로니와)'. 한자의 훈으로 된 긴 이름만 보더라도 그는 가공인물이다.

8) 33대 추고

『일본서기』에 의하면, 이 여왕의 이름은 풍어식취옥희(豊御食炊屋姬 토요미케카시키야피메), 593년 즉위하여 36년간 다스리다 628년, 75살에 죽었다고 되어있다.

그녀가 즉위한 593년은 물론, 죽은 628년에도 이 왜 여왕의 이름처럼 순수하게 한자의 훈으로 이루어진 긴 이름은 존재하지 않았다. 백제가 멸망하고도 좀 세월이 흐른 7세기 말쯤이 되어서야 이런 이름이 등장한 바 있다. 이름만 보더라도 그녀는 실존인물이 아님을 알 수가 있다.

수나라의 역사를 다룬 『수서』를 보면, 608년, 수나라 사신이 직접 일본을 방문하고는 보고 들은 바를 기록한 바 있다. 수나라 사신은 왜왕을 직접 만나 많은 대화를 나누었는데 그는 남자왕 '다리시비고(多利思比孤)'였다. 또한 후궁이 6~7백인이 있었다고 한 것으로 보더라도, 남자왕인 것이 너무도 명백하다.

그런데 『일본서기』는 33대 여왕 추고가 수나라 사신을 만난 것으로 되어있다. 날조된 여왕인 것이 확실하다.

9) 섭정 성덕태자(聖德太子)

일본 고대사에서 출중한 성인은 단연 성덕태자이다. 유교와 불교에 모두 통달한 대성인이라 하였다.

이름은 구호(廏戶 우마야토) 혹은 풍이총성덕(豊耳聰聖德 토요미미토시샤우토쿠). 훈가나로 된 기나긴 이름으로 보아도 실존인물이 아니다.

다른 이름은 풍총이법대왕(豊聰耳法大王) 혹은 법주왕(法主王). 천황가의 남성에게 '~왕'이라는 칭호를 붙인 것도 8세기에 시작된 제도이다. 6세기 말, 7세기 초에 활약하였다는 성덕태자가 '왕' 혹은 '대왕'으로 불린다는 것은 가능한 일이 아니다. 이름이나 존칭 모두 후세의 창작이다.

실존인물일 가능성은 전혀 없다.

추고는 원년에 성덕을 태자로 세우고, 섭정으로서 만기(萬機)를 모두 맡겼다고 되어 있다. 보통 섭정이라는 것은 왕이 어리거나 하여 정사를 제대로 처리하지 못할 경우, 모후 등이 왕을 대리하여 왕으로서의 직무를 집행하는 제도이다. 그런데 이 경우는 전혀 그렇지 아니하다.

이때 추고는 39세, 성덕은 겨우 19세였다. 불교와 유학을 아무리 열심히 공부하였다 하더라도, 세상 경험이 있을 수 없어 철부지 애송이 나이인 것이 분명하다. 39세의 원숙한 여왕이 19살밖에 되지 않은 철부지 조카에게 모든 정사를 맡기고, 자신은 일선에 물러났다는 것인데, 이는 상식적으로는 전혀 이해가 되지 않는 일이다. 『일본서기』를 보아도 왜 조카인 성덕에게 정사를 맡겼는지에 관하여는 전혀 언급이 없다.

만일 이것이 사실이라면, 19세의 조카에게 과감하게 권력을 위임한 추고가 오히려 성인이 아닌가 싶다. 권력욕은 인지상정인데, 그것을 초개같이 팽개치고 어린 조카에게 모든 권력을 위임하였다는 것은, 세속의 권력욕에서 멀리 벗어난 성인이 아니면 불가능한 일이기 때문이다.

일본의 학계에서도 요즘은 이 성덕태자의 실존을 믿지 않는 학자가 늘어나는 추세이다. 오오야마(大山誠一)씨의 『神話と天皇(신화와 천황). 2007. 平凡社』을 보면, 이 성덕태자가 허구의 인물이라는 이론은 이제 정설이 된 것으로 생각된다고 하였다. 아직도 '성덕태자가 존재하였다'라는 발언이 없는 것은 아니지만, 학문적인 근거가 제시된 것은 아니라 한다(9쪽).

아마도 실존하였던 백제에서 파견된 어느 왜왕의 장남이, 불교와 유교 모두 통달하여 성인과 같은 풍모가 있어, 뭇사람들의 존경을 받았던 모양이다. 그렇지만 백제에서 파견된 왜왕이니 물론 이 장남은 '태자'가 아니다. 그를 모델로 하여 창작된 캐릭터가 대성인 성덕태자일 것이다.

10) 37대 제명

제명은 가공인물

『일본서기』에 등장하는 허구의 왜왕 중 마지막이 37대 제명여왕이다.

그녀의 이름은 '천풍재중일족희(天豊財重日足姬 아메토요타카라이카시피타라시피메)'.

한자의 훈으로 이루어진 이런 긴 이름은 그녀가 처음 왕위에 올랐다는 642년에도 일본열도에 존재한 바 없었다. 백제가 멸망하고 무수한 백제인들이 왜지로 건너간 이후인 7세기 말쯤에 비로소 생겨났다. 망명 백제인들이 이러한 표기방법을 발전시키고 일반화한 것이다.

『일본서기』에 의하면, 그녀의 증조부는 30대 왜왕 민달(敏達), 조부는 민달의 아들인 압판언인대형황자(押坂彦人大兄皇子 오시사카노피코피토오오에노미코)왕자, 부친은 모순왕(茅淳王 티누노오포키미).

30대 왜왕 민달이 가공인물은 것은 물론이고, 부친이나 조부, 모두 한자의 훈으로 된 이름들이라 모두 8세기에 창작된 가공인물들이다. 이들 가공인물의 후손인 제명 역시 실존하지 아니한 허구의 인물이다.

가공인물 제명에서 실존인물 천지로

그런데 이 여왕은 『일본서기』에 보이는 실존한 최초의 왜왕인 천지의 모친이라 하였다. 그리하여 제명이 죽고, 천지가 왕위를 이어받는 것으로 되어있다. 가공인물 제명에서 실존 왜왕 천지로 이어지는 전환의 장면을 살펴보자.

① 제명 6년인 660년 9월, 백제 멸망의 소식이 왜국에 전하여졌다.

② 10월, 제명은 백제 구원의 명령을 내리고는, 12월에 아들 천지와 함께 출진하여 오사카의 항구로 갔고, 이듬해 1월 병력을 지휘하여 전함에 올라타고는 해로에 들어섰다. 4월에 후쿠오카에 도착하였다.

③ 7월 제명이 갑자기 죽었다.

④ 9월 인질 부여풍은 호위병 5천 대군을 거느리고 백제로 갔다.

⑤ 10월 천지는 모친 제명의 시신을 모시고 후쿠오카에서 출발하여, 11월에 아스카에 도착하였다.

잘 짜여진 한편의 드라마이다. 제명과 아들 천지가 함께 출진하여 후쿠오카에 있다가, 제명은 갑자기 죽고 천지가 그 자리를 이어받는다. 그리고 부여풍은 백제로 떠난다.

허구의 왜왕 제명에서 실존 왜왕 천지로 이어지는 상황을 이렇게 절묘하게 꾸며놓았다. 동시에 실제의 왜왕 부여풍에서 아들 천지로 아주 자연스럽게 이어지는 것을 알 수 있다.

그런데 조금만 깊이 생각해보면, 이 각본은 실제 있었던 역사적 사실이 아니라 『일본서기』가 꾸며낸 창작 드라마라는 것을 간파할 수 있다.

(1) 여왕 제명이 굳이 군함을 타고 수개월의 항해를 하면서 후쿠오카까지 갈 이유가 없다. 『일본서기』에는 제명의 수명이 나오지 않지만, 『해동제국기』에 의하면 그녀는 68세에 죽었다고 되어있다. 나이 70을 바라보는 고령의 여왕이 이렇듯 출진한 것은 전혀 상식에 맞지 않는다. 혈기왕성한 무장들에게 맡겨도 충분하다.

그러나 굳이 노령의 여왕이 직접 출동한 것은, 이런 스트리를 꾸며내기 위해서는 필요불가결한 일이기 때문이라 하겠다.

(2) 『일본서기』에 의하면, 백제 구원의 결정과 모든 조치들은 그야말로 초스피드로 이루어진 것을 알 수 있다. 멸망해버린 속국 백제를 구하는 것이 무엇이 그리 급하였단 말인가?

실제는 당시의 왜왕은 의자왕의 왕자 부여풍이었고, 그는 모국 백제에 구원군을 파병하는 것이 참으로 화급한 일이었을 것이다. 왜왕 부여풍이 급하게 결정을 내리고, 직접 대군을 지휘하여 출진한 것을 늙은 여왕 제명이 한 것으로 꾸며놓았으니, 이러한 상황은 상식적으로 전혀 납득할 수 없는 일이 되고 말았다.

(3) 왜 공교롭게도 제명은 후쿠오카에서 죽었을까?

다음달 부여풍이 호위병 5천 병력을 이끌고 백제로 간 것은 역사적 사실이다. 부여풍의 귀환에 앞서 제명이 죽은 것으로 처리하여, 실존 왜왕 천지로 자연스럽게 이어지게 한 설정인 것을 알 수 있다.

이렇게 『일본서기』는 37명의 왕을 날조하였고, 실존인물은 38대 천지부터 시작한다. 이 천지와 뒤를 이은 39대 천무는 백제 의자왕의 왕자인 부여풍의 아들이다. 따라서 『일본서기』는 37명 허구의 왜왕으로 이루어진 창작된 역사를 기록한 위서(僞書)인 것이 명백하다.

2. 『일본서기』의 역사 날조

허구의 역사를 창작하다

원래 왜국에는 국가의 역사서가 존재하지 않았다. 백제 멸망 이전까지의 왜국은 백제의 속국이었으므로, 국가의 역사를 기록한 관찬사서가 존재하였을 리가 없다. 최초의 관찬사서는 백제 멸망 이후 40여년이 지난 후인 712년에 나온 『고사기』이며, 720년 『일본서기』가 등장하였다.

고구려에는 나라의 역사를 100권으로 기록한 『유기』가 있었는데, 600년 무렵 이를 축약하여 『신집』 5권으로 편찬하였다.

백제는 근초고왕(재위 346~375년) 무렵에 박사 고흥이 『서기』라는 역사서를, 신라 또한 545년에 거칠부가 『국사』를 편찬한 바 있다.

이에 비하면 왜의 경우는 늦어도 너무 늦은 것을 알 수 있다. 그런데 『일본서기』에 의하면, 왜국은 기원전 660년 신무가 개국한 이후 단 한번의 왕조교체도 없이 만세일계로 이어져 내려 온 것으로 되어있다.

뿐 만 아니다. 서기 200년에 신공왕후는 벌써 신라를 정벌하여 신라왕의 항복을 받았으며, 249년에는 다시 신라를 격파하고 가야의 7국을 평정하고는 백제왕의 항복도 받아낸 바 있다. 그 후로도 왜는 백제와 신라, 가야는 물론 고구려로 부터도 수백년간 조공을 받아온 우주의 중심이었다.

이런 최고의 강대국 왜국에 국가 역사서가 없었다는 것은 전혀 이해할 수 없는 일이다. 어찌하여 주위의 모든 나라를 지배한 자랑스런 역사를 기록하지 않았을까? 더구나 단 한번의 왕통 교체도 없이 만세일계로 이어져 내려왔지 않은가? 왜의 속국에 불과한 백제와 신라도 진작부터 자국의 역사를 기록한 점과 비교하여 보면 더더욱 그러하다.

실제로는 왜가 속국이었기에 이렇게 늦을 수밖에 없었던 것이다. 그런데 『고사기』와 『일본서기』, 이 두 사서는 진실된 역사가 아니라, 창작된 역사를 기록하였다는 점에서 역사서라 부를 수도 없다. 왜국이 백제의 속국이었다는 사실을 감추려 하다보니, 수많은 허구의 왜왕과 날조된 역사를 창작하였던 것이다.

『고사기』의 서문에 나오는 다음 문구가 이 책의 성격을 잘 설명하여 주고 있다(졸저 『천황가의 기원은 백제 부여씨』 419쪽).

「허위의 역사를 삭제하고, 진실된 역사를 정한다(削僞定實 삭위정실)」

8세기의 일본에는 「허위의 역사」와 「진실된 역사」라는 두 가지 역사가 존재하였던 것을 알 수 있다. 역사는 있는 그대로의 역사, 단 하나의 역사가 존재할 뿐인데 어찌하여 '허위의 역사'와 '진실된 역사'라는 두 가지 역사가 있을 수 있는가?

그리고 진실된 역사라 하더라도 「역사를 정한다」라는 것은 도대체 무슨 의미인가? 역사는 있었던 그대로를 「기록」하는 것이지, 어찌 「정할」 수가 있단 말인가?

여기서 말하는 '허위의 역사'는 백제가 왜국을 통치한 진실된 역사이며, '진실된 역사'는 붓끝의 희롱으로 창작한 역사이다. 『고사기』와 『일본서기』는 백제가 왜를 지배한 「진실된 역사」를 「허위의 역사」로 몰아 이를 삭제하고는, 왜가 백제와 신라, 가야를 지배하였다는 「창작된 허구의 역사」를 「진실된 역사」로 새로이 「정하였던」 것이다.

백제의 왜국 지배를 숨기기 위하여

일본서기가 역사를 날조한 데에는 다른 이유가 없다. 5세기부터는 가야가, 6세기부터는 백제가 일본을 지배했으므로, 그것을 숨기기 위한 목적이었다.

660년 갑자기 백제가 멸망했고, 왜국은 본의 아니게 독립하게 되었다. 당시 지배층의 백제 사람들은 자신들의 노선에 대하여 깊이 고민하였을 것으로 보인다. 지배층인 백제 사람들은 소수이고, 피지배층인 일본 토박

이들은 그 인구수가 압도적으로 많았기 때문이다. 이 사람들을 어떻게 지배하는 것이 좋을까, 아마 깊은 고민을 하였다고 생각된다.

백제 사람들은 토박이들을 영구적으로 지배하기 위하여, 그 사람들과 하나로 동화되는 방법을 선택하였다. 몽골족과 만주족이 인구가 압도적으로 많은 중국을 지배하면서, 자신들의 정체성을 잊지 않으려고 갖은 애를 쓴 것과는 정반대의 노선이었다. 그래서 창작된 역사서 『일본서기』와 『고사기』를 지었는데, 그 요지는 다음과 같다.

「우리 천황과 귀족들은 백제에서 건너온 사람들이 아니다. 태곳적부터
일본열도에서 너희들과 같이 살면서, 너희들을 지배해 온 사람들이다」

『일본서기』를 지은 근본목적이 바로 이것이다. 우리는 백제 속국이 아니다. 지배층도 토박이 너희들과 뿌리가 같다라고 속일 목적이었다.

그런데 『일본서기』를 지은 사람이 누구인지는 알 수 없지만, 그 사람도 백제 후예인 것은 확실하다. 백제 후예가 아니면 이런 책을 지을 수가 없다. 그래서 일본 천황과 귀족, 즉 지배층의 뿌리가 백제였다는 사실이 완전하게 잊혀지는 사태는 결코 원치 않았다.

그런 이유로 아직기와 왕인 등 수많은 백제의 학자, 스님, 관리, 기술자들이 일본으로 건너간 사실을 기록한 바 있다. 『일본서기』의 진실기사는 대체로 이 정도에 불과하다. 따라서 『일본서기』를 통하여 잊혀진 우리 역사를 조금은 복원할 수도 있다. 그러나 그것은 극히 드문 사례이다.

또 하나 간과할 수 없는 것은 백제를 공격하여 멸망케 한 신라에 대한 사무친 원한이다. 이 극심한 반신라 감정으로 인하여 신공왕후의 신라 정벌과 신라의 조공 따위 기사를 창작하였던 것이다. 백제 후예인 일본 귀족들은 이러한 기사를 읽고는 상당한 카타르시스를 느꼈을 것이다.

백제가 통치한 사실이 완전히 잊혀지는 것도 원치 않았다

『일본서기』는 또한 12명의 백제 왕자가 일본으로 건너간 사실도 기록하였다. 반면 일본 왕자가 백제로 건너간 것은 단 한번도 보이지 않는다. 만일 두 나라가 대등하게 「교류」하는 사이였다면, 있을 수 없는 일이다. 서로 비슷한 정도로 방문하는게 정상일 것이다.

12명의 백제 왕자 중 상당수는 왜왕이었다. 이런 왕자들이 왜왕으로 건너간 것이 아니라, 수호를 닦는다, 혹은 인질이니 하면서 건너간 것으로 왜곡해서 기록하였다.

『일본서기』 지은 사람은 백제가 일본을 지배한 역사가 완전히 사라지는 것도 원치 않았지만, 또 완벽하게 드러나는 것도 원치 않았던 모양이다. 그래서 암호화해서 기록하였던 것이다.

그리고 백제의 여러 왕자와 아직기, 왕인 등의 학자, 승려, 관료, 기술자들이 도왜하여 왜국에 학문과 불교, 건축기술 등의 여러 가지 문화를 전파한 사실도 기록하였다. 최소한 이 정도의 사실은 후세에 알리고 전하여 주는 것이 마땅하다고 생각하였던 모양이다. 그렇지만 『일본서기』는 이들 백제인들은, 왜왕의 명령에 의하여 백제왕이 「바쳤다」고 하였다.

일본 학자들도 6, 7세기에 수많은 백제 사람들이 건너갔고, 그들이 찬란한 아스카(飛鳥) 문화의 주역이었다는 사실은 전부 인정하고 있다. 그런데 그 백제 사람들은 주로 기술자들로서 피지배층이었고, 왕과 고위귀족은 토박이 왜인이었다고 주장한다.

일본 사학에서는 『일본서기』 한 귀퉁이에 나오는 「금래재기(今來才伎)」라는 말을 종횡무진 써먹고 있다. 재기(才伎)는 기술자를 뜻하므로, 이 말은 백제에서 새로이 건너온 기술자의 뛰어난 기술을 칭송하는 의미이다. 그렇지만 일본 학자들은 건너온 대부분의 백제인은 이러한 기술자들이었고, 『일본서기』에 나오는 왕과 신하들이 지배했다고 보고 있다.

그러나 그 왕들은 37대까지 창작된 가공인물이다. 실존하였던 토착왜인이 왕이었다면, 굳이 역사를 날조할 이유는 없었을 것이다.

2장

허구의 왜왕릉

1. 창작된 왜왕과 허구의 왕릉

『일본서기』는 신무에서 제명까지 37명의 실존하지 아니한 가공의 왜왕을 창작한 바 있다. 그러면서 이 왜왕들이 허구의 가공인물이 아니라 실존 인물이었다는 점을 과시라도 하듯, 모든 왜왕들의 무덤을 거의 빠짐없이 기록하여 놓았다.

그렇지만 창작된 왜왕들이 무덤이 있을 리가 만무하다. 그리하여 일본의 천황가에서도 『일본서기』 상으로 자신들의 선조라고 할 수 있는 신무 등 역대 왜왕들의 무덤에 대하여는 아무런 관심조차 없었다. 시조인 신무만 하여도 『일본서기』 상으로만 시조이지, 그는 창작된 가공인물이므로, 당연히 무덤도 있을 리 없다. 그런 사실을 8세기 이후의 일본 천황들도 익히 알고 있었으므로, 시조인 신무를 비롯한 허구의 왜왕들 무덤에 대하여 전혀 관심이 없었던 것이다.

일본에서는 왜왕들의 무덤을 '천황릉'이라 하지만, '천황'이라는 왕호는 7세기 말 이후에 성립된 것이고, 그 이전에는 공식적인 칭호가 '왜왕'이었다. 따라서 그 무덤은 '왜왕릉'으로 부르는 것이 당연하다.

일본의 유명한 역사잡지인 『歷史讀本(역사독본)』 1987년 6월호는 「천황릉과 궁도(宮都)의 수수께끼」 특집호였다. 그 첫 페이지의 제목은 「날조·변형된 천황릉」으로서, 그 내용을 보면,

「많은 거대고분이 천황가의 묘(천황릉)로서 궁내청 서릉부(書陵部)가 관리하고 있다. 그러나 수많은 능묘 중에서 그 피장자가 판명된 것은, 천지, 그리고 천무와 지통의 합장릉 둘 뿐이라 하며, 그 나머지는 전부 고대사의 어둠 속에 있다. 놀랍게도 초대 신무천황을 시초로 하는 신화 상의 천황들 무덤도 존재한다는 것이 실상이다」

라고 하였다. 왜왕릉을 둘러싼 고대사의 진실에 상당히 근접한 듯한 느낌이다. 일본 고대사에 관한 논문이나 단행본, 어떤 책에서도 이토록 진실된 내용의 글을 찾아보기 쉽지가 않다. 이 책이 나온지 벌써 36년 전이지만, 변한 것은 아무 것도 없다.

필자는 이 대목에서 영감을 받아, 졸저 『천황가의 기원은 백제 부여씨』를 구상하였고, 그 제 1장의 제목을 「허구의 왜왕과 창조된 왜왕릉」이라고 붙인 바 있다. 여기서는 왜왕릉을 집중적으로 살펴보자.

2. 시조 신무릉

최초의 신무릉 총산(塚山)고분

1690년대에 접어들어 당시 정권을 잡고 있던 막부에서 왕릉에 관심을 가지고 이를 정비, 보수하는 작업을 시작하였다. 이때의 연호가 원록(元綠)이었으므로, 이 사업을 '원록의 수릉(修陵)'이라 한다.

그 이전에도 특정 왕릉의 부분적인 개, 보수는 가끔 있었으나, 전체 왕릉의 전면적인 정비는 이때가 처음이었다. 그런데 왕릉을 정비, 보수하려고 하여도 어느 왕의 무덤이 어느 것인지 알 도리가 없었다.

그리하여 우선 어느 왕의 무덤이 어느 것인지를 결정하는 작업이 이루어졌는데, 일본에서는 이를 '치정(治定)'이라 하였다. 당시 고고학이 발달하기 이전이라, 별 근거도 없이 주먹구구식으로 이루어진 경우가 대부분이었다.

원록의 수릉에서도 시조인 신무의 무덤은 아주 중요하게 다루어졌다. 당시 신무의 무덤으로 정해진 것이 없었으므로, 우선 신무의 무덤이 어느 것이냐를 치정하는 작업이 선행되어야 하였다.

당시에도 몇 가지 견해가 나누어져 있었는데, 결정된 것은 총산(塚山)고분이라는 무덤이었다. 그래서 이 무덤을 시조 신무의 무덤으로 정하고는 대대적인 수축과 정비가 이루어졌다. 이때부터 이 무덤이 공식적으로 신무의 무덤으로서 존숭의 대상이 되었다.

변경된 신무릉

그러나 처음부터 신무의 무덤이 총산이 아니라는 학자들의 의견이 많았는데, 그러한 견해는 점점 세력이 강해졌다. 대별하면 신무전(神武田)이라는 곳에 있는 무덤이라는 설과, 환산(丸山)고분이라는 설이 그것이다. 둘다 나름대로 그럴듯한 근거가 있었으므로, 그 결정은 아주 어려웠던 모양이다.

그러다 명치유신 직전인 1860년대 또다시 대대적인 수릉사업이 이루어진 바 있었다. 이때의 연호가 '문구(文久)'였으므로, 이 사업을 '문구의 수릉'이라 한다. 문구의 수릉에서도 신무의 무덤은 아주 중요시되었다. 그런데 이 무렵에는, 앞서 신무릉으로 치정하여 정비하였던 '총산고분'이 신무의 무덤이 아니라고 확신하였던 모양이다.

그렇지만 신무전 무덤과 환산 고분 중에서 어느 것이 신무의 그것인지 갑론을박이 계속되었으나, 나름대로 근거가 있어 쉽게 결정이 나지 않았다. 그래서 두 견해를 일목요연하게 정리한 서면을 당시의 효명(孝明)천황에게 올려서, 천황으로 하여금 결정하게 하였다. 천황의 조상이니 천황이 결정하는게 타당하다는 생각이었던 모양이다. 그 결과 천황이 선택한 것이 신무전의 무덤이었으므로, 이때부터 이 무덤이 신무의 그것으로서 대대적인 정비가 이루어져 현재에 이르게 되었다.

그리고 앞서 원록의 수릉에서 신무릉으로 치정되었던 총산고분은 신무의 뒤를 이은 2대 왜왕 수정의 무덤으로 변경되었다. 일본의 시조라는 신무릉은 이렇듯 상식적으로 이해가 되지 않는 과정을 거쳐 결정된 것이다. 시조릉을 변경한다는 것도 우습지만, 고대의 무덤에 대하여 고고학적 지식이 있을 리가 없는 천황이 결정하였다는 것은 더더욱 우스운 일이라 하겠다.

신무릉의 타당성

이 고분이 과연 신무의 무덤일 가능성이 있을까? 우에노(植野浩三)씨는 다음과 같이 말하고 있다(『天皇陵總覽(천황릉총람). 1994. 新人物往來社』74쪽).

「문구(文久)의 수복 후 …… 수회에 걸쳐 개수되었다. 중심의 분구는 명
치(明治) 31년 조작된 것으로서 …… 팔각형 모습이다.
…… 매장시설과 마찬가지로 실재하지 아니한 천황릉일 뿐만 아니라,
더우기 고분의 가능성이 없는 구조물이므로, '신무릉'으로서의 유물은
전혀 없다고 말할 수밖에 없다」

현재의 신무릉은 원래 무덤이 아니었던 모양이다. 그러던 것을 인공으
로 흙을 성토하여 무덤의 형태로 만들고는, 시조릉으로 만들어내었던 것
이다. 그러니 그 시대와 어울리는 유물 같은 것이 있을 리 없다. 가공의 시
조왕에다 만들어낸 무덤, 이것이 신무릉의 실체이다.

이마이(今井堯)씨는 실재하지 아니한 인물인 신무의 무덤을 신무전에다
만들어낸 것은, 『고사기』와 『일본서기』의 기록을 포함하면, 「이중의 의미
에서 역사의 위조」라고 단언하고 있다(『天皇陵の解明(천황릉의 해명). 2009. 新
泉社』47쪽).

즉 『일본서기』 등에서 신무라는 가공인물을 꾸며낸 것이 첫 번째 위조
이고, 이 가공인물의 무덤을 만들어낸 것이 두 번째 위조이므로, 이를 「이
중의 의미에서 역사 위조」라고 논파한 것이다. 그는 이 문장을 포함된 단
락의 제목을 「신무릉의 수축과 날조」라고 붙여 놓았다.

이러한 「역사의 위조」는 장장 37대나 이어지다가, 38대 천지에 이르러
비로소 실존 왜왕이 등장하게 된다.

3. 고분군으로 보는 일본 고고학의 파탄

고분시대와 고분군의 이동

일본 역사학에서는 엄청나게 거대한 고분이 조성되던 3세기 중반부터 6세기 말까지를 「고분시대」라 부른다. 이를 삼등분하여 3세기 중반부터 4세기 말까지를 전기, 4세기 말부터 5세기 말까지를 중기, 그 이후부터 6세기 말까지를 후기라 한다.

왕릉급의 거대한 무덤이 밀집한 고분군의 소재지가, 전기에는 나라(奈良)분지 내에 있다가, 중기 즉 4세기 말에는 오사카의 가와치(河內)로 이동하게 된다.

가와치의 무덤 중에서, 일본에서 가장 큰 무덤인 길이 486m의 대산(大山)고분을 16대 '인덕릉', 두 번째인 길이 420m의 예전어묘산(譽田御廟山)고분을 15대 '응신릉'으로 보는 것이 일본 고고학의 통설이다.

그러나 응신과 인덕, 두 왜왕은 실존하지 아니한 가공인물이다. 따라서 이 두 거대한 고분이 가공인물인 두 왜왕의 무덤일 리가 없다. 이 두 초거대고분을 중심으로, 현대 일본 고고학의 허구성을 살펴보기로 하자. 일본 고고학계에서 고분 연구에 관한 한 통설을 대표하는 학자인 시라이시(白石太一郎) 선생에 의하면,

① 3세기 중반 조금 지나서부터 4세기 중반까지, 나라분지 동남부에 길이 280m인 저묘(箸墓)고분(쪽 참조)을 필두로 하여, 도합 6기의 거대한 왕릉이 조성된다.
② 4세기 후반이 되면, 왕릉은 나라분지 북부에 2기 축조되고,
③ 4세기 말에는 오사카의 가와치(河內)로 옮겨, 5세기 전반까지 4기의

탁월한 규모의 왕릉이 조성되었다.

(『天皇陵古墳を考える(천황릉 고분을 생각한다). 2012. 學生社』142쪽)

라고 하였다. 즉 3세기 중반 조금 지나서부터 5세기 전반까지, 대략 160년
전후의 기간동안에 조성된 도합 12기의 무덤을 왕릉으로 보았다. 이러한
시라이시 선생의 견해는 거의 통설이 되었고, 여기에 반대하는 견해는 거
의 없는 것으로 보인다. 다만 축조시기에 관하여는 조금씩 다른 주장이 있
기는 하다.

『일본서기』와 왕릉의 불일치

『일본서기』에 의하면 이 무렵 왜왕들의 사망연도는 다음과 같다.

① 신공왕후 : 269년   ② 응신 : 310년   ③ 인덕 : 399년

④ 이중 : 405년   ⑤ 반정 : 411년   윤공 : 453년

신공에서 반정까지 도합 5명의 왜왕이 이 시기에 해당된다. 뒤를 이은
윤공은 453년 죽었으므로, 12기 무덤의 주인공에는 해당하지 않는다.

3세기 중반 조금 지나서부터 5세기 전반까지 대략 160년 안팎의 기간동
안, 고고학으로는 12기의 왕릉이 존재하지만, 『일본서기』로는 5명의 왜왕
뿐이다. 고고학과 『일본서기』는 전혀 부합되지 않는다.

왜 이런 결과가 발생하였을까? 고고학에서는 대략 160여년동안 12기,
즉 계산상 13~4년마다 새로운 왕릉이 조성되었지만, 『일본서기』로는 이
기간 동안 5기, 즉 32년마다 새 왕릉이 만들어진 것으로 되기 때문에 일치
될 수가 없다.

구체적으로 보면, 269년 신공이 죽고, 41년 뒤인 310년에 응신, 그 89년 뒤인 399년에 인덕이 죽은 것으로 되어있으므로, 전혀 맞지 않는다. 어떻게 해도 매치시킬 수가 없다. 이를 도표로 확인하면 다음과 같다.

시기	장소	왕릉 수	『일본서기』
① 3세기 중반~4세기 중반	나라 동남부	6	신공, 응신 (269년), (310년)
② 4세기 후반	나라 북부	2	없음
③ 4세기 말~5세기 전반	가와치	4	인덕, 이중. 반정 (399년), (405년), (411년)

이 도표에서 보면,

(1) 고고학에서는 나라분지 동남부에 6기의 왕릉이 있다고 하지만, 『일본서기』로는 2기 뿐이다.

(2) 고고학에서 이것은 확실하다고 믿고 있는 오사카 가와치의 응신릉은 『일본서기』로 볼 때는, 나라분지 동남부에 있어야 마땅하다.

(3) 4세기 후반에 나라분지 북부에 조성된 2기의 왕릉은 존재하지 않아야 한다. 『일본서기』로는 응신이 310년 죽었고, 그 89년 후인 399년 인덕이 죽었으므로, 그 사이에는 왕릉이 생길 수가 없기 때문이다.

(4) 고고학에서는 오사카 가와치에 4기의 왕릉이 있다고 하지만, 『일본서기』로는 3기이다. 그 첫 번째 무덤의 주인공은 인덕이 된다.

(5) 고고학의 성과와 『일본서기』의 기록은 전혀 일치하지 않는다. 여기서 일본 사학 전가의 보도인 '2주갑인하설'을 적용하여 보자. 일본 사학자들이 하는 대로 다른 왜왕은 내리지 않고, 응신 혼자만 내려보자.

응신의 죽은 해 310년에서 120년을 내리면 430년이 되어, 가와치의 4번째 왜왕릉 자리를 차지할 수는 있을 것 같다. 그러나 그렇게 되면, 그는 아들인 인덕이나, 손자인 이중과 반정보다 더 뒤의 왕이 되니, 이는 있을 수 없는 일이다.

2주갑인하설의 허구

그러면 이 무렵 왜왕들 전체에 대하여 '2주갑인하설'을 적용하여 120년을 내려보자.

① 12대 경행 : 250년　　② 13대 성무 : 310년　　③ 14대 중애 : 319년

④ 신공왕후 : 389년　　⑤ 15대 응신 : 430년　　　16대 인덕 : 519년

이렇게 해보아도 『일본서기』의 5명 왜왕만이 이 시기에 해당하게 된다. 고고학의 12기와는 전혀 거리가 멀다. 도표로 확인하여 보자.

시기	장소	왕릉 수	『일본서기』+120년
① 3세기 중반 ~ 4세기 중반	나라 동남부	6	경행, 성무, 중애
② 4세기 후반	나라 북부	2	없음
③ 4세기 말 ~ 5세기 전반	가와치	4	신공, 응신

(1) 이렇게 되면, 나라분지 동남부에 조성된 최초의 왕릉은 12대 경행의 무덤이 된다.

(2) 고고학에서는 나라분지 동남부에 6기의 왕릉이 있다 하였으나, 여기서는 3기의 무덤만 존재하는 것이 되고, 3기는 갈 곳이 없다.

(3) 신공왕후는 389년 죽은 것으로 되니, 그녀의 무덤은 나라분지가 아니라 오사카 가와치의 첫 번째 왕릉이어야 마땅하다.

(4) 나라분지 북부에 실존하는 2기의 왕릉은 설 자리가 없다.

(5) 고고학에서는 가와치에 4기의 왕릉이 존재하지만, 여기서는 신공과 응신의 무덤 2기밖에 들어갈 수가 없다.

『일본서기』의 기년으로 보든, 일본 고고학의 통설대로 120년을 내려보든, 『일본서기』와 고고학상 왕릉의 실체와는 전혀 맞지 않는다. 왜 이런 미스매치가 발생할까? 『일본서기』의 왜왕들은 붓끝으로 창작된 가공인물이기 때문이다.

가와치의 4기 거대고분

다음으로는 범위를 좁혀, 고분시대 중기 즉 오사카의 가와치에서 4세기 말부터 5세기 전반까지, 조성된 4기의 왕릉을 살펴보자. 이 시기는 거대고분의 최전성기이다. 시라이시 선생에 의하면,

① 중진산(仲津山)고분(15대 응신의 왕비릉) → ② 상석진(上石津)미산자이 고분(17대 이중릉) → ③ 예전어묘산 고분(15대 응신릉) → ④ 대산 고분(16대 인덕릉)

의 순이다. 무덤의 주인공에 관하여는 궁내청의 치정을 그대로 따랐다. ③과 ④의 주인공은 일본 고고학의 통설이기도 하다. ①은 고고학으로는 가와치의 첫 번째 왕릉인 것이 분명하지만, 어찌된 일인지 천황릉으로 치정되지 않았다.

먼저 이 네 고분의 시기적 간격을 주목하여 보자. 4세기 말부터 5세기 전반까지 4기이므로, 무덤 1기 사이의 시차는 길어야 10년 정도이다.

그런데 『일본서기』에 의하면, 응신(310년)과 인덕(399년)의 사망시기는 무려 89년의 엄청난 간격이 있다. 그렇지만 고고학에 의하면, ③응신릉과 ④

인덕릉의 차이는 불과 10년 전후. 어떤 방법으로도 89년과 10년의 간극을 설명할 길이 없다.

여기서 ③이 고고학의 통설대로 응신릉이라고 치자. 『일본서기』에 의하면 응신의 앞에 왜국을 다스린 인물은 그의 모친인 신공왕후이다. 그렇다면 응신 바로 앞의 ②는 신공의 무덤이 될 수밖에 없다.

그런데 ②는 신공이 아니라, 응신의 손자인 17대 이중의 무덤으로 치정되었다. 이것은 어찌된 일인가? 손자의 무덤이 조부의 무덤보다 먼저 만들어졌다니? 하지만 이는 치정의 오류라고 이해하고 넘어가자. 현재 신공왕후릉은 나라분지 북부의 2기 왕릉 중의 하나로 치정되어있다.

그런데 신공이 죽은 것은 269년, 응신은 무려 41년 이후인 310년 죽었다. 이 41년의 간격은 어떻게 설명할 것인가? 앞서 보았듯이 고고학적으로 ②와 ③의 시차 역시 불과 10년 전후.

일본 고고학에서는 어떠한 합리적인 해설도 불가능할 것으로 생각된다. 여기서도 일본 고고학의 파탄이 드러나고 있다.

허구의 응신릉

응신릉으로 치정된 ③은 일본에서 두 번째 규모인 길이 420m의 예전어묘산(譽田御廟山)고분.

『일본서기』에 의하면 15대 응신은 110살, 310년에 죽었다. 『고사기』는 130살인 394년에 죽었다 한다. 나이로는 20년, 죽은 연대로는 84년의 차이가 있다. 이 110살 혹은 130살이라는 기나긴 수명과, 84년이라는 엄청난 죽은 연대의 차이. 이것만 보더라도 이 왜왕은 실존인물일 가능성이 전혀 없어 보이는데, 일본 학자들은 그런 느낌이 전혀 오지 않는 모양이다.

시라이시(白石太一郎) 선생에 의하면, 응신의 무덤이라는 ③은 고고학으

로 볼 때, 5세기 전반의 이른(早い) 시기에 축조되었다 한다(『古墳 からみた 倭國の形成と展開(고분으로 본 왜국의 형성과 전개). 2013. 敬文舍』 208쪽). 표현이 좀 애매하지만, 대략 410년 전후의 시기라고 이해할 수 있다.

그런데 『일본서기』에 의하면 응신은 310년에 죽었다. 전혀 시기가 맞지 않는다. 그래서 소위 '2주갑인하설'이 등장한다. 310년에서 120년을 내리면 430년이 되므로, 『일본서기』의 기록과 고분의 연대가 얼추 부합하게 된다. 이것이 일본 사학과 고고학의 통설이다.

그러나 2주갑을 내린 430년은 19대 왜왕 윤공 19년이 된다. 윤공은 응신의 손자다. 그러면 430년 시점에서 보자면, 이 해는 응신이 죽은 해이면서, 동시에 윤공의 재위 19년인가? 그렇다면 한 해 이전인 429년에는 응신과 손자인 윤공이 동시에 왕위에 있었던 말인가?

'2주갑인하설'이 성립하려면, 필자의 이 단순한 물음에 대하여 납득할 만한 답변이 있어야 할 것이다.

『일본서기』의 모든 왜왕들은 만세일계, 즉 하나의 계통으로 계속하여 쭉 이어져 내려왔다고 되어있는데, 어떻게 120년을 내린단 말인가? 그렇게 되면 필연적으로 120년 후의 왜왕과 충돌할 수밖에 없다. 전혀 있을 수도 없는 일이다. 귀에 걸면 귀걸이, 코에 걸면 코걸이 식의 엉뚱한 수작이고 궤변이다. 역사학의 이론이라고 부를 수도 없다.

근본적으로 왜왕 응신은 실존하지 아니한 가공인물이고, 그나마도 『일본서기』에 의하면 310년에 죽었다고 되어있으므로, 그가 이 거대한 무덤의 주인공일 가능성은 전혀 없다. 그렇지만 일본 학자들은 어떻든 실존인물로 보이게 하려고, 그리하여 이 무덤의 주인공으로 만들어 보려고, 갖은 억지와 궤변을 늘어놓는 것을 알 수 있다.

허구의 인덕릉

응신의 아들인 16대 인덕은 『일본서기』에 의하면, 재위 87년인 399년 죽었다. 부친이라는 응신의 사망(310년)으로부터 무려 89년 뒤에 죽은 것이 된다. 인덕의 무덤은 ④대산(大山)고분이라 부르는 일본에서 가장 큰 길이 486m의 초거대고분이다. 이것이 과연 인덕의 무덤일까?

앞서 본 시라이시(白石太一郞) 선생의 위 책에 의하면, 이 무덤은 고고학적으로 볼 때, '5세기 전반의 빠른(新い) 시기'로서, 응신릉에 바로 이어서 축조되었다 한다. 역시 애매하지만 대략 420년 전후로 이해할 수 있다. 따라서 『일본서기』에 나오는 인덕의 사망시기 399년과는 일치하지 않는다. 2주갑인하설을 적용하여 120년을 내리면 519년이 되어 더더욱 멀어진다.

필자는 이 두 거대고분과 이 고분들이 위치한 '백설조, 고시고분군'에 관한 수많은 논문과 단행본, 도록을 보았으나, 『일본서기』에 나오는 왜왕 사망연도의 엄청난 시차와 고고학으로 보는 10여년의 간격에 관한 어떠한 논의도 본 적이 없다. 단 한 줄의 언급도 본 기억이 없다.

위에서 본 바와 같이, 창작사서 『일본서기』의 날조된 왜왕들을 기반으로 하여 구축된 일본 고고학은 파탄을 면할 길이 없다. 이 왜왕들이 허구의 가공인물이라는 사실을 솔직하게 인정하고, 모든 것을 제로 베이스에서 다시 출발하여야 진정한 고대 일본의 역사를 찾을 수 있을 것이다.

4. 날조된 왜왕릉의 실상

2대 수정

앞서 보았듯이 1690년의 치정에서는 '신무릉'이었다가 근세 '문구의 수릉'에서 수정릉으로 바뀌었다. 즉 165년간 시조인 신무릉이었다가, 그후 2대 수정릉으로 바뀌었던 것이다.

3대~8대

앞서 본 『天皇陵總覽(천황릉총람)』에 의하면, 이 왜왕들의 무덤은 모두 사람이 인공으로 만든 무덤이 아니고, 자연 구릉이나 지형을 이용한 것이라 한다.

2대부터 8대까지는 일본 역사학에서 '결사팔대'라 한다. 즉 역사가 결여된 8대라는 의미이다. 어쩌면 이렇게도 결사팔대라는 명칭에 어울리게 무덤마저도 하나같이 이 모양으로 날조된 것인지, 그 오묘한 조화에 감탄할 따름이다.

9대 경행

현재 경행릉으로 치정된 무덤은 나라시에 있는 염불산(念佛山)고분이다. 이 무덤은 길이 105m인 전방후원분이다. 그런데 전방후원분은 3세기 중반에 비로소 나타난 묘제이다. 따라서 기원전 98년에 죽었다는 개화의 무덤으로는 전혀 어울리지 않는다. 출토된 유물도 고분시대 중기 즉 4세기 말에서 5세기 말의 그것이니 더욱 그러하다.

10대 숭신

『일본서기』로는 숭신은 기원전 30년, 120살에 죽었다. 현재 나라현 덴리 (天理)시에 있는, 길이 242m의 전방후원분인 행등산(行燈山)고분이 이 왜왕의 무덤으로 치정되어 있다. 그런데 전방후원분이라는 무덤형식은 앞서 본 바와 같이 3세기 중반이 되어서야 비로소 일본열도에 출현하였다. 이 무덤에서는 5세기 후반의 스에키가 출토된 바 있으므로, 기원전 30년에 죽었다는 숭신의 무덤일 가능성은 전혀 없다.

신공왕후

현재 신공의 무덤으로 치정된 무덤은 나라분지 북부 사키(佐紀)고분군의 고사시(五社神)고분으로서, 길이 273m인 거대 전방후원분이다. 분구의 모양이나 고고학적인 분석에 의하면, 이 무덤은 4세기 후반의 그것이라 한다. 따라서 269년에 죽었다는 신공의 무덤으로 볼 여지는 전혀 없다.

21대 웅략

현재 웅략의 무덤으로 치정된 것은 오사카에 있는 고취환산(高鷲丸山)고분이다. 이 무덤은 원래 환산(丸山)고분으로 불리우던 길이 75m의 원분과, 인접한 길이 50m 가량의 언덕을 합쳐서 하나의 무덤으로 새로이 만들어낸 것이라 한다. 만일 두 부분을 전방후원분의 각 부분으로 본다면 주축이 서로 다르다 한다.

근세에 이른바 수릉 공사를 하면서, 천황릉은 모름지기 전방후원분이어야 마땅하다는 고정관념에 사로잡혔던 모양이다. 웅략의 무덤을 창작하면서, 기존의 무덤과 자연 언덕을 합쳐서 하나의 무덤으로 만들어 낸 것이,

이런 우스꽝스러운 모양새가 되고 말았다. 가공의 왜왕에게 어울리는 가공의 왕릉이라 하겠다.

26대 계체

현재 계체릉으로 치정된 것은 오사카에 있는 태전다구산(太田茶臼山)고분이다. 길이 226m인 전방후원분이다.

그런데 고고학자들은 무덤에 설치된 하니와(埴輪) 즉 원통형 토기의 연대로 미루어 볼 때, 이 무덤은 5세기 중엽에 만들어진 것이 분명하다고 한다. 따라서 531년에 사망하였다는 계체의 무덤이 아니라는 반론이 대세를 이루고 있다. 그리하여 이 무덤에서 약 1.5km 거리에 있는 금성총(今城塚)고분이 실제 계체의 무덤으로 보는 것이 대세이다. 계체릉은 2개라고 표현하는 학자도 있다.

그러나 앞서 본 바와 같이 계체는 실재하였을 가능성이 전무한 허구의 왜왕이다. 그의 무덤이 있을 리가 없다. 계체의 무덤이 어디냐 하는 것은 전혀 불필요한 논쟁이다.

29대 흠명

현재 흠명릉으로 치정된 무덤은 아스카(飛鳥)에 있는 것은 평전매산(平田梅山)고분으로서, 길이 약 140m인 전방후원분이다.

그런데 이 무덤은 원래는 두 개의 원분이었는데, 근세에 대규모 수릉공사를 하면서, 현재와 같은 전방후원분으로 만든 것이라 한다. 독립된 2개의 원형 무덤을 연결하고 개축하여 하나의 전방후원분으로 만들어 낸 것이다. 이 또한 창작된 가공의 왕릉인 것을 알 수 있다.

소결

『일본서기』는 가공의 왜왕들로 꾸며진 역사를 창작하면서, 왜왕들의 무덤 소재지를 거의 빠짐없이 기록하여 놓았다. 어떻든 실존인물로 보이게 하려는 노력의 일환일 것이다. 그러나 가공인물인 왜왕들이 어찌 무덤이 있겠는가?

그럼에도 불구하고 현재 일본에는 가공의 왜왕 37명의 무덤이 단 하나의 예외도 없이 모두 건재하여, 거대하고 웅장하며 잘 정비된 멋진 자태를 과시하고 있다.

그러나 그 내용을 들여다 보면, 위에서 보듯 무덤이 아닌 것을 자연지형을 이용하여 무덤으로 만들어내었거나, 무덤과 자연지형을 결합하는 등의 조작을 부리거나, 『일본서기』에 나오는 사망연도와 무덤의 조성시기가 전혀 맞지 않는 등 그 허구성을 쉽게 알 수 있다. 『일본서기』와 일치하는 릉도 1~2기 있기는 하지만, 그것은 소 발에 쥐잡기로서 우연의 일치에 불과하다.

일본의 천황가에서도 역사의 진실을 간파하고 있었고, 이 가공의 왜왕들을 자신의 선조로는 결코 여기지 않았다. 따라서 『고사기』와 『일본서기』에 기록된 왜왕들의 무덤을 찾으려는 어떤 노력도 하지 않았으며, 실존인물이라면 당연히 성역으로 여겨야 마땅한 시조 신무릉도 아예 그 존재조차 없었다. 17세기에 시작된 이른바 '수릉(修陵)'사업 이전까지는 가짜 왜왕 37명의 무덤은 존재하지 않았고, 관심 밖의 대상이었던 것이다.

3장

천황가에서도
「시조부터 37대」는 외면

8세기 이후, 일본 천황가에서 실질적인 시조로 받들어 모신 왕은 바로 38대 천지였다. 시조 신무부터 37대까지는 외면하였다. 천황가에서는 시조 신무부터 37대 제명까지, 37명 왜왕이 날조된 가짜라는 사실을 간파하고 있었던게 분명하다.

1. 천황가에서 외면한 가짜 왜왕 37명

원릉(遠陵)과 근릉(近陵)

일본이라는 나라는 시조인 신무가 기원전 660년에 나라를 세운 이후 현재의 영화천황에 이르기까지 만세일계로 황통이 이어져 왔다고 되어있다. 그렇다면 왜왕실 혹은 천황가에서는 고대, 중세를 거쳐 현재에 이르기까지 선대 왕릉에 대한 제사를 끊임없이 봉행하여야 마땅하다.

특히 시조인 신무릉은 다른 왕릉보다 특별하게 관리하여 성역시할 뿐만 아니라, 제사도 또한 더욱 융숭하게 받드는 것이 상식에 부합한다. 그러나 실제는 그렇지 아니하였다. 시조인 신무릉에 대한 관리나 제사조차도 전혀 관심이 없었다. 허구의 창작된 왜왕들이니 무덤이라는게 있을 리도 없으므로, 당연한 결과로 왕릉에 대한 제사도 올리지 않았던 것이다.

8세기의 천황가에서는, 왕릉을 '**원릉(遠陵)**과 '**근릉(近陵)**'으로 나누어, 바치는 공물에 차이를 두었다(『陵墓からみた日本史(능묘에서 본 일본사). 日本史研究會(일본사연구회). 1995. 靑木書店』 236쪽).

즉 시조 신무부터 37대까지는 「원릉」이고, 38대 천지부터는 「근릉」이었다. 「원릉」에 대해서는 왕자나 공주같은 일반 왕족과 같은 급의 공물을 바치고, 「근릉」은 정식 천황으로 모셨던 것이다. 시조부터 37명의 왕은 정식 조상으로 취급하지 아니한 것을 알 수 있다. 한자의 의미를 의역하면, 원릉은 '먼 조상의 무덤', 근릉은 '가까운 조상의 무덤' 정도로 해석할 수 있지만, 실제로는 원릉은 「가짜 조상의 무덤」, 근릉은 「진짜 조상의 무덤」으로 취급한 것을 알 수 있다.

다른 조상보다 훨씬 더 극진하게 모셔야 마땅한 시조 신무마저도, 천황이 아니라 일반 왕자나 공주 정도로 하찮게 대접한 것을 보라.

환무(桓武)천황도 천지를 시조로 간주

앞서 본 환무천황은 794년 수도를 나라에서 현재의 교토(京都)로 이전하였는데(62쪽), 이때부터를 헤이안(平安)시대라 한다. 수도를 이전하는 방침은 그 전해인 793년 정월 결정되어, 그해 3월 천황은 천도의 계획을 조상의 무덤에 보고하는 절차를 시행하였다. 일본에서는 이를 '봉고(奉告)'라

한다. 받들어 보고를 올리다는 의미이다. 환무는 조상의 무덤 3곳에 '봉고'를 한 바 있다.

첫 번째는 증조부인 천지의 묘, 두 번째는 조부인 지귀(志貴)황자의 무덤, 세 번째가 부친인 광인천황의 무덤이었다. 그 앞의 37명 왜왕에 대하여는 아무런 '봉고'도 하지 않다(『平野神社史(히라노신사사). 平野神社. 1993. 巧美堂』16쪽). 가짜 조상에게 알릴 필요는 없었을 것이다.

환무는 천지를 실질적인 시조로 간주하였던 것을 알 수 있다.

10릉 4묘제

세월이 흐른 858년, 당시의 순화(淳和)천황은 이른바 10릉4묘라 하여 도합 14기의 무덤에만 제사를 지내는 제도를 시행하기에 이른다. 이를 「10릉4묘제」라 한다. 이 새로운 제도에서도 가장 선대의 왜왕은 천지였다(『日本史の中の古代天皇陵(일본사 가운데의 고대천황릉). 茂木雅博. 2002. 慶友社』44쪽). 천지 앞의 37명의 왕에 대하여는 아예 제사도 올리지 않았다.

이 순화천황 또한 천황가의 실질적인 시조를 천지라고 인식하고 있었던 것이 분명하다. 신무에서 제명에 이르는 37명의 왜왕은 허구의 역사서 『고사기』와 『일본서기』에만 존재하는 가공인물이라는 사실을 순화는 꿰뚫어 보고 있었던 것이다.

위패도 천지부터 시작

중세쯤 천황가에서는, 천황이 잠자는 침전 안쪽에 작은 불당을 만들어 조상의 위패와 호신불을 모셨다. 그중 가장 선대가 38대 천지였다.

8세기 이후 천황가에서는, 시조 신무부터 37대까지는 조상으로 생각하지 않고, 38대 천지를 시조로 모셨던 것이 분명하다. 37명의 왜왕은 창작된 가공인물이라는 사실을 확실하게 알고 있었던 것이다.

부여풍의 장남인 천지는 백제 멸망 이후, 국호를 일본으로 바꾸고, 최초로 율령을 제정하였으며, 최초의 호적, 최초의 교육기관을 창설하는 등, 백제의 속국에서 벗어나 독립국 일본으로 자립하는 초석을 다진 대개혁을 이루어 낸 인물이다. 실질적인 시조로 대우받을 만한 업적을 남긴 인물인 것이 분명하다.

뿐만 아니다. 일본의 고고학자들은 일본서기에 나오는 40명의 왕 중에서, 그 왕릉을 확실하게 알 수 있는 것은 38대 천지의 무덤과, 39대 천무와 40대 지통의 합장릉 뿐이라고 한다. 일본에서 무덤의 크기로 1,2위인 두 무덤의 주인공이 인덕과 응신이 아님은 앞서 본 바 있다. 날조된 왜왕의 무덤이 있을 리 없다.

2. 천지(天智)와 천무(天武)의 「천(天)」은 백제를 의미

「천(天)」은 천지(天智)와 천무(天武)에게만

『일본서기』에 나오는 시조 신무부터 37대까지는 날조된 왜왕이고, 38대 천지부터 실존 왜왕이었다는 점은 시호에서도 확인할 수 있다.

신무나 응신, 천지, 모두 시호이다. 시호는 왕의 사후 신하들이 만들어 바치는 존칭이다. 『일본서기』의 왜왕 시호는 그 편찬 당시에는 없었고, 수십년 후 어느 귀족이 일괄적으로 만들어 바친 것이다.

그런데 40명의 왕 중에서, 하늘을 뜻하는 「천(天)」이라는 한자가 붙은 왕은 부여풍의 아들로서 실존인물인 「천지(天智)」와 「천무(天武)」 둘 뿐이다.

이 「천(天)」은 하늘이지만, 『일본서기』에서는 백제를 의미하는 암호로 사용되었다. 앞의 37명은 허구의 왕이고, 38대 천지부터 실존인물이라는 사실을 시호의 '천'에서도 확인할 수 있다.

하늘(天)은 백제

고대의 일본에서 하늘은 곧 백제였다는 사실은 졸저 『천황가의 기원은 백제 부여씨』에서 상세하게 본 바 있으므로, 여기서는 아주 간략하게 살펴보자.

시조 신무의 선조는 최고의 신인 천조대신(天照大神 아마테라스오오미카미)이다. 「고천원(高天原)」 즉 높은 하늘 벌판에 살던 그가, 손자 니니기(瓊瓊杵)를 왜지로 내려보내 통치하게 한 것이 바로 「천손강림(天孫降臨)」으로서, 이것이 일본 국가의 시원이다.

천손은 하늘의 자손이라는 의미가 아니라, 천조대신의 손자라는 뜻이다. 즉 백제의 후손이라는 의미가 된다. 그런데 지금도 일본인들은 스스로를 「천손민족」으로 자부하고 있다. '천손'의 진정한 의미를 알았다면, 아마도 이런 표현은 쓰지 않았을 것이다.

니니기는 고천원에서 「5부(五部)의 신」을 부하로 거느리고, 천조대신으로부터 하사받은 「삼종신기」를 지니고 왜지로 하강하였다.

여기서의 「5부」는 바로 백제의 수도 부여의 행정구역인 그 「5부」이다. 왜지에는 5부가 없었다. 백제의 왕자가 부여에서 수많은 신하들과 백성들을 거느리고 도왜하여, 왜지를 다스렸던 사실을 나타내는 암호이다.

「삼종신기」는 이 설화에 등장하지만, 7세기부터 현대에 이르기까지 왜왕 혹은 천황의 즉위식에서 실제로 사용되었던 보물이다. 실존하였던 천황가의 보물이었던 것이다. 그중에서도 즉위식의 가장 핵심적인 보물인 칼은 백제의 대왕이 하사한 「파적검」과 「호신검」, 두 자루 칼이었다. 가공 인물인 천조대신이 칼이나 삼종신기를 하사하였을 리가 없다.

「고천원」은 다름아닌 백제이다. 위의 졸저에서 상세하게 본 바 있다. 따라서 천손강림 설화는 백제인들이 도왜하여 왜국을 건국하였다는 사실을 암호로서, 신화의 형태로 기록한 것이다.

『일본서기』 신대편을 보면, 하늘에서 내려온 여러 「천신(天神)」이 주역이고, 토박이 신인 '국신'들이 조역 혹은 단역을 맡고 있는 것을 볼 수 있다. 천신은 고천원에서 내려간 신, 즉 백제에서 건너간 신이라는 의미가 된다.

「고천원」의 하늘도 백제, 「천신」의 하늘도 백제, 백제는 하늘이었다.

백제를 뜻하는 암호 「천(天)」

『일본서기』의 40명 왕 중에서 시호에 백제를 상징하는 하늘 즉 「천(天)」이 들어간 왕은 「천지(天智)」와 「천무(天武)」, 둘 뿐이다. 가공의 왕 37명에게는 이 '천' 즉 하늘을 붙이지 않았다. 「천지」와 「천무」, 이 두 시호의 '천'은 그들이 백제 출신이라는 것을 알려주는 암호이다.

이 두 왕들의 시호인 천지와 천무는 중국풍이고, 이와 별도로 왜풍 시호도 있었다.

천지 : 「천명개별(天命開別)」
천무 : 「천순중원영진인(天淳中原瀛眞人)」

그 의미에 대한 자세한 설명은 생략하지만, 어쨌든 왜풍 시호에도 백제 출신이라는 사실을 의미하는 '천(天)'이 들어있다.

40대 왜왕 지통은 천지의 딸이며, 천무의 왕비이기도 하다. '지통(持統)'은 중국풍 시호이고, 그녀에게는 왜풍 시호가 별도로 있었다.

「**고천원광야희(高天原廣野姬** 타카마가파라노피로노피메)」

이 시호에는 백제를 의미하는 '고천원'이 통째로 들어있다. '광야(廣野 피로노)'는 지명으로 보이는데, 어디인지 알 수가 없다.

지통의 뒤를 이은 그녀의 손자 문무, 그의 뒤를 이은 모친 원명, 뒤를 이은 싱무, 모두 왜풍시호에는 이 「전(天)」 즉 백제가 포함되어 있었다. 백제 멸망 이후 상당한 세월이 흐른 뒤에도 천황가에서는 백제를 계승한다는 관념이 확고하였던 모양이다.

왜왕은 백제 대왕의 대리

그 중에서 중요하다고 생각되는 원명천황(재위 707~715년)의 왜풍시호를 살펴보자. 그녀는 천지의 넷째 딸이며, 지통의 이복 여동생이다.

「일본근자**천**진어**대**풍국성희(日本根子**天津御代**豊國成姬)」

이 시호의 의미를 의역으로 풀이하면, 「일본의 뿌리가 되는 사람으로서, 하늘의 고귀한 대리이며, 풍요로운 나라의 존귀한 여성」이다(졸저 『천황가의 기원은 백제 부여씨』 370쪽).

시호에 보이는 「天津御代(아마투미시로)」 즉 「하늘의 고귀한 대리」라는 문구를 주목하여 보자. 법률문서도 아닌 천황의 시호에 등장하는 「대리

(代)」라는 용어는 참으로 특이하다. 그런데 이 '대리'는 사람을 대리하는 것이 아니라 '하늘'의 대리이다. 이 하늘 역시 백제. 그렇다면 이는 「일본 천황은 백제 대왕을 대리하여 일본을 통치한다」라는 의미일 것이다.

이때는 벌써 백제가 멸망한지도 40년 이상의 세월이 흘렀다. 하지만 「왜 왕은 백제 대왕의 대리」라는 관념이 아직도 남아있었던 모양이다.

일본 학계에서는 『일본서기』에 등장하는 40명의 왕 중에서, 어찌하여 「천지」와 「천무」 두 왕에게만 '천'이 있고, 앞의 37명에게는 보이지 않는 지에 관하여는 전혀 관심도 없는 것처럼 보인다. 속으로만 짐작하고 겉으로는 발설하지 않는 것일까?

4장 ───────

후세의
무수한 변작

이렇듯 『일본서기』는 태생부터가 날조된 역사를 기록한 창작소설집인데다, 후세 사람들이 무수하게 변작을 가하였다. 변작을 알 수 있는 가장 중요한 증거는 뜻밖에도 조선 성종시대인 1471년, 신숙주 선생이 지은 『해동제국기』이다.

『해동제국기』는 일본의 역사를 『일본서기』에 의지하여 아주 간략하게 기록했는데, 거기에 나오는 내용이 현행 일본서기와 다른 부분이 많다.

연호를 삭제하다

백제가 멸망하기 이전까지의 왜국은 백제의 속국이었다. 따라서 독립국의 상징과도 같은 연호가 있었을 리가 없다. 일본의 역사학계에서 공인된 최초의 연호는 701년에 제정된 '대보(大寶)'이다. 백제가 멸망하고 40여년이 지난 후 최초로 연호를 제정하였던 것이다.

이렇듯 이 시기에 최초로 연호가 사용되었던 사실을 알 수 있는 것은, 일본에서 무수하게 발견된 목간의 기록이 큰 역할을 하였다. 701년 이전의 목간에서는 연호가 단 한점도 발견되지 않았고, 일반적인 간지만 사용되었기 때문이다.

그런데 『일본서기』에는 645년의 '대화(大和)', 650년의 '백치(白雉)', 686년의 '주조(朱鳥)', 세 연호가 있었던 것으로 되어있다. 그런데 목간이나 어느 기록에도 이런 연호는 보이지 않고, 오직 『일본서기』에만 보인다. 모두 701년 이전이라 허구인 것은 물론이다. 이 사실에서도 『일본서기』의 허구성을 확실하게 알 수 있다.

그런데 『해동제국기』에는 이보다 훨씬 많은 연호가 보인다.

왜왕 계체는 16년(522년), 처음으로 선화(善化)라는 연호를 세웠다가 2번이나 바꾼 것으로 되어있다. 흠명의 연호는 무려 8개나 된다.

왜왕 민달은 3개, 숭준은 1개, 추고는 6개, 서명은 2개, 효덕은 2개, 제명은 1개, 천무는 1개, 지통은 1개.

도합 28개의 연호인데, 그 중 셋은 현행 『일본서기』에 보이는 그것이다. 따라서 25개의 연호는 이 책에는 보이지 않고, 오직 『해동제국기』에만 존재한다. 이것은 무슨 의미인가? 신숙주 선생이 보았던 15세기의 『일본서기』에는 분명히 28개의 연호가 있었을 것이다. 신숙주 선생은 오직 『일본서기』만 보고, 그대로 옮겼을 뿐이다.

그런데 현행 『일본서기』에 25개의 연호가 보이지 않는다는 것은 신숙주 선생 이후, 어느 변작자가 『일본서기』에 나오는 이런 연호를 지웠다는 의미가 된다. 고대의 왜국에 이렇듯 많은 연호가 있었다는 것은 『일본서기』의 신빙성을 의심받을 수 있다고 생각하였기 때문이 아닐까?

이밖에도 『일본서기』와 몇몇 금석문에 등장하는 7세기 왜국 연호의 난맥상에 관하여는, 졸저 『천황가의 기원은 백제 부여씨』에서 상세하게 본 바 있다.

왜왕의 수명을 삭제하다

앞서 보았듯이 『일본서기』에는 왜왕 인덕, 웅략의 수명이 보이지 않지만, 『해동제국기』에는 명기되어있다. 아마도 이들의 지나치게 많은 나이가 독자들로 하여금 불신감을 야기할 수 있다는 생각에, 후세의 변작자가 삭제한 것으로 추측된다.

자세히 살펴보면, 『해동제국기』에는 『일본서기』의 왜왕 40명 중에서 마지막 3 왜왕 즉 천지와 천무, 지통을 제외한 37명의 수명이 모두 빠짐없이 기록되어 있다.

현행 『일본서기』에는 4대 의덕(계산상 77세), 5대 효소(〃 113세), 6대 효안(〃 137세), 7대 효령(〃 128세), 8대 효원(〃 116세), 16대 인덕(〃 110세), 21대 웅략(〃 62세, 『해동제국기』에는 104세) 등도 수명이 기재되어 있지 않다.

이런 왜왕들은 지나치게 긴 수명이 부담스러워 삭제한 것으로 보인다.

그 외에도 현행 『일본서기』에는 23대 현종, 24대 인현, 25대 무열, 29대 흠명, 30대 민달, 31대 용명, 32대 숭준, 33대 추고, 34대 서명, 36대 효덕, 37대 제명 등도 수명의 기재가 없다.

그러나 『해동제국기』에는 엄연하게 존재하고 있으니, 이 또한 후세의 변작자가 삭제한 것이다.

당대 일본 최고의 지식인 기타바타케 지카후사(北畠親房)가 1343년경 펴낸 『신황정통기(神皇正統記)』는 일본의 3대 사론서(史論書) 중의 하나로 꼽힐 만큼 권위를 인정받고 있다. 이 책 또한 『일본서기』를 저본으로 하여, 역대 왜왕들의 사적을 기록하고 자신의 소감, 논평을 덧붙여 놓았다. 여기에도 역대 왜왕들의 수명이 빠짐없이 기재되어 있다. 『해동제국기』와 비교하여 보면, 그 수명이 약간씩 차이가 있는 왕들이 많지만, 어쨌든 37명의 왜왕들 전부 수명이 기록되어 있는 점은 동일하다.

원본 『일본서기』에는 왜왕들의 수명이 빠짐없이 기록되어 있었던 것을 확인할 수 있다. 그리하여 『해동제국기』가 『일본서기』의 변작을 밝히는 일등공신인 셈이다. 임나일본부 기사는 전체가 후세 변작자의 작품이다.

서문과 표문도 삭제하다

『일본서기』에는 책을 지은 경위 등을 밝히는 서문이나, 짓고 나서 왕에게 올리는 글인 표문도 없다. 심지어 누가 지었는지도 모른다. 반면 그보다 앞서 나온 『고사기』는 지은이가 '태안만려'임이 밝혀져 있고, 그가 지은 서문이 존재한다. 815년 나온 『신찬성씨록』에는 서문과 표문, 둘 다 있다. 왜 『일본서기』에는 그런 것이 전혀 없을까?

책이 처음 발간되었을 때에는 서문과 표문, 최소한 둘 중의 하나는 있었을 것이고, 지은이도 엄연히 나와 있었다고 보는 것이 상식에 맞다. 그러나 현행 『일본서기』에는 아무 것도 없다. 아마도 원본의 서문이나 표문에 현재의 『일본서기』와 전혀 상반되는 내용이 포함되어 있었기에, 후세의 변작자가 아예 이를 삭제한 것이 아닌가 싶다. 특히 임나일본부 기사와 어긋나는 내용이 있었던게 아닐까?

『일본서기』의 임나일본부 기사는 모두 합하면, 아마도 현대의 A4 용지 수십매는 될 정도로 방대한 분량이다. 후세의 변작자가 대단한 노고를 투입한 것이 분명하다. 그것과 다른 내용이 포함된 서문, 그것을 아예 삭제해버린 것으로 추정할 수 있다.

그런데 후세의 변작자는 이와같이 있던 부분을 삭제만 한 것이 아니다. 전혀 없던 것을 자신이 창작하여 새로이 추가하기도 하였는데, 그것은 바로 임나일본부 기사이다. 원본 『일본서기』에는 전혀 없던 내용인데, 이에 관하여는 뒤에서 살펴보기로 하자(320쪽).

　『일본서기』와 같이 창작과 날조, 후세의 변작으로 점철된 역사서는 동서고금에 전혀 없다. 가공의 왜왕 37대의 기사 중 99.99%는 허위이다.

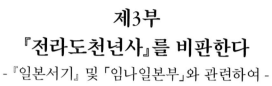

제3부
『전라도천년사』를 비판한다
- 『일본서기』 및 「임나일본부」와 관련하여 -

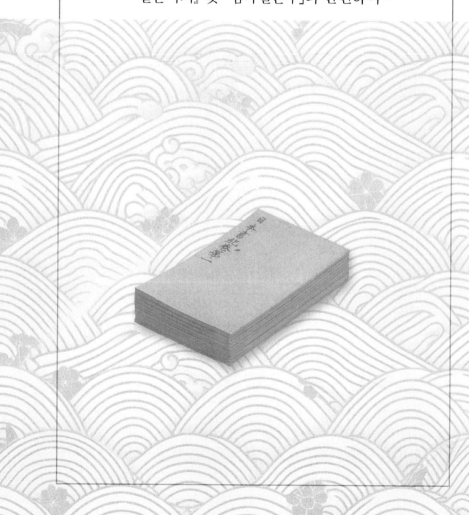

1장 ——————

『일본서기』를 맹종한
『전라도천년사』

『일본서기』를 맹종한 『전라도천년사』

전남과 전북, 광주시, 세 지방자치단체에서 거액의 예산을 들여 펴낸 『전라도천년사』(이하 『천년사』로 약칭)가 인쇄까지 완료하였으나, 도민과 시민단체의 강력한 반발에 부딪쳐, 이 글을 마무리하는 2023년 11월 현재 배포를 하지 못하는 난감한 처지가 되고 말았다.

지자체의 예산으로 만든 역사서이니 그것은 일종의 관찬사서라 할 것이므로, 그 비중이나 무게감은 개개 학자의 논문이나 저서에 비할 바가 아니다. 따라서 자신이 태어나고 자란 고향인 전라도의 역사에 관심이 있는 수많은 도민들이, 이를 예의 주시하고 유심히 살펴보는 것은 당연한 일이다.

그러나 『천년사』는 도민들의 강력한 반발에 부딪치고 말았다. 무슨 이유일까? 『일본서기』의 임나일본부를 금과옥조로 여기고는 전라도의 고대사를 이에 의거하여 서술하였기 때문일 것이다.

그리하여 임나일본부를 구성하는 개별 기사에 나오는 여러 지명을 전라도 곳곳에 비정하여 놓았다. 그런데 바로 이 지명 비정에 대하여, 남원 시민들은 "우리는 고대에 「기문국」이 아니었다"라고 하고, 해남군민들은 "우리 고장은 「침미다례」가 아니었다"라고 목소리를 높이고 있다.

전라도의 고대사를 서술한 『천년사』는 막상 전라도민의 지지를 전혀 받지 못하고, 반감만 사고 있는 것이 분명하다.

물론 『천년사』의 어느 페이지에도 전라도에 임나일본부가 있었다고 되어 있지는 않다. 그러나 이 책을 그냥 한번 쓱 훑어보기라도 한다면, 곳곳에 임나일본부에 나오는 온갖 사건, 인명, 지명으로 도배되어 있어, 마치 임나일본부가 전라도에 있었던 것과 인상을 받게 된다. 따라서 그 지명 비정에 대하여도 심한 거부감을 느낄 수밖에 없을 것이다.

이에 대하여 집필자 측은 "우리는 『일본서기』에 엄중한 비판을 가한 후에 얻은 성과물을 이용하였기에 문제가 없다"라고 반론한다.

그런데 이것은 어디서 많이 듣던 소리이다. 즉 일본의 연구자들이 꼭 이런 주장을 하고 있다. 일본 연구자들마저도 『일본서기』를 그대로는 믿지 않고, 철저한 사료비판을 가한 후에 사료로 이용한다고 애써 강조하고 있다. 집필자 측의 주장은 일본의 그것과 아무런 차이도 없다.

『천년사』를 보면, 과연 「사료비판」이라는 이름하에 『일본서기』에 나름의 비판을 가한 흔적을 볼 수는 있다.

그러나 그 비판의 관점 혹은 수준은 일본의 그것과 대동소이하다. 그저 일본 학자들의 주장을 추종하거나, 아니면 일본 사학의 관점으로 『일본서기』를 비판하는 시늉만 하면서, 전라도의 고대사를 서술하고 또한 여러 곳의 지명 비정을 시도하였던 것이다. 일본인이 아닌 한국인의 시각으로, 근본적이고 철저한 비판을 가한 흔적은 전혀 보이지 않는다.

그리하여 『천년사』는 조선총독부 비슷한 임나일본부의 존재는 부정하지만, 임나일본부를 구성하는 개개의 기사는 대부분 사실로 인정하고 있다. 즉 겉으로는 임나일본부를 부정한다고 하면서, 실제로는 90% 이상 이를 인정하고 있는 셈이다.

이것이 크나큰 문제이다. 임나일본부를 부정한다면, 그것을 구성하고 있는 개개의 기사도 전부 부정하여야 한다. 즉『일본서기』의 임나일본부 모든 기사는 사료의 세계에서 완전하게 축출하여야 마땅하다. 이렇게 본다면,『천년사』는 아직도 임나일본부의 망령에서 벗어나지 못하고 있는 것이 분명하다.

일본 사학에 종속된 한국의 고대사학

그런데『천년사』의 이러한 문제점은『천년사』에 국한된 문제가 아니다. 한국 고대사학의 뿌리깊은 문제점이 이번에『천년사』를 계기로 불거진 것에 불과하다.

『일본서기』를 거의 경외하다시피 하던 이병도 선생 이래의 전통, 그리고 일본에 유학하였던 강단 사학자들이『일본서기』를 철저하게 비판, 분석하지 못하고, 일본 학자들의 주석에만 안일하고 타성적으로 의지한 결과일 것이다.

그리하여 광복 이후 오랜 시간이 지났음에도, 아직도 우리의 고대사학은 일본 사학의 종속 상태에서 벗어나지 못하고 있다. 한국의 고대사를 연구하는 역사학이 아직도 일본 사학에 종속되어 있다는 사실은, 참으로 우리를 부끄럽게 하고, 슬프게 하며, 또 화나게 한다.

『천년사』는 우리 강단사학의 이러한 문제점을 여실하게 보여주고 있다.

이른바 '사료비판'은 「『일본서기』 지키기」 전술

시민들은 『천년사』를 '식민사학의 잔재'라고 비난하지만, 필자가 보기에는 '일본 사학을 추종하면서, 그에 종속된 아류'이다.

현대 일본 역사학자들의 가장 큰 과제는 '『일본서기』 지키기'인 것으로 보인다. 일본인의 눈으로도 이 책이 황당무계하여 믿기 어려운 부분이 많지만, 어떻든 그 큰 틀을 유지하기 위하여 갖은 노력을 다 하고있는 것이다.

그렇지 않으면 일본의 역사학뿐만 아니라, 나아가 일본이라는 나라의 정체성마저도 무너지게 된다. 고대에 왜가 가야와 백제의 지배를 받은 사실이 드러나거나, 천황가의 뿌리가 밝혀지는 그러한 사태는 절대로 막아야 한다.

그리하여 이른바 '사료비판'이라는 것을 가하여, 가령 신공왕후의 신라 정벌 같은 기사는 실제 있었던 사건이 아니라고 하여 이를 버린다. 그러나 응신이나 인덕, 웅략, 계체 등의 나름 비중있는 왜왕들은 어떻든 실존인물인 양 지켜내기 위하여 온갖 술수를 동원하고 있는 것이다. 앞서 본 '2주갑인하설'도 바로 그 일환이다. 작은 것은 과감하게 희생하더라도, 큰 틀은 어떻든 지켜내자는 전술로 보인다.

필자는 일본 역사학을 「거짓말 경연대회」라고 보고 있다. 「누가누가 거짓말을 잘 하나, 누가누가 그럴듯하게, 세련되게 거짓말을 잘 하나」라는 경연대회.

이러한 사실을 알아차리지 못하고, 『천년사』와 강단사학이 『일본서기』와 일본 사학에 속아 넘어가고 있는 현실이 안타깝기만 하다.

2장 ────

후세 사람이 「창작하여 가필」한
임나일본부

강단에서 임나일본부의 개별 기사를 대부분 인정하는 것을 보면, 왜 임나일본부가 허구인지를 잘 알지 못하는 것으로 보인다. 그래서 여기에서 임나일본부 기사를 믿을 수 없는 근본적인 이유를 살펴보기로 하자.

현행 『일본서기』의 임나일본부 기사는 그나마 원본에는 없던 것을, 후세의 누군가가 창작하여 가필한 것으로 추정된다. 앞서 『일본서기』에 신숙주 선생의 『해동제국기』 이후, 누군가가 많은 변작을 가한 사실을 본 바 있다. 거기에는 연호와 왜왕들의 수명 따위를 삭제하였는데, 임나일본부는 없던 것을 추가로 가필하여 집어넣은 것이다.

태생부터가 창작소설집인 『일본서기』. 그나마 원본에는 없었고 후세인의 가필과 변작인 임나일본부. 거기에는 단 하나의 역사적 진실도 찾을 수 없다.

8세기의 용어 「임나일본부」

우선 임나일본부(任那日本府 미마나노야마토노미코토모치)라는 명칭 자체가 8세기 이후의 용어이다. 4~6세기에 이러한 용어가 있었을 리가 만무하다. 즉 이 명칭은 8세기 이후의 창작품인 것이다.

「일본」이라는 국명은 백제 멸망 이후, 670년 왜왕 천지가 새로이 제정한 국호이다. 따라서 그 이전에는 '일본'이 존재하지 않았다. 따라서 임나일본부는 670년 이후의 용어인 것을 쉽게 알 수 있다.

그리고 『일본서기』는 임나일본부의 '일본'을 「야마토」로 훈독하였다. '야마토'는 나라(奈良)의 한 지방 이름 즉 지명이다. 지명 '야마토'를 '왜(倭)'라는 한자로 표기한 것은 8세기 이후의 일이고, 그러다 의미가 확대되어 일본국 전체를 의미하게 되었던 것이다.

또한 『일본서기』는 「부(府)」라는 한자를 「미코토모치」라는 5음절의 일본어로 훈독하였다. '신성한 천황의 명령을 가진 사람'이라는 의미이다. 그런데 이러한 훈독 역시 8세기 이후의 일이다.

그리고 이 「부(府)」라는 한자는 관청을 뜻한다. 따라서 임나일본부는 '임나에 있던 일본의 관청'이라는 의미가 된다. 조선총독부 비슷한 관청이라는 이미지이다. 그런데 어떻게 하여 이것을 '신성한 천황의 명령을 가진 사람'이라는 의미인 '미코토모치'로 훈독하는지 전혀 이해가 되지 않는다. 즉 '부(府)'는 관청인데, 이를 '사람'으로 훈독한 것은 상식 밖의 일인 것이다.

어느 모로 보나 '임나일본부'는 8세기 이후의 용어인 것이 너무도 명백하므로, 그것이 4~6세기에 존재하였을 가능성은 전무하다.

『일본서기』에만 보이는 임나일본부

(1) 『일본서기』는 720년 발간되었고, **『고사기』**는 그보다 8년 먼저 나온 바

있다.

임나일본부가 『일본서기』에 엄청난 분량으로 실려 있는데 비해, 『고사기』에는 그 이름조차 나오지 않는다. 임나일본부는 바다 건너 해외에 있는 식민지이다. 이 자랑스런 역사를 왜 『고사기』는 외면하였는가? 『고사기』의 저자는 임나일본부의 존재를 알지 못했기 때문일 것이다.

(2) 『일본서기』보다 조금 늦은 8세기 중반쯤 **『만엽집』**이 편찬되었다. 우리의 향가와 비슷한 만엽가를 4천5백여 수 수록하였는데, 고대일본어의 보고일 뿐만 아니라, 역사를 짐작케 하는 내용도 다수 포함되어 있다. 여기에는 신라를 정벌하여 항복을 받아내었다는 신공왕후를 찬양하는 노래가 3수나 포함되어 있다. 그러나 자랑스런 해외 식민지 임나일본부에 관한 노래는 단 한 수도 없다.

더구나 임나 즉 대가야 멸망(562년)은 『만엽집』의 시대로부터 불과 200여 년 전이므로, 신라정벌(200년)보다는 훨씬 자료가 많았을 것이다. 그럼에도 불구하고 『만엽집』에는 임나일본부에 관한 단 한 수의 노래도 없다. '일본부'는 고사하고 '임나'라는 단어조차 보이지 않는다.

『만엽집』에 수록된 가요의 수많은 작자들은 임나일본부를 알지 못했던 것이 분명하다. 신공왕후의 신라정벌은 알고 있었지만, 임나일본부는 몰랐던 것이다.

(3) 『일본서기』보다는 좀 늦고, 『만엽집』보다는 조금 이른 시기에 왕명으로 편찬된 **『풍토기』**라는 책이 있다. 각 지방의 물산과 지형, 풍토, 전설 등을 모았는데, 여기에도 임나일본부는 보이지 않는다.

(4) 815년 편찬된 **『신찬성씨록』**은 당시의 수도권에 거주하던 수많은 씨족의

뿌리를 밝힌 책이다.

이 책에는 임나에 뿌리를 둔 10여 씨족이 보인다. 이 씨족들은 임나의 '하실왕(賀室王, 가실왕)' 등 여러 임나의 왕들을 시조로 둔 것으로 되어 있다. 여기서의 임나는 대가야로 보이는데, 백제나 신라와 마찬가지로 독립국으로 되어있다.

그러나 임나일본부는 보이지 않는다. 독립국 임나는 있어도, 식민지인 임나일본부는 단 한줄도 없다. 815년 당시의 이 책 편자들은 임나라는 나라는 알아도 임나일본부는 알지 못하였던 것이 분명하다.

(5) 앞서 당대 일본 최고의 지식인 기타바타케 지카후사(北畠親房)가 1343년 펴낸 『신황정통기(神皇正統記)』를 본 바 있다(311쪽). 그는 『일본서기』에 의거하여 일본의 역사를 간략하게 서술하면서, 자신의 소감을 피력하였다.

그의 사관은 요즘말로 하면 혐한 극우보수이다. 신공왕후의 신라 정벌을 역사적 진실로 믿으면서, 이때부터 삼한이 매년 조공하여 일본이 급속히 부강하여졌다고 하였다(『신황정통기. 남기학 역. 2008. 소명출판』 82쪽). 그러나 임나일본부에 대하여는 전혀 언급이 없다. 『일본서기』에서 왜왕 계체나 흠명의 단에서 임나일본부가 많이 등장하는데, 그는 이 왜왕들에 대하여 꽤나 지면을 할애하여 이런저런 논평을 한 바 있다. 가령 왜왕 흠명에 관하여 서술하면서, 불교전래에 관한 소감을 피력하였던 것이다.

그러나 임나일본부는 전혀 보이지 않는다. 지면으로 보아 불교전래보다 최소한 수십배 이상 분량이 많은 것이 임나일본부이다. 그렇지만 이에 관하여는 전혀 언급이 없다.

이 책의 전반적인 기술 태도로 미루어 본다면, "임나일본부가 있어서 일본의 기술이 발전하였다"라거나, "임나일본부가 멸망하여 조선에 대한 거점을 상실하여 아쉽다"라는 등의 논평이 있어야 마땅하지만, 전혀 보이지 않는다. '임나일본부'라는 단어가 이 책에는 보이지 않는 것이다.

저자는 신공의 신라정벌이나, 흠명 무렵의 불교전래는 알고 있었지만, 임나일본부의 존재는 알지 못하였던 것이 분명하다. 즉 1343년 무렵의 『일본서기』에는 임나일본부가 존재하지 않았기에, 그로서도 이에 관한 아무런 소감이나 논평도 남기지 않았던 것이다.

위에서 본 바와 같이 8~9세기에서부터 14세기까지, 일본에서 편찬된 여러 서적들 어디에도 임나일본부는 보이지 않는다. 따라서 원본 『일본서기』에는 임나일본부에 관한 기사는 없었던 것이 분명하다. 후세 누군가의 가필로 볼 수밖에 없고, 따라서 임나일본부에 관한 모든 기사는 사료의 세계에서 축출하여야 마땅하다.

고고학 유물로 보면 가야가 왜를 지배

고분시대 중기, 즉 4세기 말부터 축조된 오사카 가와치를 비롯한 여러 지역의 거대고분에서 출토된 유물은, 가야인이 조직적으로 도왜하여 왜를 정복한 것을 입증하여준다. 임나일본부와는 완전히 정반대이다.

일본 학계에서 최근 임나일본부 이론을 폐기한 근본적인 이유는 고고학 자료로 볼 때, 왜가 임나를 지배하였다는 유물, 증거가 전혀 없기 때문이었다. 고고학 유물로 볼 때는 오히려 정반대이다. 모든 문화가 가야에서 왜로 전파되었던 것이다.

3~4세기의 왜는 모든 면에서 한국보다 훨씬 후진적인 사회였다. 기마문화도 없었고, 철제 갑옷이나 투구도 없었다. 철을 생산하지도 못하였다.

무덤은 한국보다 월등 거대한 전방후원분이었으나, 그 속의 유물은 아주 후진적인 것들이었다.

그러나 이러한 양상은 4세기 말부터 획기적으로 변하게 된다. 가야인들이 계획적이고 조직적이며, 집단으로 건너가서, 기마문화, 기병용 무기, 갑옷과 투구, 큰 칼과 화살촉, 도자기인 스에키, 금동으로 된 귀걸이 등의 장신구, 선진적인 여러 농기구 등의 온갖 선진문물을 전파하였던 것이다. 일본 사학에서는 가야인들이 「전란을 피해서」 도왜하였다고 주장하나, 전혀 사실이 아니다.

그리하여 종전의 지배세력은 무너지고, 곳곳에 신흥세력이 일어났다. 일반 민중들도 가야인들이 전파한 시루, 이동식 화덕, U자형 삽날, 디딜방아, 도리깨 등의 여러 선진적인 도구들로 인하여, 생활에 큰 변화가 일어났다. 5세기에 가야인들에 의한 「대변혁」이 일어났던 것이다.

그러나 반대로 이 무렵의 한국에는 왜국산 혹은 왜풍의 유물은 거의 보이지 않는다. 가야 도질토기의 왜국 버젼인 스에키, 왜국산 갑옷 따위가 간혹 발견되는 정도에 불과하다. 그런데 일본에서 출토된 가야산 혹은 가야풍의 유물과, 한국에서 출토된 왜국산 혹은 왜풍의 유물의 수량을 비교하면, 거의 100 : 1 정도의 엄청난 차이일 것이다.

이러한 일방적인 편차가 어찌 일본 고고학에서는 말하는 가야와 왜 사이 「교류」의 결과이겠는가? 「교류」가 아닌 일방적인 「정복」의 결과로 보는 것이 타당할 것이다.

한국에 왜의 식민지 임나일본부가 있었던 것이 아니라, 정반대로 왜지의 곳곳에 가야인들이 세운 수많은 소국들이 있었다. 임나일본부와 정반대로 5세기는 가야인들이 왜를 지배한 시대였다.

3장 ————————

『천년사』의 「임나일본부」
기사 비판

위에서 본 바와 같이, 현행 『일본서기』에 나오는 임나일본부 기사는 후세의 창작이므로 이를 믿을 수는 없다. 그렇지만 혹시라도 실존하였던 백제의 사서에서 인용하였다든가 하여, 사료로 삼을 만한 내용이 있을지도 모른다는 생각에, 그 내용을 하나하나 검토하여 보기로 한다. 『천년사』는 인터넷에 공개된 e북에 의거하였다.

1. 『일본서기』 신공 49년(249년)조 기사

『천년사』가 가장 많이 인용한 기사가 바로 신공왕후 49년의 다음 기사이다. 간략하게 요약하여 보자(선사·고대 3권 18쪽).

① 황전별(皇田別), '녹아별(鹿我別) 등이 지휘하는 왜군과 구저, 목라근자

등이 이끄는 백제의 연합군이 탁순국에 모여 신라를 격파하였다. 이로 인하여 비자발, 남가라, 탁국, 안라, 다라, 탁순, 가라의 7국을 평정하였다.

② 군대를 서쪽으로 옮겨 고해진에 이르고, 남만 침미다례를 도륙하여 백제에게 하사하였다. 그리하여 근초고왕과 왕자 귀수도 군대를 거느리고 와서 만났다. 비리, 벽중, 포미지, 반고, 4읍은 스스로 항복하였다.

③ 근초고왕이 백제 영토에서 왜장 천웅장언에게, "…… 천년만년 영원토록 서쪽 번국이라 칭하며, 봄가을에 조공하겠습니다"라는 항복맹세를 하였다

『천년사』는 이 중에서 ①과 ③기사는 허위로 보고 믿지 않았지만, ② 기사는 대체로 믿고 있다. 그러나 이는 날조된 사서 『일본서기』와, 이를 어떻게든 진실된 사서로 보이게 하려고 갖은 애를 쓰는 일본 학자들의 농간에 넘어간 결과이다. 결론부터 말하면 이 기사는 ①과 ③뿐만 아니라, ②도 전혀 다를 바 없이 붓끝의 창작이다.

신공왕후는 실존인물이 아니다

이 기사는 신공왕후 시대의 일이다. 그러나 근본적으로 이 신공이라는 왕후는 실존하지 아니한 가공인물이다. 일본에서도 요즘은 이 왕후의 실존을 믿지 않는 것이 대세이다. 따라서 이 왕후 시대의 일이라고 기록된 것은 전혀 믿을 수가 없다.

이 왕후는 이 기사에 앞서 200년, 신라를 정벌하여 신라왕의 항복을 받았다는 대단한 여걸이다. 그 요지는 다음과 같다.

「이때 천우신조하여 노를 저을 필요도 없이 왜군 전함이 막바로 경주로
　진입하였다. 신라왕이 항복한 후 신공이 창을 신라왕의 문에 세웠는데,
　그것이 지금도 남아있다.

　그리고 신라에서 금, 은 등의 보물을 실은 배 80척을 왜에 보냈고, 그
　후로도 신라에서 매년 80척의 배를 보내어 조공하였다. 소문을 들은 백
　제왕과 고구려왕이 동시에 항복하였다」

　왜가 신라를 정벌하였다고 하면서, 한 사람의 장군 이름도 보이지 않고,
군세가 몇 명이었는지도 나오지 않는다. 신공 혼자 신라로 쳐들어가 신라
왕 혼자의 항복을 받아낸 것처럼 보인다. 또한 경주가 마치 항구도시인 것
처럼 되어있다. 일견 허구의 창작소설인 것을 알 수 있다.

　그러나 태평양 전쟁 이전의 일본에서는 이를 확고부동한 역사적 사실로
인정하여, 소학교의 교과서에도 실려 있었다. 요즘은 일본 학자들도 이를
믿지 않고 있다. 이 기사의 허구성을 조목조목 지적한다는 것은 지면의 낭
비에 불과하다. 순수한 창작물이다.

　『천년사』가 인용하고 있는 49년조의 신라, 여러 가야, 백제 정복기사도
이 신라정벌 기사와 마찬가지로 순수한 창작에 불과하다. 이하 자세히 살
펴보자.

2주갑인하설은 궤변

　『일본서기』 기년으로는 이 기사가 249년의 일이 된다. 그러나 그때는 근
초고왕의 시대가 아니다. 그래서 일본 사학에서는 『일본서기』가 120년을
올려서 기록하였다고 보고는, 그만큼을 내려 369년의 사건으로 간주하고
있다. 이른바 '2주갑인하설'인데, 그 부당성에 관하여 앞서 보았다.

『일본서기』 지은이가 연대를 120년 올리거나, 혹은 착각하여 이런 기사를 쓴 것이 아니다. 소설 쓰듯 이 기사를 창작하면서, 근초고왕이나 목라근자 등 백제인의 인명을 여기에 배치하였던 것이다. 120년이나 차이가 있다는 것은 이 기사가 창작이라는 심증을 더욱 확고하게 굳혀주는 자료일 뿐이다.

이렇게 120년을 올린 369년은 『일본서기』 기년에 의하면 신공의 손자인 16대 왜왕 인덕 57년이 된다. 가야의 여러 나라와 신라, 영산강 세력을 정벌하고, 백제마저도 항복을 받은 이 엄청난 정복사업은 신공이 아니라 인덕이 주역이란 말인가?

21세기의 이 시점에서, 한국의 사학자라면 모름지기 이 '2주갑인하실'이라는 궤변을 준엄하게 질타하여야 마땅하다. 하지만 필자가 아는 한, 한국사학에는 이 궤변의 순종자들 뿐이다. 참으로 안타깝기 그지없다.

행동주체를 왜에서 백제로 바꾸면 역사가 복원될까?

『천년사』는 이 기사의 주체를 왜가 아닌 백제로 치환하여야 한다고 주장한다. 그 근거는 다음과 같다.

  a. 「왜가 남만 침미다례를 도륙하여 백제에 하사하였다」라고 되어있으나, 영토를 나누어주는 인심좋은 국가가 있을 수 없다. 정복의 주체는 왜가 아닌 백제로 보아야 한다.
  b. 「남만 침미다례」의 '남만'은 남쪽 오랑캐라는 뜻이므로, 왜를 중심으로 남쪽은 규슈나 오키나와 일대이어야 마땅하다. 그러나 여기서는 문맥상 한반도의 남쪽 지방인 것이 명백하니, 이 기사는 왜가 아닌 백제를 중심으로 기술되었다.

즉 백제의 어떤 사서에서 「백제가 남만 침미다례를 정복하였다」라고 되어있는 것을, 『일본서기』가 「왜가 남만 침미다례를 정복하여 백제에 하사하였다」라고 바꾸었으므로, 주체를 왜가 아닌 백제로 치환하여야 한다는 취지이다. 아주 그럴듯한 주장이지만 과연 사실일까? 그럴 가능성은 지극히 희박하다.

우선 『일본서기』의 이 기사는 전체가 붓끝의 창작이다. 『천년사』도 위기사의 핵심인 ①과 ③기사는 허위라고 인정하고 있다. 그렇다면 두 기사보다 중요도가 훨씬 떨어지는 곁가지에 불과한 ②기사가 진실일 가능성은 거의 없다.

다만 거기에 나오는 백제인의 인명과 한국 남부지방의 고대 지명은 전부 창작이 아니다. 실존 인물의 인명이고, 실재하였던 지명일 것이다.

이 기사뿐만 아니다. 『일본서기』에 나오는 37명의 창작된 왜왕의 기사에 나오는 왜인의 인명은 거의 가공인물이고, 온갖 사건들도 거의 허구의 창작이지만, 백제와 가야의 인명과 지명은 전부 실존하였던 백제의 사서에서 가져온 진실된 인명과 지명으로 보인다.

따라서 『일본서기』가 이 기사를 창작하면서, 백제의 사서에서 「백제가 남만 침미다례를 정복하였다」라는 기사를 인용한 것이 아니고, 백제의 사서에 있던 「남만 침미다례」, 6 글자를 여기에 배치한 것으로 보는 것이 정확할 것이다. 『일본서기』가 기사를 창작하는 기본원칙이 이러하기 때문이다. 『일본서기』는 다만 실존 인명과 지명을 가져와 이곳저곳 창작기사에 배치하는 것이 상투적인 수법이다.

이렇게 본다면, 백제의 어떤 사서에 「남만 침미다례」라는 표현이 있었던 것은 사실일 것이고, 따라서 침미다례가 백제의 남쪽에 있었던 것은 인정할 수 있다. 그러나 백제가 이를 정복하였는지, 아니면 구원하여 주었는지 혹은 다르게 어떻게 하였는지는 전혀 알 수가 없다.

백제에 의한 고해진과 침미다례 정복을 역사적 사건으로 인정하려면, 백제의 어느 장군이, 어느 정도의 병력으로, 어떤 행군로를 따라 먼 남쪽까지 갔는지, 등의 기본적인 요소는 나와있어야 한다. 그러나 이런 기본적인 기사는 전혀 없고 오직 왜, 백제 연합군이 정복하였다는 것만 보인다.

붓끝의 창작을 왜 그렇게 쉽게 믿는지 참으로 이해할 수가 없다. 이 기사는 한국과 일본의 학자들이 전혀 믿지 않는 신라정벌과 전혀 다를 바 없는 허구의 창작이다.

고해진과 남만 침미다례는 어디인가?

고해진과 남만 침미다례는 어디인가? 앞서 보았듯이 이 지명들은 창작이 아닌 실존 지명일 것이다. 왜 이렇게 지명은 창작하지 않았을까? 붓끝의 창작으로 이루어진 임나일본부의 창작물 냄새를 조금이라도 희석시키려는 의도일 것이다. 강단 사학자들이 속아넘어간 큰 이유 중의 하나로 생각된다. 그렇지만 이러한 실존 지명이 어디인지를 알 수 있는 방법은 전혀 없다.

『천년사』는 고해진을 강진으로 비정하였고, 침미다례에 관하여는 제주도, 해남 등 여러 견해를 소개하고 있다. 그러나 신공 49년조의 이 기사 전체가 창작이며, 고해진과 침미다례라는 실존지명을 여기에 배치한 것 뿐이므로, 그곳이 어디인지를 알 수 있는 방법이 없다. 침미다례가 백제의 남쪽인 것은 명백하지만, 너무나 막연하다.

또한 『천년사』는 침미다례를 『진서』「장화전」에 보이는 '신미제국'의 '신미(新彌)'와 같은 지명으로 보았다. 이에 의하면, 신미제국은 「유주(幽州)에서 4천여리 떨어져 있고, 산에 의지하여 바다를 띠처럼 두른 지역」이라 하였다. 그러나 「산에 의지하여 바다를 띠처럼 두른(依山帶海) 지역」은 참으로 막연하다. 한국의 해안 지역 어느 곳이라도 산이 없는 곳은 없다.

그런데 바다를 띠처럼 둘렀다는 점은 단서가 될 수 있다. 동해안은 망망대해라 해당이 없다. 그렇지만 수많은 섬으로 둘러싸인 남해안과 서해안에는 그런 지형이 한 두군데가 아닐 것이다. 산에 의지하여 바다를 띠처럼 둘렀다는 문구로서, 특정 지역을 추정하기는 불가능하다.

침미다례도 신미도, 어디인지 알 수 있는 실마리가 보이지 않는다.

허구의 왜인과 시대가 다른 백제인

이 기사에 나오는 왜군 장수의 이름은 '황전별(皇田別 아라타와케)'과 '녹아별(鹿我別 카가와케)', '천웅장언(千熊長彦 티쿠마나가피코)' 세 사람이다. 세 이름은 모두 한자를 음으로 읽는 것이 아니라, 훈으로 읽는 방식으로 되어 있다.

앞서 누누이 보았지만, 한자의 훈으로 된 인명은 백제가 멸망하고도 좀 세월이 흐른 7세기 말쯤에나 일반화되었다. 249년이 아닌 369년이라 하더라도 이런 이름은 존재하지 않았다. 당시의 왜지에는 한자의 훈 자체가 존재하지 않았던 것이다. 8세기 이후에 이루어진 붓끝의 창작이다.

그리고 '황전별'의 '황전(아라타)'은 성이고, '별(別 와케)'은 존칭이다. 이름이 없다. '녹아별' 또한 마찬가지로 이름이 없다. 조선시대 풍으로 말하면, '박진사'나 '윤첨지' 정도의 표현이다. 상식에 어긋난다.

'와케(別)'와 같은 존칭의 사용이 왜지에서 일반화된 것은 5세기 이후의 일이다. 369년이라 하더라도 이런 존칭은 사용되지 않았다.

백제 장군 목라근자는 『일본서기』 응신 25년조에 보인다. 한성 함락(475년) 무렵의 인물인 목협만치의 부친이라 하였다. 따라서 목라근자가 249년은 물론, 369년에도 활약하였을 가능성은 전혀 없다. 다른 시대에 존재하였던 인물 목라근자를 이 창작기사에 배치한 것을 알 수 있다.

이 기사에는 목라근자 이외에도 '사백', '개로', '사사노궤', 3인의 백제 장수 이름이 나오는데, 모두 실존인물로 보인다. 그러나 어느 시대의 인물인지, 어떤 활약을 하였는지는 전혀 알 수가 없다.

이 기사는 창작된 왕후 신공, 가공인물인 왜인 3명, 목라근자 등 4명의 실존 백제인, 이런 구도로 되어있다. 『일본서기』에 나오는 37명의 날조된 왜왕의 기록, 전편 어디에서나 흔하게 볼 수 있는 구도이다. 허구의 왜왕과 왜인, 실존 백제와 가야의 인명 그리고 지명, 창작된 여러 사건들로 구성된 창작소설집이 바로 『일본서기』이다.

뒤에서 검토할 기사에도 한자의 훈독으로 된 왜인의 인명이 나수 보이는데, 단 한 명의 예외도 없이 전원 창작된 가공인물이다.

신공 49년조 기사는 후세인의 창작

이 기사의 전체적인 취지, 말하려는 요지는

「왜가 대병을 한국에 파병하고 속국인 백제의 원군을 동원하여, 가야의
　여러 나라와 신라도 정복하였으며, 마침내 백제마저도 항복맹세를 받
　았다」

라는 것이다. 즉 신공의 신라정벌과 마찬가지로, 고대에 왜가 한국을 지배하였다는 일본인들의 「I wish」를 마치 실제 있었던 역사인 양 날조하였다. 근초고왕이 백제 땅에서 왜군에게 항복하였다는 것을 보라.

따라서 중요한 본론은 ①, ③기사이고, 강단 사학자들이 바이블처럼 믿고 있는 ②기사, 즉 고해진과 침미다례 정복은 그 중간에 곁다리, 혹은 양

념처럼 끼어있다.

그런데 위 ①,②,③ 기사는 모두 전체가 하나로 연결된 일련의 스토리 구조를 가지고 있다. 따라서 ①과 ③기사를 창작으로 본다면 ②기사도 역시 일련의 창작소설의 일부로 보는 것이 옳다. ①과 ③을 창작하면서, 중간의 ②는 백제의 사서에서 그대로 옮겨 적었을 가능성은 전무하다.

왜, 백제 연합군이 고해진과 침미다례를 정복하여 백제에게 하사하자, 비리 등의 4읍이 스스로 항복하였다는 것을 보라. 스스로 항복하였다는 것은 『일본서기』의 상투수법이다. 신공이 신라를 정벌하여 신라왕이 항복하자, 백제왕과 고구려왕이 스스로 항복하였다는 것과 전혀 다를 바 없다. 이는 완전한 창작이다.

그런데 이러한 창작을 누가 하였을까? 앞서 『일본서기』에는 후세인의 수많은 변작이 있었던 사실을 보았다. 이 기사도 후세의 누군가가 창작하여 집어넣은 것이 아닐까?

『일본서기』는 720년에 발간되었다. 백제가 멸망한 660년으로부터 불과 60년 후가 된다. 이 『일본서기』를 지은 사람이 누구인지는 알 수 없으나, 백제의 후예인 것은 명백하다. 토착왜인이 이런 책을 지을만한 학문이 있을 리가 만무하다.

그런데 이 기사에서 백제의 근초고왕이 왜군 장수에게 항복 맹세를 하였다고 한 것을 보라. 720년 시점에서, 백제 후예인 『일본서기』 지은이가 모국 백제의 왕이 왜장에게 항복 맹세를 하였다는 소설을 창작하였으리라고는 생각되지 않는다. 훨씬 이후의 일본인, 즉 백제를 모국으로 생각하지 않고 단순한 외국으로만 보는 일본인이 창작하였다고 보는 것이 합리적이다.

2. 『일본서기』 응신 8년(277년)조 기사

『일본서기』 응신 8년 3월조를 보면 다음 기사가 있다.

① 백제인이 내조하였다(『백제기』에서 말하였다. 아화왕이 즉위하여 귀국에 무례하였다. 그래서 우리의 영토인 침미다례, 현남, 지침, 곡나, 동한(東韓)의 땅을 빼앗았다. 이 때문에 왕자 직지를 천조(天朝)에 보내어 선왕의 수호를 닦았다).

이어서 『일본서기』 응신 16년(285년) 2월조는 다음과 같다.

② 백제 아화왕이 죽었다. 천황이 직지왕(直支王)을 불러 말하기를 "너는 본국으로 돌아가 왕위를 이어라"라고 말하였다. 또한 동한의 땅을 하사하여 보냈다.

『천년사』는 응신 8년조의 기사 역시 120년을 올려서 397년의 사건으로 보고는, 백제가 고구려 광개토대왕의 침공으로 곤욕을 치르는 동안, 침미다례와 동한이 독자적인 세력을 표방하였다고 보았다(선사·고대 3권 27쪽).

백제의 사서를 인용한 척 위장

『일본서기』의 이 기사는 마치 『백제기』라는 백제의 사서를 인용한 양하였다. 이것이 사실일까? 우선 여기에 나오는 「귀국(貴國)」이라는 용어를 주목하여 보자. 귀국은 물론 왜국을 높이는 말이다. 그렇다면 백제의 사관이 자국의 역사를 기록하면서, 왜국 쪽 사람에게 보이기 위하여 썼다는 의미가 된다. 전혀 있을 수도 없는 일이다.

이 「귀국」이라는 한 단어만 보더라도, 실제 백제의 사서에 이렇게 적혀 있었던 것이 아니라, 8세기 이후 일본인의 창작이라는 사실을 쉽게 알 수 있다.

또한 이 기사를 보면, 백제의 아화왕이 왜에 무례하였기에, 왜가 백제의 영토를 빼앗은 조치는 정당하다는 뉘앙스로 되어있다. 백제의 사서에 자국 왕이 무례하였고, 땅을 빼앗은 왜가 정당하다는 취지로 기록되어 있을까? 만일 그렇다면 그 백제의 사관은 매국노일 것이다. 그러나 그럴 가능성은 전혀 없다. 이 기사는 창작소설이기 때문이다.

『일본서기』에는 이 『백제기』 이외에도 『백제본기』니 『백제신찬』이니 하면서, 백제의 실존 사서를 인용한 척 가장한 기사가 여럿 있다. 우리 강단 사학자들은 이러한 소위 '백제삼서'를 인용한 기록은 거의 절대적으로 믿는 경향이 있다.

그러나 이는 큰 착각이다. 이 기사에서 보듯이 소위 '백제삼서'를 인용하였다는 기사는 거의 대부분 창작이다. 백제의 사서를 인용한 척 가장하여, 좀 더 진실하게 보이려는 술수일 뿐이다.

『일본서기』는 실제 있었던 역사가 아닌 허구의 소설을 창작하면서, 그래도 조금이라도 진실인 것처럼 보이기 위하여, 실존 백제인의 인명, 실재하였던 백제의 지명을 가져와 이곳저곳 배치하였을 뿐만 아니라, 군데군데 '백제본기' 따위의 백제 사서에서 직접 인용한 것처럼 술수를 부렸던 것이다. 그러므로 이른바 '백제삼서'를 인용하였다고 하여, 신뢰성을 부여할 여지는 전혀 없다.

땅은 장난감이 아니다

이 기사뿐만 아니라, 『일본서기』의 곳곳에는 땅을 빼앗기도 하고, 하사하기도 하는 마치 주머니 속의 장난감처럼 되어있다. 여기서는 왜가 백제로부터 동한이라는 땅을 빼앗았다가, 8년 후에는 다시 하사하는 것으로 되어있다. 땅을 빼앗는다는 의미는 무엇인가? 군대를 보내어 무력으로 점령하는 것 이외에는 생각할 수가 없다. 빼앗은 땅을 다시 준다는 것은 점령군을 철수한다는 의미일 것이다.

왜국에서 많은 병력을 동원하여 수많은 군량과 물자가 소모되는 수개월의 항해를 거치고, 또 전투를 벌여 승리한 결과 백제의 동한이라는 땅을 점령하였을 것인데, 그 귀한 해외영토를 아무런 댓가도 없이 백제에게 돌려준다는 것은 너무나도 상식에 맞지 않는다.

앞의 신공 49년조 기사에서는 왜가 점령한 남만 침미다례를 백제에게 하사하였는데, 여기서는 동한의 땅을 하사하고 있다. 아마도 동서고금을 막론하고 세계 역사상 가장 인심좋은 국가가 왜국이 아닐까?

그렇지만 이 기사에는, 어느 장군이 어느 정도의 병력을 이끌고 출병하였고, 어떤 전투에 승리하여 그 땅을 점령하였다는 등의 군대를 보낸 내용은 전혀 없다. 모든 것이 붓끝의 희롱이고 붓장난이다.

따라서 여기에 보이는 동한이나 침미다례, 현남 등의 지명이 어디인지를 알 수 있는 어떤 단서도 찾을 수 없다. 따라서 동한이나 침미다례가 독자적인 세력을 표방한 것으로 본 『천년사』의 주장은 전혀 근거를 찾을 수가 없다.

2주갑인하설의 허구

『천년사』는 여기서도 일본 학자들의 궤변인 '2주갑인하설'을 굳게 믿고 있다. ①기사는 응신 8년인데, 120년을 인하한 397년은 그의 아들 인덕 85년이다.

120년이라는 긴 세월을 내렸다면 최소한 5대 후손쯤이 되어야 마땅하지만, 『일본서기』의 세계에서는 아직도 아들의 재위 중이다. 응신이 재위 41년에 수명 110살, 인덕은 재위기간 87년, 수명 110살이라는 비상식적인 긴 기간으로 되어있기에 이런 결과가 발생한 것이다. 이 사실만으로도 『일본서기』의 허구성을 확인하고도 남음이 있다.

②기사는 응신 16년 즉 285년이므로, 여기서 120년을 내리면 405년이 되는데, 『일본서기』로는 인덕의 아들인 이중 6년이다. 그렇다면 왜왕 인덕이 빼앗은 땅을 아들 이중이 돌려준 것이 된다.

『일본서기』가 연대를 120년 착각한 것이 아니다. 마구잡이로 창작하면서, 연대같은 것은 신경쓰지도 않은 결과이다.

3. 「임나 4현 할양」에 관하여

『천년사』에서 위 신공 49년조 기사 다음으로 빈번하게 인용된 자료가 바로 『일본서기』 계체 6년(512년) 12월조에 나오는 임나 4현 기사일 것이다. 그 요지는 다음과 같다.

「백제가 사신을 보내어 조공하였다. 따로 표문을 올려 임나국의 상다리, 하다리, 사타, 모루의 4현을 달라고 요청하였다. 그래서 왜의 다리 국수(國守)인 '수적신압산(穗積臣押山)'이 말씀 올리기를
"이 4현은 백제와 가깝게 붙어있고, 일본과는 멀리 떨어져 있습니다. 아침저녁으로 다니기 쉽고, 닭과 개도 구별하기 어렵습니다. 지금 백제에 주어 한 나라로 만들면, 보존의 방책이 이보다 나을 수가 없습니다. 그

러나 땅을 주어 나라를 합친다 하더라도 후세에는 여전히 위험이 닥칠 것입니다. 하물며 경계선을 긋는다면 몇해나 지킬 수 있겠습니까?"

라고 하였다. '대반대련금촌'이 말을 상세하게 듣고, 같은 계책을 올렸다. 물부대련추록화'를 왕명을 전할 사신으로 하였다」

『천년사』는 왜가 이 땅을 백제에 하사한 것이 아니라, 백제가 이들 지역에 진출하여 영역화하고, 이를 왜왕권에게 통보 또는 인정시켰던 사실의 반영으로 보았다(선사·고대 3권 55쪽).

영토의 하사는 순수한 창작소설

이 기사 또한 전체가 창작이다. 백제가 왜의 속국일 리가 만무하고, 조공하였을 리도 없다. 여기에 나오는 '표문'이란 신하가 왕에게 올리는 문서를 말한다. 이 기사의 내용과는 정반대로, 왜왕이 종주국인 백제의 대왕에게 표문을 올렸을 것이다.

왜에서 파견한 관리가 다스리는 이른바 임나 4현이 있었을 리가 만무하고, 그것을 왜가 백제에 하사하였을 가능성은 더더구나 없다. 『일본서기』의 이 대목은 독립된 기사인데, 이른바 임나 4현이 언제부터 어떤 경위로 왜의 영토가 되었는지 전혀 보이지 않는다.

무조건 그곳은 왜가 다스리는 왜의 영토이니 믿어라는 식이다. 또한 여기서도 땅을 마치 주머니 속 장난감처럼 주고 있다. 요즘의 일본이 작디작은 바위섬에 불과한 독도가 자기 땅이라고 우기는 것을 보라. 이때의 왜는 어찌하여 현대의 일본과는 달리 그다지도 인심이 후하였던가?

모든 것이 일본인이 가지고 있던 「I wish」의 발로이고, 창작소설 속의 허구의 세계이기에 일어난 일이다.

이 기사에 보이는 '수적신압산(穗積臣押山 포두미노오미오시야마)', '물부대련추록화(物部大連麁鹿火 모노노베노오포무라지아라카피), 대반금촌대련(大伴大連金村 오포토모노오포무라지카나무라), 3명의 왜인은 모두 한자의 훈독으로 이루어진 기나긴 이름들이다. 이런 이름을 가진 왜인은 6세기 초의 왜국에 단 한명도 없었다. 이때는 한자의 훈이 생겨나기도 이전이다.

그리고 '국수(國守 쿠니노미야투코)'라는 관직명 역시 8세기 초의 그것이다. 또한 임나에 '현'이라는 지방행정단위가 있었는지도 의문이다.

백제 진출의 반영이 아닌 붓끝의 창작

『천년사』는 백제가 이들 지역에 진출하여 영역화하고, 이를 왜왕권에게 통보 또는 인정시켰던 사실의 반영으로 보았다. 그렇지만 그러한 사실을 반영하여 이 설화를 구성하였다고 볼 근거는 어디에도 없다. 허구의 왜왕계체, 창작된 왜인 3명으로 꾸며낸 붓장난에 불과하다.

『천년사』는 상다리, 하다리를 여수, 사타를 순천, 모루를 광양으로 비정하였다. 음이 서로 비슷하다는 것인데, 음운론으로 볼 때 억지로 꿰어맞춘 무리한 비정이다. 창작소설을 쓰면서 실존하였던 네 지명을 여기에 배치한 것뿐이므로, 그곳이 어디인지를 알 방법이 없다.

만에 하나 백제가 군대를 보내어 이곳을 영역화한 것이 사실이라고 하자. 그렇다고 하더라도 굳이 그런 사실을 왜에게 통보할 이유가 어디 있는가? 이는 백제가 속국은 아니라 하더라도 열등한 처지에 있었다는 관점에서 나온 발상인 것이 분명하다.

강단 사학에서는 백제가 왜의 속국은 아니었지만, 왜가 강하고 백제는 약한 존재였다고 확신하고 있는 듯이 보인다. 이러한 고정관념이 참으로 큰 문제이다. 『천년사』의 온갖 문제점도 근본을 따져보면, 왜가 강하고 백제가 약하였다는 이러한 관념에서 비롯되었을 것이다. 사실은 정반대였다. 왜지는 7세기 초반에 겨우 통일되었고, 5~6세기는 수많은 소국들이 분립하고 있었기 때문이다.

4. 기문(己汶)과 대사(滯沙)

『일본서기』계체 7년(513년) 6월조와 11월조를 보면, 왜가 '기문'과 '대사'를 백제에 하사하였다 한다. 요약하면 다음과 같다.

① 6월, 백제가 왜에 사신을 보내어 말씀 올리기를 "반파국이 신의 나라 기문의 땅을 빼앗았습니다. 천은을 내려 신의 나라로 되돌려 주십시오"라고 하였다.

② 11월, 왜 조정에서 백제의 장군, 신라와 아라가야, 반파의 사신 등이 도열한 자리에서 은칙을 내려, 기문과 대사를 백제국에 주었다.

③ 이달에 반파가 진귀한 보물을 바치면서 기문의 땅을 달라고 하였으나, 주지 않았다

『천년사』는 '기문'은 남원의 운봉고원이고, 반파국은 대가야의 다른 이름으로서, 백제가 운봉고원의 기문국을 점령하였던 역사적 사실의 반영으로 보았다.

남원은 백제시대에 '고룡군(古龍郡)'이었고, 용은 우리말로 '미르'라고 불렀으며, 물이라는 의미로 사용되었다 한다. 그래서 '고룡'은 '큰 물'이라는 의미, '기문'도 역시 같은 의미로 보았다(선사·고대 3권 56쪽. 171쪽).

전체가 유치한 창작소설

이 기사의 요지는 기문은 원래 백제 땅이었는데, 반파가 이를 빼앗았기에, 백제가 왜에 간청하자 왜가 백제에 하사하였다는 내용이다.

이 기사의 시기인 513년은 백제의 무령왕 13년이다. 무령왕은 바로 이전 해인 12년 4월, 고구려군의 침공을 받아 처음에는 2개의 성을 빼앗기는 등 고전하였으나, 나중에는 대승을 거둔 바 있다. 상당한 강국이었던 것을 알 수 있다.

그런 무령왕 시대의 백제 영토를 '반파국'이라는 나라가 빼앗았다는 것은 전혀 납득하기 어렵다. 이 반파국은 여러 가야 나라 중의 하나일 것인데, 감히 백제의 영토를 탈취하다니. 『천년사』는 반파를 대가야로 보았으나, 근거가 박약하다. 『일본서기』는 대가야를 임나라고 지칭하기 때문이다. 왜 여기서만 임나가 아닌 '반파'라고 하였는지 그 이유를 알 수가 없다.

그런데 백제는 땅을 뺏아간 반파가 아닌 왜국에 그 영토를 돌려달라고 간청하였다는 것은 또 무슨 뚱딴지같은 소리인가? 그리하여 왜왕이 왜 조정에서 백제, 신라와 아라가야, 반파의 장군과 사신들이 도열한 자리에서 땅을 주었다고 한다. 여기서도 땅이 주머니 속의 장난감이다. 모든 것이 유치한 작문이다.

태양계의 중심이 태양이듯, 왜가 중심에 있고, 백제 등 모든 나라들이 위성국인 것처럼 되어있다. 전편이 붓끝의 장난으로 이루어진 창작인 것이 분명하며, 그중 일부를 실존 백제 사서에서 인용한 흔적은 전혀 보이지 아니한다.

그럼에도 『천년사』는 「왜가 기문을 백제에 하사하였다」를 「백제가 기문에 진출하였다」로 읽고는, 역사적 진실인 양 서술하였다. 이 기사는 전체가 일련의 창작소설이라, 그 중의 일부를 역사적 사실로 인정할 소지는 전혀 보이지 않는다. 사료의 세계에서 축출할 대상 중의 하나일 뿐이다.

기문과 대사는 어디인가?

『천년사』는 남원의 고명 '古龍'의 '古'를 크다는 의미의 순수 한국어로 보았다. '古'의 중고음은 '고'였다. 그렇지만 크다는 의미의 한국어를 '古'로 표기한 기록은 필자가 아는 한 없다.

'크다'는 고대에 '거다'였을 것이고, 그 관형형은 '건'이었을 것이다. 근초고왕과 근구수왕의 '근(近)'은 현대어 '큰'의 고형을 한자로 표기한 것이다. 즉 '건'이다. '古'가 '크다'는 의미라는 것은 전혀 납득하기 어렵다.

용의 중세어가 '미르'인 것은 사실이지만, 물을 고대에 '미르'라고 하였다는 것은 어디에도 근거가 없다. 따라서 '고룡'이 '큰 물'이라는 의미라는 것은 근거없는 주장이며, '기문'도 그런 의미가 아니다.

『천년사』는 '대사'를 하동으로 비정하였다. 하동의 고명 '한다사'의 '다사'와 '대사'는 그 음상이 비슷한 것은 사실이다. 그러나 앞서도 보았듯이 『일본서기』는 허구의 기사를 창작하면서, 백제나 가야의 실존 지명을 여기저기 임의로 배치한 것에 불과하므로, 거기에서 어떤 역사적 진실도 알아낼 수가 없다. '기문'과 '대사'도 전혀 다를 바 없다.

『신찬성씨록』좌경황별편 길전련(吉田連)조에도 '기문'이 보인다. 요약하면 다음과 같다.

「왜왕 숭신(재위 기원전 97년~기원전 30년)의 시절, 임나국의 왕이 왜왕에게
　　말씀 올리기를
"신의 나라 동북쪽에 상기문, 중기문, 하기문이 있는데, 지방은 3백리이
　　고 부유하나, 신라와 서로 싸워 전쟁이 그치지 않아 백성들이 살기 어
　　렵습니다. 왜에서 장군을 보내어 이곳을 통치하여, 왜국의 부(部)로 만
　　들어 주시길 바랍니다"라고 하였다 …… 숭신이 염수진언명을 파견하
　　여 그곳을 지키도록 하였다」

이 임나는 전체 문맥상 고령의 대가야로 보인다. 그렇지만 임나국왕이 왜왕에게 자기 나라 영토 일부를 왜국의 영토로 편입시켜달라고 요청하였다거나, 왜왕이 군대를 파견하여 그곳을 자국의 영토로 지켰다는 등의 내용은 전혀 상상할 수도 없다. 고대에 이렇게도 비겁한 국왕이 있었단 말인가? 일견 전편이 수준 낮은 창작인 것이 분명하다.

숭신은 물론 가공인물이지만, 그 재위기간마저 기원전이라 임나 즉 대가야의 시대와 전혀 맞지 않는다. 염수진언명(鹽垂津彦命 시포타리투피코노미코토)이 가공인물임은 긴 설명이 필요 없을 것이다.

이 기사의 기문은 신라와 늘 전쟁하는 지방으로 되어있다. 고령의 대가야와 신라는 전쟁을 자주 하였을 수도 있다. 대가야와 신라가 영토분쟁을 일삼아 백성들이 살기 힘든 곳, 그러나 그곳이 남원이었을 가능성은 전혀 없다.

앞서 본 『일본서기』에서는 '기문'이 원래 백제의 땅이었는데, 반파가 빼앗아 간 것을, 왜왕이 백제에 돌려주었다고 되어있다. 그런데 여기서의 '기문'은 임나와 신라가 싸우는 곳으로 되어있어 전혀 다르다. 『신찬성씨록』 지은이가 설화를 창작하면서, 『일본서기』를 꼼꼼하게 읽지 않았기에 이런 혼선이 빚어졌을까?

필자는 정반대로 생각한다. 즉 『일본서기』의 이 기사는 후세인이 창작하여 가필한 것인데, 그가 『신찬성씨록』에 이러한 기사가 있다는 사실을 깜빡 잊어버렸기에, 이러한 혼선이 일어났을 것이다.

이 길전련이라는 씨성은 백제 멸망 이후 도왜한 달솔 길대상을 시조로 하는 가문인데, 천황가와 동족인 황별편에 등재되어 있다. 천황가의 뿌리를 알려주는 좋은 단서 중의 하나이다(졸저 『속국 왜국에서 독립국 일본으로』 283쪽).

양직공도

양나라의 그림인 「양직공도」를 보면, 백제 인근의 소국으로, 신라와 다라 등과 함께 반파(叛波), 상사문(上巳文), 탁(卓) 등의 이름이 보인다. 『천년사』는 여기에 나오는 '상사문'의 '사(巳)'를 '기(己)'의 오자로 보고는 자설을 입증하는 좋은 자료로 보았다.

그러나 이 양직공도의 기록으로도, 그러한 국명이 있었다는 것은 인정할 수 있지만, 그것이 어디인지 알 수 있는 자료는 전혀 보이지 않는다. 반파나 상기문이 전라도에 있었는지, 충청도, 혹은 경상도의 어디인지 전혀 가늠할 수조차 없다.

이 양직공도의 국명을 보면, 『일본서기』 임나일본부 기사에 나오는 여러 지명이나 국명과 일치하는 것이 많아, 후세의 변작자가 임나일본부를 소설처럼 창작하면서도, 지명이나 인명만큼은 창작하지 않고 실존 백제 사서에서 찾아내어 적당하게 배치하였다는 심증을 더욱 굳혀 준다.

왜가 땅을 하사하였다는 기사의 진실성

지금까지 『천년사』가 중요하다고 판단하여 인용한 『일본서기』의 기사 4건을 보았는데, 하나같이 왜가 땅을 백제에 하사하였다는 내용이 포함되어 있다. 간략하게 정리하여 보자.

① 신공 49년(249년) : 왜, 백제 연합군이 가라 7국을 평정하고는, 남만 침미다례를 도륙하여 백제에 주었다.

② 응신 8년(277년) 3월 : 아화왕이 왜에 무례하여, 왜가 동한 등 4곳의 땅을 빼앗았다가, 응신 16년 동한을 백제에 하사하였다.

③ 계체 6년(512년) 12월 : 백제가 왜에 조공하면서 표문을 올려, 임나 4

현의 땅을 달라고 요청하기에, 이를 백제에 하사하였다.

④ 계체 7년 11월 : 백제가 왜에 표문을 올려 "반파국이 기문의 땅을 **빼앗아 갔으니, 돌려주시길 바랍니다**"라고 하자, 기문과 대사를 백제에 하사하였다.

왜는 무려 4번이나 백제에 땅을 하사하였고, 한편 ②항에서는 왜가, ④항에서는 반파가 백제의 땅을 빼앗는 것으로 되어있다.

그러나 『삼국사기』에는 이런 역사적 사건이 전혀 보이지 않는 것은 물론, 이런 유형의 기사조차도 단 한건도 없다. 가령 고구려가 백제의 땅을 빼앗아 신라에 하사하였다는 투의 기사는 어디에도 없다. 그렇지만 『일본서기』는 왜가 땅을 빼앗거나 주는 것이 마치 아이들의 땅따먹기 놀이나, 주머니 속의 장난감을 주고받는 정도로 쉽고 간단한 일인 것처럼 묘사되어 있다.

영토는 국가의 근본이다. 한치의 땅이라도 침략당하면 두 국가 사이에는 양보할 수 없는 전쟁이 벌어지게 된다. 흉노 모돈(冒頓) 선우의 사례를 보자. 이웃 동호(東胡)가 보물과 미인을 요구할 때에는 거절하지 않고 순순히 주었다. 그러나 세 번째로 영토를 요구하자, 모돈은 이를 단호하게 거부하고는 전병력을 동원하여 동호를 공격한 바 있다.

유목민인 흉노에게조차도 영토는 삶의 원천이었던 것이다. 하물며 농경이 주된 생업이던 고대 한국의 여러 나라임에랴. 또한 최근 일본이 절해고도의 바위섬 독도의 영유권을 집요하게 주장하는 것을 보라.

하지만 『일본서기』에서의 국가 영토는 전혀 그렇지 않고, 땅따먹기 놀이의 땅이나 주머니 속 장난감 정도에 불과하다. 쓸모도 없는 바위섬 독도의 영유권을 끈덕지게 노리는 현대의 일본과는 정반대로, 고대의 왜는 넓고 기름진 영토를 전후 4차례나 백제에 아낌없이 주었다는 것이다.

진실된 역사와는 천만리 거리가 먼 순수한 붓장난이다. 그나마도 『일본서기』의 원본에는 없던 것을 후세인이 창작하여 가필한 것이 명백하다. 수준 낮은 변작자가 이런 아동용 만화보다도 못한 저질의 기사를 꾸며 낸 것이다. 여기에는 어떤 역사적 사실의 투영도 보이지 아니한다. 따라서 이러한 기사에서 어떤 역사적 진실의 실마리를 찾아보려는 시도는 후세 변작자의 농간에 우롱당하는 어리석은 결과를 초래할 뿐이다.

5.「기생반숙녜(紀生磐宿禰)의 반란」실존 여부

『일본서기』 현종 3년(487년) 4월조를 보면, 기생반숙녜라는 자가 임나에서 반란을 일으켰다는 기사가 있다.

「기생반숙녜가 임나를 점거하고 고구려와 교통하였다. 서쪽으로 삼한의 왕이 되려고, 궁전을 정비하며 스스로 신성(神聖)이라 칭하였다.
임나의 좌로, 나기타갑배의 계략을 이용하여 백제의 적막이해를 이림에서 죽였다(이림은 고구려의 땅이다). 대산성을 쌓아 동쪽 길을 막고 지켰으며, 군량을 공급하는 나루를 끊어 군사들을 굶주리게 하였다.
백제왕이 크게 노하여 영군 고이해, 내두 막고해들을 보내어 군대를 이끌고 대산성을 쳤다. 이에 기생반숙녜는 군대를 보내 역습하였다. 담력이 더욱 나서 가는 곳 마다 격파하였다. 일당백이었다.
얼마 후 군사는 다 하고 힘이 떨어졌다. 일이 안 될 것을 알고, 임나에서 돌아왔다. 이로 인하여 백제는 좌로, 나기타갑배 등 3백인을 죽였다」

『천년사』는 기생반숙녜가 임나를 근거로 삼았다거나, 고구려와 통했다
는 것은 믿기 어렵지만, 백제의 전쟁 상대는 임나의 나기타갑배였고,
백제가 3백인을 죽였다는 것은 사실로 믿고 있다(선사·고대 3권 169쪽).

이 기사의 주인공 '기생반숙녜(紀生磐宿禰 키노오피파노수쿠네)'는 실존인
물이 아니다. 이때는 일본에서 한자의 훈이 생기기 이전이다. 한자의 훈독
으로 이루어진 이 이름은 8세기 이후의 창작이다.

23대인 현종이라는 왜왕 또한 허구의 가공인물인 것은 물론이다.

이 왜인이 임나로 건너와 반란을 도모할 정도라면, 그를 추종하는 세력
도 상당하였을 것 같은데, 다른 사람은 아무도 없다. 그가 거느린 병력이
얼마인지도 나오지 않는다. 오직 기생반숙녜 혼자서 일으킨 반란인 것처
럼 보인다.

왜인 기생반숙녜가 임나에서 삼한의 왕이 되려고 하였다거나, 임나인의
계략으로 백제 장군을 죽였다는 등의 내용은 전혀 믿을 수 없는 창작소설
이다.

이어지는 전투기사를 보라. 백제의 장수 두 사람의 이름만 나오고, 피아
의 병력이나 행군경로, 전과, 이런 기본적인 요소는 전혀 없다. 일당백이
었는데 왜 막바로 패배했는지, 전혀 납득할 수가 없다. 전체가 유치한 붓
끝의 장난인 것이 분명하다.

『일본서기』 지은이가 이런 치졸한 문장력의 소유자였을 리가 없다. '대
일본'에 대한 애국심은 가득찼지만, 솜씨는 형편없는 후세인의 창작인 것
이 명명백백하다.

임나에 있던 기생반숙녜가, 고구려 땅인 이림(爾林)에서 백제의 장군을
죽였다는 기사 또한 전혀 이해할 수가 없다. 이 임나가 어디인지도 알 수
가 없는데, 가령 대가야라 하더라도, 어떻게 백제의 장군을 고구려 땅에서

죽일 수가 있는지, 전혀 상상조차 할 수가 없다.

'이림'이라는 실존 지명을 이 창작기사에 배치한 것 뿐이므로, 그곳이 어디인지 알 수가 없다.

백제가 임나인 3백인을 죽였다는 것도 전혀 믿을 수 없다. 이 구절 또한 일련의 창작소설의 일부일 뿐이다. 다른 모든 것은 창작하면서 이 구절만 실존 백제 사서에서 옮겨 적었다고 볼 증거는 전혀 없다.

6. 이른바 「사비(泗沘)회의」 실존 여부

532년 금관가야가 신라에 의해 멸망하였다. 『일본서기』는 왜왕 흠명이 백제의 성왕에게 임나를 부흥시켜라는 명령을 내려, 가야의 여러 나라 사신들이 부여에 모여 회의를 하였다 한다. 이른바 '임나부흥회의'이다.

흠명 2년(541년) 4월조를 보면,

「안라, 가라, 졸마, 산반해, 다라, 사이기, 자타의 한기(旱岐)들이 임나의 일본부 길비신(吉備臣 키비노오미, 이름이 빠졌다)과 백제에 가서, 왜왕의 명령을 들었다.

백제 성왕이 한기들에게 "일본 천황이 명령한 바는 오로지 임나를 재건하라는 것이다. 어떤 계책으로 임나를 재건할 것인가, 각자 충성을 다하여 천황의 마음을 펼치도록 하여야 마땅하다"라고 말하였다 ……」

흠명 5년에 다시 회의가 있었다.

「…… 성왕이 말하기를 "임나를 세우는 것은 천황의 위엄을 빌리지 않고
는 누구도 불가능하다. 나는 천황에게 가서 군사를 청하여 임나를 도우
려 한다. 군량은 내가 운반한다 ……」

『천년사』는 금관가야 멸망 이후, 가야와 백제의 이해관계에서 성립된 것
이 두 차례의 '사비회의'라고 보았다(선사·고대 3권 172쪽).

『일본서기』의 이 기사를 보면, 우선 백제 성왕의 장래를 내다보는 대단
한 신통력에 감탄하게 된다. 즉 성왕은 백수십년 후에 왜국이 국호를 '일
본'으로, 왕을 '천황'으로 바꿀 것이라는 사실을 정확하게 예측하고는 '일
본'과 '천황'이라는 용어를 사용하였기 때문이다.

그러나 성왕의 신통력이라기보다는 창작소설이기에 가능하였을 뿐이다.

'길비신(吉備臣 키비노오미)'의 이름은 모른다 하였다. 이 인명은 한국식으
로 말하면, '윤첨지'와 같다. 왜 이름을 모르는가? 기원전 660년에 즉위한
시조 신무 시대의 인명도 정확하게 나오지 않는가? 가공인물인 것이 분명
하지만, 오히려 이름을 모르는 척하여, 실존인물이라는 신빙성을 높이려
는 술수로 보인다.

하내직(河內直 카푸티노아타피), 진수련(津守連 투모리노무라지) 등 여기에 등
장하는 모든 왜인들은 전부 창작된 가공인물이다.

이 기사의 근본적인 취지는 이렇다. 왜왕은 성왕에게 임나를 부흥하라
고 독촉하고, 성왕은 마치 머슴처럼 그 명령을 받들기 위하여 노력한다는
취지이다. 많은 분량이지만, 거의 대부분 성왕의 독백으로 시종일관하였
다. 녹음기도 없던 시절, 어떻게 그 많은 성왕의 육성을 옮겨 적었는지 감
탄이 나올 정도이다. 모든 것이 붓장난인 것이 명백하다.

『천년사』는 임나부흥회의를 '사비회의'라고 칭하면서, 신라의 진출을

대비하기 위한 백제와 가야의 회의로 보았으나, 『일본서기』의 이 기사에는 그런 내용은 전혀 없다.

즉 신라를 막기 위하여, 백제와 대가야, 아라가야 등이 연합군을 편성한다든가, 신속하게 구원군을 보내기 위한 체제를 마련한다는 등의 내용은 전혀 없다. 오로지 왜왕의 명령에 충성을 다하자는 성왕의 독백으로 일관하고 있을 뿐이다.

금관가야 멸망 이후의 형세로 볼 때, 신라의 위협에 위기감을 느낀 백제와 대가야, 아라가야 등의 관리들이 모인 대책회의가 있었을 법은 하지만, 『일본서기』의 이 기사는 그 근거사료가 될 수 없다. 100% 순수한 창작소설이다.

7. 이른바 「반정(磐井)의 반란」 실존 여부

『일본서기』 계체 21년(527년)조에는 '반정'이라는 자의 반란설화가 있다. 이 자의 반란으로 임나 부흥의 원대한 꿈이 수포로 돌아가고 말았다 하니, '대일본의 임나일본부'를 위하여는 참으로 애석한 일이 아닐 수 없다. 일본에서는 이 설화가 실제 있었던 역사적 사실이라고 철석처럼 믿고 있고, 우리 강단 사학자들은 이를 맹종하고 있다. 그 요지는 다음과 같다.

① 근강(近江)의 모야신(毛野臣)이 6만 군사를 이끌고 임나로 갔다 신라에게 격파당한 남가라 등을 회복하여, 임나에 합칠 의도였다.
② 그러자 신라가 축자국조(築紫國造)인 '반정(磐井 이파위)'에게 뇌물을 주어, 모야신을 막고자 하였다.

③ 반정은 화(火), 풍(豊) 2국에 세력을 펼치고는, 임나에 있던 모야신 군
　대를 차단하였다.

④ 천황이 대반금촌대련, 물부대련추록화, 허세대신남인등에게 명령하여,
　반정을 진압하라고 하였다. 물부대련추록화가 어정군(御井郡)에서 교
　전하여 반정을 죽였다.

모든 등장인물이 창작된 가공인물

여기에 나오는 '모야신(毛野臣 케나노오미), '반정(磐井 이파위)', '물부추록화
(모노노베노아라카피)' 등 모든 인물이 한자의 훈독으로 이루어진 이름이다.

이 사건이 있었던 527년에는 일본에 한자의 훈이라는게 아직 생기기도
전이었다. 한자의 훈으로 된 이름이 일반화된 것은 백제가 멸망한 이후인
7세기 말쯤의 일이었다. 단 한명의 예외도 없이 가공인물이다.

'모야신'의 '모야'는 성이고, '신'은 존칭이다. 이름이 없다. 조선시대풍
으로 말하면 '박진사'이다. '반정'도 마찬가지로 성이므로, 이 자 또한 이
름이 없다. 조선시대풍으로는 '진주목사 최'이다. 이름이 빠진 이유는 알
수 없으나, 창작상의 실수가 아닌가 싶다.

이 기사에 등장하는 대반금촌대련, 물부대련추록화가 창작된 가공인물
임은 앞서 보았다(340쪽).

한편 여기에 나오는 '축자국조(투쿠시노쿠니노미야투코)'나 '화국(火國 피
노쿠니)', '풍국(豊國 토요노쿠니)' 등도 모두 7세기 말쯤의 표현이다. 527년
에 이런 관직명이나 '국(쿠니)'라는 지방행정단위가 있었을 가능성은 전무
하다.

진압군과 반란군 사이의 교전이 있었다는 '어정군(御井郡 미위노코포리)'
의 '군(郡 코포리)'도 8세기의 표현이다. 7세기에는 '평(評 코포리)'이라 하였

다. 527년에는 어떤 명칭이었는지 알 수가 없다.

지명 '미위'를 훈독표기로 '御井(어정)'이라 하였으나, 이 당시에는 아직 훈이 생기기도 이전이다.

이 반란은 527년에 있었다는데, 그 인명이나 관직명, 지명, 지방행정단위 등, 단 하나의 예외도 없이 모든 것이 8세기의 표기이다. 527년의 인명이나 지명, 관직명이 전혀 아니라고 단정할 수 있다. 8세기 이후의 창작인 것이 명명백백하다.

허구의 6만 대군

모야신은 신라에 의해 격파당한 남가라와 탁기탄을 회복하여 임나에 합치려는 의도로 6만 대군을 이끌고 임나에 갔다 한다. 여기서의 남가라는 금관가야이고, 임나는 대가야인 것이 분명하다. 즉 그는 신라에 의해 멸망한 금관가야를 부흥하여 대가야와 합칠 의도였다는 것이다.

그런데 금관가야 멸망은 이 사건이 있었던 527년으로부터 5년이나 후인 532년의 일이다. 모야신은 금관가야 멸망을 5년 전에 미리 예견하고 출동하였단 말인가? 그렇다면 대가야로 갈 것이 아니라, 금관가야로 가서 연합군을 편성하여 신라군을 막아야 하지 않을까?

『일본서기』는 전편에 걸쳐 연대같은 것은 별로 신경을 쓰지 않았다. 이 또한 창작의 실수인 것이 분명하다. 533년쯤의 사건으로 설정하여야 마땅하지만, 연대 따위는 무시하였기에 빚어진 참사이다.

또한 527년에 왜에서 6만이나 되는 대군을 대가야에 보냈을 리도 만무하다. 아직 일본열도 통일이 되지 아니하였고, 수많은 소국으로 분립된 상태였는데, 어디서 6만 대군을 모은단 말인가? 앞서 부여풍이 국력을 최대한 동원하여 보낸 백제구원군이 도합 3만2천이다. 더구나 이때의 왜국은 통일왕국이었다. 이 6만 병력은 붓끝의 장난에 불과하다.

그리고 반정이 신라의 뇌물을 받고, 부흥군인 모야신의 대군을 막았다는 설정을 보라. 어떻게 바다 건너 멀리 떨어진 적국의 뇌물에 넘어가, 아군을 막기 위한 반란을 일으킨단 말인가? 전혀 현실감이라고는 없는 허구의 창작이다.

모야신의 6만 대군을 막아섰다는 반정의 반란군은 도대체 몇만이었을까? 반란군에게는 수괴 반정 이외에도 여러 장수나 참모들이 있었을 것이다. 그러나 반정의 아들 '축자군갈자' 이외에는 다른 이름은 전혀 나오지 않는다. 오직 반정 부자 2사람으로 이루어진 반란으로 보인다.

그리고 반란을 진압하였다는 물부추록화에게도 수많은 장군과 군사가 있었을 것인데, 전혀 보이지 않는다. 추록화 혼자뿐이다. 반란은 반정과 아들 2명이 일으키고, 진압은 추록화 혼자서 한 것으로 보인다.

양측의 병력이 어디로 행군하고, 어디서 접전하였다가, 최후의 결전을 어디서 하여, 어떤 전과가 있었다, 이런 내용은 전혀 없다. 단 한번의 교전에서, 추록화 혼자 반정 한 사람을 벤 것으로 되어있다. 창작도 이 정도면 정말 수준이 낮다. 아동용 만화도 이보다는 수준이 높을 것이다.

모야신의 6만 대군은 대가야에서 아무 일도 하지 않고, 세월만 죽이다가 도로 왜로 귀국하였단 말인가? 이 엄청난 대군이 왜에서 대가야까지 항해하고 행군하면서 소비한 군량만 하여도 엄청난 분량일텐데, 그들은 양식만 축내었던 것인가?

따져보면 모든 것이 의문 투성이이다. 붓희롱으로 이루어진 반란인 것이 명백하고 의심의 여지가 없다.

8. 「왜계고분」의 주인공은 누구인가?

영산강 유역을 비롯한 전라도의 서남부에는 전방후원형 고분 등 이른바 왜풍의 고분이 여럿 존재하고 있다. 이러한 무덤의 피장자가 왜인인가 아니면 현지의 토착세력인가 하는 문제는 아주 흥미로운 주제이지만, 아직 결론이 나지 않고 논쟁 중이다.

『천년사』도 이 문제에 관하여 상당한 지면을 할애하였다. 먼저 여러 견해를 소개하고는, 축조의 배경을 분석하여 나름의 결론을 도출하고 있다. 그런데 그 논지의 전개과정이나 결론에는 많은 문제가 있다.

「반정의 반란」 잔당이 망명하였나?

『천년사』는 전방후원형 고분의 주인공을 『일본서기』에 나오는 「반정의 반란」 세력 잔당으로 보았다. 이들이 일본열도에는 망명처를 구할 수 없어 영산강 유역으로 건너왔다는 것이다(선사·고대 3권 142쪽).

앞서 '반정(磐井 이와이)의 반란'이 8세기의 창작임을 보았다. 실제 있었던 역사적 사건일 가능성은 전무하다. 그럼에도 『천년사』는 손톱만큼의 의심도 없이 철석같이 믿고 있다. 다음의 표현을 보자.

> 「일본열도에서는 이와이의 난을 지방 호족의 반란 정도로 해석하는 경향이 강하지만, 이를 진압한 야마토 게이타이(繼體)왕조가 3년 뒤에 무너졌다는 점과, 이와이가 신라와 연계하고자 하였던 점 등을 감안해 보면, 그 세력은 상당하였을 뿐만 아니라, 당시의 국제정세를 보는 눈도 정확하였다고 평가되고 있다」

이 대목은 일본 사학의 추종을 넘어 오히려 초월하는 경지라 할 수 있겠다. 물론 이들 고분의 주인공이 왜인일 가능성도 있다. 그러나 그 왜인이 붓끝의 창작에 불과한 '반정의 반란' 잔당일 가능성은 제로이다.

전쟁이나 정쟁에서 패한 세력이 이웃 지역으로 도주하여 망명하는 것은 고대사에서 종종 볼 수 있는 현상이다. 그러나 그것은 문화가 앞서고 세력이 강한 쪽에서 열등한 쪽으로 망명하는 것이지, 그 반대의 경우는 역사에서 찾아보기 어렵다.

모든 면에서 열등한 왜지에서 패한 세력이, 문명이 앞선 한국으로 망명하였다고 볼 가능성은 지극히 희박하다.

「반정의 반란」 진압으로 통일되었나?

『천년사』는 '야마토 왜'가 이 반정의 반란을 진압한 결과, 왜지의 완전한 통일이 이루어진 것으로 보고 있다. 즉 반란 잔당이, 야마토 정권이 장악해버린 일본열도에서는 더 이상 망명처를 찾기 어려워, 야마토 정권과는 무관한 한반도에서 망명처를 찾을 수밖에 없었다고 설명한다.

과연 527년에 일본열도의 완전한 통일이 이루어졌는가? 그러면 앞서 본 『수서』「왜국전」에 보이는 북구주의 여러 나라, 그리고 오사카까지 가는 도중의 많은 나라들은 어떻게 설명해야 하는가(15쪽)? 『수서』의 이 기록은 608년 수나라의 사신이 직접 왜를 방문하여, 눈으로 보고 귀로 들은 바를 적은 것이다. 이를 의심할 여지는 전혀 없다.

『천년사』의 이러한 관점은 전혀 납득할 수 없다.

항로관리를 위하여 파견된 왜인인가?

일부 중소형 원분의 주인공은 중국-백제-왜로 연결되는 전라도 지역 연안항로와 관련되어 파견된 왜인으로 보았다(선사·고대 3권 150쪽). 그러면서 왜 5왕의 중국 사신 파견과도 연관된 것으로 보고 있다.

파견한 주체가 누구인지 명백하게 나와있지 않지만, 백제가 왜인을 파견하였을 리는 없다. 그렇다면 『천년사』는 왜국이 파견한 왜인으로 보고 있는 것으로 짐작된다. 과연 왜가 중국으로 가는 항로를 관리하기 위하여, 왜인을 전라도 연안에 파견하였고, 죽은 뒤 왜풍의 무덤을 만들었을까?

이 견해가 성립하려면, 왜가 훨씬 우위에 있고, 전라도 연안의 세력은 왜의 이러한 조치에 대하여 아무런 이의 제기도 할 수 없는 약한 처지에 있을 때에나 가능하다. 그러나 역사적 진실은 그와는 정반대이다. 앞서도 보았지만, 당시 왜지는 수많은 소국들이 분립되어 있어 모든 면에서 한국이 훨씬 우위에 있었다.

『천년사』는 2~3세기부터 백제와는 다른, 영산강 계통의 토기들이 왜지로 건너간 것을 잘 지적하고 있다. 4~5세기에는 새 발자국 모양의 무늬가 있는 조족문토기가 일본열도 여러 곳에서 많이 발견된 바 있다. 이 토기는 영산강 세력이 집단적으로 왜지로 건너가, 가야인들과 함께 일본열도를 개척한 사실을 말해준다.

왜국에서 파견한 왜인이 중국으로 가는 항로를 관리하기 위하여, 전라도 지역에 상주하고 있었다는 견해는 전혀 설득력이 없다. 영산강 세력은 그 정도로 허약한 존재가 아니었다.

이렇게 비판을 가하는 필자 자신도 이러한 왜풍 무덤의 주인공에 관하여, 왜인인지 토착세력인지 확실한 결론을 가지고 있지는 않다. 다만 『천년사』가 말한 '반정 반란 세력의 잔당'이나, '왜국에서 중국으로 가는 항로를 관리하기 위하여 파견한 왜인'이 아니라는 점은 명확하게 말할 수 있다.

9. 「임나」 국명에 관하여

『일본서기』에 보이는 「임나」의 혼선

『천년사』는 이른바 '임나 4현' 등 『일본서기』 임나일본부 기사에 나오는 여러 지명을 전라도의 여기저기에 비정하였다. 그렇다면 전라도에 임나가 있었던 것이 된다. 「임나」라는 국명에 관하여 살펴보자.

광개토대왕의 비문에 나오는 '임나가라 종발성'의 임나는 김해의 금관가야임이 명백하다. 그리고 앞서 본 『일본서기』 흠명 2년(541년)조, '임나 부흥회의'의 '임나'도 분명히 금관가야이다.

반면 흠명 23년(562년)조, '임나멸망'의 임나는 대가야이다. 금관가야와 대가야는 전혀 다른 별개의 국가이다. 그런데 금관가야, 대가야 이외에도 전라도 지방의 여기저기에 임나가 있었는가? 도무지 이해할 수 없는 일이다. 흠명 23년조를 보면, 「통털어서 임나라 하고, 세분하여 가라국, 안라국, 시이기국, 다라국, 졸마국, 고차국, 자타국, 산반하국, 걸찬국, 임례국, 합하여 10국이다」라는 구절이 있다. 이에 의하면 10국 전체의 공통적인 이름이 '임나'이고, 개별적으로 여러 나라의 이름이 있는 것으로 되어있다.

마치 우리가 가야의 여러 나라 전체를 '가야'라 부르고, 개별적으로 금관가야, 대가야, 소가야 등으로 부르는 것과 비슷한 구조이다. 과연 신빙성이 있을까?

한국 금석문의 「임나」

한국에서 보이는 '임나'의 용례는 광개토대왕 비문 이외에,

① 봉림사 진경대사 비문 : 「임나왕족」

② 『삼국사기』 강수 열전 : 「임나가라인」

이 있다. ①의 진경대사는 김유신의 후손이니, 이 임나는 금관가야이다.

②의 '임나가라'는 어딘지 알 수가 없다. 그런데 '임나가라인'이라는 표현으로 보아, 임나와 가라는 별개의 나라가 아니고 하나의 국가인 것은 분명하다.

광개토대왕 비문의 '임나가라'와 『삼국사기』의 '임나가라인'이라는 표현으로 미루어보면, '가라'가 통틀어서 말하는 국명이고, '임나'는 개별적인 국명인 것이 분명하다.

한편 광개토대왕 비문과 진경대사 비문의 '임나'는 금관가야이다. 이렇게 본다면 '임나'는 금관가야의 개별적인 국호이고, '가라'는 총칭인 것을 알 수 있다.

따라서 '통틀어서 임나라 한다'라고 한 『일본서기』 흠명 23년조의 기사와는 정반대이다. 이 기사는 실존 백제의 사서에서 옮겨 적은 것이 아니고, 창작기사로 볼 수밖에 없다.

「임나」는 총칭이 아니다

가라는 가야보다 앞선 호칭으로 생각된다. 고대의 왜인들은 가야를 '카라'라 하였다. 그후 의미가 확대되어 백제도 '카라'라 하였고, 이어서 중국의 당나라까지도 '카라'라 하였다가, 중세에는 널리 모든 외국의 총칭이 되었다.

『일본서기』 수인 원년조를 보면, 「의부가라국(意富加羅國 어퍼카라노쿠니)」이라는 표현이 보인다.

'의부(意富)'의 고음은 '어퍼(大)', 현대음은 '오오', 즉 크다는 의미로서, 대가야를 이렇게 표현하였다. '대가야'는 원래 '큰 가야'라는 의미였던 모양이다. 이것을 '대가야'라고 표기하였던 것이다.

앞서 본 『일본서기』 계체 21년(527년)조에는, '신라에 패한 바 있는 「남가라(南加羅)」를 부흥시키고'라는 기록이 있다. 신라에 패하였다는 남가라는 금관가야인 것이 분명하다. 금관가야의 김해는 경주에서 보면 정남방이다. 아마도 신라에서 금관가야를 남가라라 칭하였던 모양이다.

「의부가라」, 「남가라」, 이런 표현을 보더라도 '가라'가 총칭인 것을 알 수 있다. 여기서도 임나가 총칭이고 세분하여 '가라', '안라' 등 10국이 있었다는 흠명 23년조의 기록은 허구인 것을 알 수 있다.

『일본서기』를 보더라도, '임나'라는 단독 표기만 나올 뿐, '□□임나'라는 표기는 전혀 보이지 않는다. '임나'는 통털어서 말하는 국명이 아닌 것이 분명하다.

『신찬성씨록』의 「임나」

『신찬성씨록』 제번편을 보면, 한(漢 아야), 진(秦 하타), 백제, 고구려, 신라와 병행하여 '임나' 출신의 10여 씨족이 등재되어 있다. 이 임나는 어디인가?

한은 아라가야이다. 진은 견해가 분분하지만, 필자는 금관가야로 본다. 늘 한(漢)과 병행하여 등장하고 대비되는 진(秦)은 금관가야인 것이 분명하다. 따라서 여기서의 '임나'는 대가야로 볼 수밖에 없다.

우경제번 하편의 도전련(道田連 미치타노무라지)이라는 씨족은 임나국 '하실왕(賀室王)'의 후손이라 하였다. '하(賀)'의 일본음은 '가'이므로, 이는 '가실왕'이다. 가실왕은 대가야의 왕이었다.

따라서 『신찬성씨록』의 임나는 금관가야도 아니고, 아라가야도 아니며, 모든 가야의 총칭도 아닌, 오직 대가야인 것을 알 수 있다.

또한 『신찬성씨록』에서의 임나는 항상 아라가야, 금관가야, 백제, 고구려, 신라의 뒤를 이어, 즉 맨 마지막에 나오고 있다. 대가야가 이들 여러 나라보다 훨씬 뒤에 강성하게 되었으며, 왜지에 진출한 것도 맨 나중이었던 사실을 생각하면, 이는 당연한 일이라 하겠다. 이러한 사정으로 보아도, 이 책의 임나는 대가야이다.

그런데 『일본서기』에 나오는 임나일본부 기사의 '임나'는 때로는 금관가야, 때로는 대가야, 전체 가야의 총칭 등, 전혀 종잡을 수가 없다.

이것은 무슨 의미인가? 후세 변작자의 솜씨가 형편없었다는 사실을 알려준다. 즉 금관가야와 대가야, 전혀 다른 정치체제이고 국가이지만, 이 두 나라의 국명을 아무런 구별없이 '임나'라고 마구잡이식으로 표기하였기에 빚어진 혼선인 것이다. 『신찬성씨록』이 대가야만을 임나라고 하였던 것과도 대비된다.

창작소설을 쓰면서 이 정도 구분도 하지 않았다는 것은, 그 솜씨가 졸렬한 데에 근본원인이 있을 것이다. 『일본서기』의 문장은 전반적으로 수준이 낮지만, 그중에서 임나일본부 기사는 졸렬과 유치의 대표선수이다.

「임나」는 대마도에 있었나?

임나는 대마도에 있었다는 견해도 있다. 국어학자인 이병선 선생의 주장인데, 재야사학자들의 많은 호응을 얻고 있다. 그 근거는 『일본서기』 숭신 65년조에 있다.

「임나는 축자국에서 2천여리 거리에 있다. 북은 바다로 막혀 있고, 계림

의 서남이다(任那者 去筑紫國二千餘里 北阻海 以在鷄林之西南)」

여기의 축자국은 현재의 규슈(九州) 섬이고, 계림은 신라이다. 북쪽이 바다로 막혀있다고 하였으니, 김해나 고령, 함안 등은 이 조건을 충족하지 못한다. 한국의 어느 곳도 섬이 아닌 이상, 북쪽이 바다로 막힌 지형은 없다. 그렇게 본다면 이 임나는 대마도인가? 방향만 본다면 대마도보다는 오히려 거제도가 더 유력해 보인다. 즉 대마도는 경주의 서남방이라기 보다는 정남방에 가깝다.

그런데 이 문장은 임나 당시, 즉 5~6세기의 그것이 아니고 8세기의 그것으로 보인다.

우선 첫머리의 '任那者(임나자)'의 '者(자)'라는 한자는 주격조사, 즉 한국어의 '~은, 는'을 나타내는 용도로 사용되었다. 이것은 중국에서의 용법이 아니라, 8세기 일본에서 주격조사 'は(파)'를 표기하는 용도로 즐겨 사용된 바 있다. 『만엽집』에 흔하게 보인다.

다음에 보이는 '축자국(筑紫國)'의 '국(國)'도 7세기 말쯤의 표기이다. 그리고 신라를 '계림'이라 하였는데, 이 또한 『일본서기』로서는 아주 이례적인 표기이다. 통상적으로 '新羅(시라키)'로 표기하였던 것이다.

따라서 이 기록은 임나 당시가 아니라, 최소한 7세기 말 이후에 작성된 것이 분명하다. 이를 절대시하여 임나를 대마도로 단정하는 것은 무리이다.

여기서의 '임나' 또한 총칭이 아니라, 개별적인 하나의 나라인 것이 분명한데, 방향이나 거리로 보면 김해의 금관가야를 가리키는 의도로 보인다. 원래 임나는 금관가야였기 때문이기도 하다.

그리고 대마도는 7~8세기에도 지금과 마찬가지로 일본의 영토였다. 『일본서기』 후세 변작자가 엄청난 공력을 소비하여, 방대한 분량의 임나일본부 기사를 창작, 개필하였는데, 그것이 고작 대마도에 일본의 속국이 있었다는 것을 자랑하기 위한 목적이었을까?

그렇게 볼 수는 없다. 한국의 영토에 일본의 속국 혹은 식민지 '임나일본부'가 있었다는 것을 만천하에 선전하려 하였던 목적인 것이 분명하다. 즉 임나는 대마도가 아니다.

이렇게 볼 때, 일본의 곳곳에서 가야 계통의 지명을 찾아내고는, 그곳에 임나가 있었다고 하는 주장도 타당성이 전혀 없다.

지명에는 없는 「임나」

일본에는 '가야'나 '가라', 아라가야를 의미하는 '아야' 등의 지명이 무수하게 있었고, 지금도 엄청나게 많이 남아있다. 다 합하면 수백 곳이다. '백제(쿠다라)'는 고작 수십여 곳에 불과한데, 그보다 열배도 넘는다.

그러나 '임나(미마나)'라는 지명은 단 한곳도 없다. 따라서 고대 일본의 민중들은 일반적으로 가야를 '가라' 혹은 '가야'라고 하였지, '미마나'라고 부르지는 않았던 모양이다.

한국에도 '가야산'이나 '가락동' 등의 가야 계통 지명은 십여곳이 있지만, '임나'나 '니마나', '미마나', 이런 지명은 전혀 없다. 그리고 앞서 보았듯이, 고대의 기록에도 임나는 광개토대왕 비문 등 3곳의 기록에만 보일 뿐이다.

이런 사정을 종합하여 보면, '임나'라는 국명은 고대 한국이나 일본에서 민중들이 일반적으로 사용하는 국명 혹은 지명은 아니었던 모양이다. 일상적으로는 사용하지 않고, 글을 지을 때에나 사용하는 일종의 '문어(文語)' 혹은 문헌어가 아니었을까? 마치 신라를 의미하는 '계림'도 국호이지만, 일반 민중들은 사용하지 않고 문사들만 사용하였던 것처럼.

그렇지만 『일본서기』에는 가야나 가라는 예외적인 명칭이고, '임나'를 아무런 구별없이 여기저기, 종횡무진 사용한 것을 알 수 있다.

4장 ─────

결론

사료의 세계에서 축출되어야 할 임나일본부

『일본서기』는 시조부터 37대 제명까지 37명의 왕을 창작하여, 허구의 역사를 날조해 내었다. 5세기에는 가야가, 6세기부터는 백제가 왜를 지배한 사실을 숨기기 위한 목적이었다.

『일본서기』의 임나일본부 기사는 원본에는 없던 것을, 후세의 누군가가 창작하여 개필한 것이다. 원본에 있었다면, 비슷한 시대의 다른 기록에도 보여야 마땅하지만 전혀 그렇지 않다.

그런데 『천년사』는 임나일본부 기사를 구성하는 개개의 사건들을 대부분 역사적 사실로 수용하고는, 주어를 왜에서 백제로 바꾸는 등의 사료비판이라는 명목의 '조작'을 가하여, 우리의 고대사로 편입하였다. 그리고 이에 기반하여 지명 비정을 시도하였다.

물론 이 지명 자체는 창작이 아니다. 백제 사서에 나오는 실존 지명일 것이다. 그러나 『일본서기』의 변작자가 이들 실존 지명을 창작설화의 이곳저곳에 적당하게 배치하여 둔 것이므로, 그곳이 어디인지 알 수 있는 방법은 전혀 없다. 백제나 가야의 인명도 전혀 다를 바 없다.

『일본서기』의 임나일본부 기사는 원본에도 없던 후세의 창작소설이므로, 거기에서 역사적 진실을 찾을 수는 없다. 아무리 엄중하게 비판을 가한다 하더라도 원천적으로 불가능한 일이다. 이는 사료의 세계에서 축출하고 폐기하여야 마땅하다.

『일본서기』는 99.99%가 맹독(猛毒)

『일본서기』를 독을 가진 복어에 비유한 견해가 있다. 복어를 그냥 먹으면 맹독으로 사람이 죽게 되지만, 독을 제거하면 맛있는 요리가 되는 것처럼, 『일본서기』도 엄중한 비판을 거친 후 잘 해석하면 한국의 고대사를 복원하는 자료로 사용할 수 있다고 한다.

그러나 『일본서기』라는 복어는 일반 복어와는 달리, 독성분이 최소한으로 잡아도 99.99%나 되는 어마어마한 양이다. 일반 복어는 피와 알 등을 제거하면 되고, 살에는 독이 없다. 그러나 『일본서기』 복어는 살 덩어리마저도 대부분이 맹독이다.

독성분의 틈새에 숨어있는 0.01%의 역사적 진실. 여기에는 여러 왕자와 아직기, 왕인 등의 학자, 승려, 관료, 기술자들의 도왜 기사가 해당된다. 그리고 불교 전파, 성왕의 전사 등의 몇몇 기사도 포함된다.

앞서 성왕의 불교 전파에 관하여 본 바 있다. 성왕이 왜왕에게 불교를 전파하라고 강하고 단호한 어투로 「명령」하였던 것이 역사적 진실이지만, 『일본서기』에는 성왕이 신하의 예를 갖추어 지극히 공손하게 「애원」한 것으로 되어있다. 『일본서기』의 맹독은 이처럼 아주 교묘하기까지 하여, 사람들로 하여금 쉽게 속아 넘어가게 만든다.

후세의 변작인 임나일본부 기사는 맹독 성분이 가장 강한 부분이다. 왜왕이 백제에게, 이곳저곳의 땅을 마치 주머니 속의 장난감처럼 몇 번이나 하사하였던 것을 보라.

고대에 가야와 이어서 백제가 왜를 지배하였으므로, 그에 대한 열등감에서 우러나온 「조선멸시사관」의 발로인 것이 분명하다. 그리하여 고대에 왜가 조선을 지배하였으면 얼마나 좋았을까라는 「I wish」에 기반하여 온갖 소설을 창작하였던 것이다.

맹독 성분이 가장 강한 『일본서기』의 임나일본부 기사는 전혀 먹을 수 없고 전부를 폐기처분하여야 한다. 단 하나의 역사적 진실도 들어있지 아니하므로, 사료의 세계에서 완전하게 축출하여야 한다.

『천년사』의 임나일본부 관련 기사와 지명비정 부분도 마찬가지이다.

참고문헌

필자가 읽고 참고한 논문과 단행본은 무수하게 많으나 전부를 소개할 수가 없어, 개별논문은
　생략하고, 단행본 중에서 중요하다고 생각되는 문헌을 추려서 소개하는 정도로 그친다.

■ 일본의 고전 및 연구서

山口佳紀, 神野志隆光 校注(2009) 『古事記』 小學館

西郷信綱(1989) 『古事記注釋(1~4)』 平凡社

倉野憲司(1979) 『古事記全釋(1~7)』 三省堂

盧成煥 역주(1991) 『古事記(상.중.하)』 예진

권오엽·권정 옮김(2007) 『일본 고사기(상.중.하)』 고주원

小島憲之·直木孝次郎·西宮一民·藏中進·毛利正守 校注(2006) 『日本書紀(1~3)』 小學館

坂本太郎·家永三郎·井上光貞·大野 晋 校注(1975) 『日本書紀(上.下)』 岩波書店

飯田武郷(1930) 『日本書紀 通釋(1~5)』 內外書籍

田溶新(2005) 『完譯 日本書紀』 一志社

小島憲之·木下正俊·東野治之 校注(2006) 『萬葉集(1~4)』 小學館

伊藤 博(1996) 『萬葉集釋注(1~11)』 集英社

窪田空穗(1985) 『萬葉集評釋(1~11)』 東京堂出版

阿蘇瑞枝(2007) 『萬葉集 全歌講義(1.2)』 笠間書院

植垣節也 校注(2006) 『風土記』 小學館

秋本吉郎 校注(1979) 『風土記』 岩波書店

小澤正夫·松田成穗 校注(2010) 『古今和歌集』 小學館

青木和夫·稻岡耕二·笹山晴生·白藤禮幸 校注(1998) 『續日本記(1~5)』 岩波書店

이근우(2009) 역 『속일본기(1~4)』 지식을 만드는 지식

井上光貞·關 晃·土田直鎭·青木和夫(1976) 校注 『律令』 岩波書店

出雲路修 校注(2007) 『日本靈異記』 岩波書店

기타바타케 지카후사 지음 남기학 옮김(2008) 『신황정통기』 소명출판

中村幸弘·遠藤和夫 共著(2014) 『「古語拾遺」を讀む』 右文書院

西宮一民 校注(2017) 『古語拾遺』 岩波書店

栗田 寬(1965) 『新撰姓氏錄考證(上.下)』 臨川書店

佐佰有淸(1971) 『新撰姓氏錄の研究(研究編)』 吉川弘文館

　　〃　　(2007) 『新撰姓氏錄の研究(本文編·考證編(1~6)』 〃

粕谷興紀 注解(2018) 『延喜式祝詞』 和泉書院

青木紀元(2000) 『祝詞全評釋』 右文書院

■ 한국과 중국의 고전 및 연구서

李丙燾 譯註(1987) 『三國史記(上.下)』 을유문화사

고전연구실(1958) 『삼국사기(상.하)』 아름

李丙燾 譯(1972) 『三國遺事』 大洋書籍

李民樹 譯(1987) 『三國遺事』 을유문화사

三品彰英 外(1975) 『三國遺事考證(上.中.下)』 塙書房

藤堂明保·竹田晃·影山輝國 譯(1993)『倭國傳』學習研究社

森 浩一(1989)『倭人傳の世界』小學館

鳥越憲三郎(2007)『中國正史 倭人 倭國傳 全釋』中央公論新社

山尾幸久(1981)『魏志 倭人傳』講談社

金在松·彭久松(2000)『原文 東夷傳』서문문화사

김재선·엄애경·이경 역편(1999)『한글 동이전』 〃

李乙浩 譯(1979)『海東諸國記·看羊錄』大洋書籍

신용호·임정기·이승창·이재수·양홍열·성백효·신승운 주해(2004)『해동제국기』범우사

■ 일본에 남은 백제

金達壽(1973)『日本の中の朝鮮文化(1~11)』講談社

김달수 저·오문영·김일형 편역(1993)『일본열도에 흐르는 한국혼』동아일보사

김달수 著 배석주 譯(2002)『일본 속의 한국문화 유적을 찾아서(1~3)』대원사

段熙麟(1976)『日本に殘る古代朝鮮〈近畿編〉』創元社

金正柱 編(1962)『韓來文化の後榮(上.中.下)』韓國資料研究所

　　〃 　(1968)『九州と韓人 古代編』 〃

今井啓一(1969)『歸化人と社寺』綜藝舍

　　〃 　(1969)『歸化人』 〃

　　〃 　(〃)『百濟王 敬福』 〃

　　〃 　(1972)『歸化人の研究(總說編)』 〃

　　〃 　(1984)『歸化人の研究(鷄肋編)』 〃

平野神社(1993)『平野神社史』平野神社事務所

大坪秀敏(2008)『百濟王氏と古代日本』雄山閣

石原進·丸山龍平(1984)『古代近江の朝鮮』新人物往來社

權又根(1988)『古代日本と朝鮮渡來人』雄山閣

網干善教·井上秀雄·金正柱·齊藤 忠·芳賀 登(1982)『日本にきた韓國文化』學生社

司馬遼太郎·上田正昭·金達壽 編(1975)『日本の渡來文化』中央公論社

井上秀雄 編(1979)『日本古代文化の故鄉』大和出版

李夕湖(1984)『百濟は語る 古代日本文化のふるさと』講談社

홍윤기(2008)『일본 속의 백제 구다라(百濟)』한누리미디어

　　〃 　(2009)『일본 속의 백제 나라(奈良)』 〃

　　〃 　(2010)『백제는 큰나라』 〃

　　〃 　(1995)『한국인이 만든 일본 국보』문학세계사

송형섭(1995)『일본 속의 백제문화』도서출판 흔겨레

임동권(2004)『일본에 살아있는 백제문화』주류성

　　〃 　(2005)『日本 안의 百濟文化』민속원

■ 백제와 왜

이원희(2020)『천황가의 기원은 백제 부여씨』주류성

　　〃 　(2022)『속국 왜국에서 독립국 일본으로』 〃

江上波夫·上田正昭 編(1973)『日本古代文化の成立』每日新聞社

旗田 巍·森 浩一 他(1975)『日本文化と朝鮮(第2集)』新人物往來社
齊藤 忠(1981)『古代朝鮮文化と日本』東京大學出版會
全浩天(1991)『朝鮮からみた古代日本』未來社
森 公章(1998)『白村江以後』講談社
上田正昭(2018)『渡來の古代史』角川書店
충남대학교 백제연구소 편(2003)『古代 東亞細亞와 百濟』서경
중앙문화재연구원 편(2012)『마한·백제인들의 일본열도 이주와 교류』서경문화사
한성백제박물관 편(2015)『한국사 속의 백제와 왜』한성백제박물관
서울특별시사편찬위원회 편(2008)『漢城百濟史 4 대외관계와 문물교류』한신대학교 학술원 편
한신대학교 학술원 편(2006)『백제 생산기술과 유통의 정치사회적 함의』
충남대학교 백제연구소 편(2010)『고대 동아시아 궁성의 후원』
충청남도역사문화연구원 편(2008)『대백제국의 국제교류사』

■ 왜 5왕
坂元義種(1978)『古代東アジアの日本との朝鮮』吉川弘文館
　〃　(1981)『倭の五王』教育社
原島禮二(1971)『倭の五王とその前後』塙書房
原島禮二·石部正志·今井 堯·川口勝康(1983)『巨大古墳と倭の五王』青木書店
藤間生大(1993)『倭の五王』岩波書店
鈴木英夫(1996)『古代の倭國と朝鮮諸國』青木書店
森 公章(2010)『倭の五王』山川出版社
홍성화(2019)『왜 5왕』살림

■ 고대 일본의 불교와 성덕태자
末木文美士 編(2010)『日本佛教の礎』佼成出版社
櫻井德太郎·萩原龍夫·宮田登(1975)『寺社緣起』岩波書店
田村圓澄(1987)『古代朝鮮と日本佛教』講談社
太田博太郎(1979)『南都七大寺の歷史と年表』岩波書店
木下正史(2007)『飛鳥 幻の寺, 大官大寺の迷』角川書店
狩野久 編(2000)『古代寺院』吉川弘文館
　〃　(1973)『夢前觀音と百濟觀音』岩波書店
森下惠介(2016)『大安寺の歷史を探る』東方出版
大山誠一(2008)『〈聖德太子〉の誕生』吉川弘文館
　〃　(2011)『日本書紀の謎と聖德太子』〃
東野治之(2017)『聖德太子』岩波書店
　〃　(2015)『上宮聖德法王帝說』〃
이윤옥(2020)『일본불교를 세운 고대 한국 승려들』운주사

■ 천황릉
水野正好ほか 編(1994)『「天皇陵」總攬』新人物往來社
茂木雅博(1996)『天皇陵の研究』同成社

        〃　　(2002)『日本史中の天皇陵』慶友社
堀田啓一(2001)『日本古代の陵墓』吉川弘文館
外池 昇(2007)『天皇陵論-聖域か文化財か-』新人物往來社
        〃　　(2012)『天皇陵の誕生』祥伝社
        〃　　(2016)『檢證 天皇陵』山川出版社
陵墓限定公開20回記念シンポジウム實行委員會 編(2000)『日本の古墳と天皇陵』同成社
今井 堯(2009)『天皇陵の解明』新泉社
日本史研究會·京都民科歷史部會 編(1995)『陵墓からみた日本史』青木書店
高木博志·山田邦和 編(2011)『歷史のなかの天皇凌』思文閣出版
森 浩一(2001)『天皇陵古墳』大巧社
        〃　　(2016)『天皇陵への疑惑』新泉社
白石太一郎 編(2012)『天皇陵古墳を考へる』學生社
大塚初重(2015)『古代天皇陵の謎を追う』新日本出版社
矢澤高太郎(2016)『天皇陵の謎』文藝春秋
石部正志·藤田友治·古田武彦 編(1993)『天皇陵を發掘せよ』三一新書
編輯部(2016)『天皇陵』洋泉社

■ 고고학
白石太一郎(2000)『古墳と古墳群の研究』塙書房
        〃　　(2007)『近畿の 古墳と古代史』學生社
        〃　　(2009)『考古學からみた倭國』青木書店
        〃　　(2013)『古墳からみた倭國の形成と展開』敬文社
田中晋作(2001)『百舌鳥·古市古墳群の研究』學生社
        〃　　(2009)『筒形銅器と政權交替』〃
藤田和尊(2006)『古墳時代の王權と軍事』〃
西谷 正(2014)『古代日本と朝鮮半島の交流史』同成社
        〃　　(2017)『北東アジアの中の古墳文化』梓書院
大阪府立近つ飛鳥博物館(2001)『百舌鳥·古市大古墳群展』
        〃　　　　(2004)『百舌鳥·古市大の陵墓古墳』
        〃　　　　(2006)『應神大王の時代』
堺市博物館(2012)『仁德陵古墳築造』
江上波夫(2006)『騎馬民族國家』中央公論社
奥野正男(1992)『大和王權は統一國家ではなかった』JICC
大塚初重·吉村武彦 編(2003)『古墳時代の日本列島』青木書店
右島和夫·千賀久(2011)『古墳時代』河西出版社
江上波夫(2006)『騎馬民族國家』中公新書
東 潮(2022)『倭と加耶』朝日新聞出版
국립공주박물관(2001)『백제 사마왕』
        〃　　(2011)『무령왕릉을 격물하다』
최성락(2018)『영산강유역 고대사회의 형성과정 연구』주류성
마한연구원 편(2020)『장고분의 피장자와 축조배경』학연문화사

高田貫太(2019)『異形の古墳』角川選書

朝鮮學會 編(2002)『前方後圓墳と古代日朝關係』同成社

小田富士雄 編(1988)『沖ノ島と古代祭祀』吉川弘文館

金宇大(2017)『金工品から讀む古代朝鮮と倭』京都大學學術出版會

高田貫太(2014)『古墳時代の日朝關係』吉川弘文館

酒井清治(2013)『土器からみた古墳時代の日韓關係』同成社

大阪市文化財協會 編(2008)『大阪遺蹟』創元社

이한상(2016)『삼국시대 장식대도 문화연구』서경문화사

土田純子(2014)『百濟土器 東아시아 交叉編年 연구』 〃

박천수(2018)『가야문명사』진인진 『

국립중앙박물관(2019)『가야 본성, 칼과 현』

김석형(1988)『고대한일관계사』한마당

조희승(1995)『일본에서 조선 소국의 형성과 발전』도서출판 민족문화

■ 일본고대사

이원희(2020)『천황가의 기원은 백제 부여씨』주류성

　　〃 　(2022)『속국 왜국에서 독립국 일본으로』 〃

大和岩雄(2009)『日本にあった朝鮮王國』大和書房

　　〃 　(2010)『秦氏の研究』 〃

上田正昭(1998)『論究·古代史と東アジア』岩波書店

　　〃 　(2012)『私の日本古代史(上.下)』新潮社

　　〃 　(2015)『古代の日本と東アジアの新研究』藤原書店

福永光司(1987)『道教と古代日本』人文書院

高橋 徹(1991)『道教と日本の宮都』 〃

網干善教(1996)『飛鳥の風土と歴史』關西大學 出版部

前田晴人(2006)『三輪山』學生社

沖森卓也·佐藤 信·矢嶋 泉(2000)『藤氏家傳 注釋と研究』吉川弘文館

세키네 히데유키(2020)『일본인의 형성과 한반도 도래인』경인문화사

김현구·박현숙·우재병·이재석(2002)『일본서기 한국관계기사 연구(1~3)』

■ 금석문과 목간

山田孝雄·香取秀眞 編(1968)『古京遺文』勉誠社

上代文獻を讀む會 編(1989)『古京遺文注釋』櫻楓社

竹内理三(1965) 編『寧樂遺文(上.中.下)』東京堂出版

濟藤 忠(1983) 編『古代朝鮮日本金石文資料集成』吉川弘文館

木崎愛吉(1921) 編『大日本金石文』好尙會出版部

東野治之(1994)『書の古代史』岩波書店

　　〃 　(1987)『古代日本木簡の研究』塙書房

　　〃 　(2005)『日本古代史料學』岩波書店

荊木美行(2014)『金石文と古代史料の研究』燃燒社

國立歷史民俗博物館, 平川南 編(2014)『古代日本と古代朝鮮の文字文化交流』大修館書店

吉田 晶(2001)『七支刀の謎を解く』新日本出版社

藤井 稔(2000)『石上神宮の七支刀と菅政友』吉川弘文館

宮岐市定(1983)『謎の七支刀』中央公論社

沖森卓也・佐藤 信(1994)『上代木簡資料集成』おうふう

蘇鎭轍(2004)『金石文으로 본 百濟 武寧王의 세상』원광대학교 출판국

권인한·김경호·윤선태 공편(2015)『한국고대 문자자료연구(백제 상·하)』주류성

토노 하루유키 著·이용현 譯(2008)『목간이 들려주는 일본의 고대』 〃

윤선태(2007)『목간이 들려주는 백제 이야기』 〃

김창호(2007)『고신라 금석문의 연구』서경문화사

   〃   (2009)『삼국시대 금석문 연구』 〃

주보돈(2002)『금석문과 신라사』지식산업사

윤선태(2012)『신라 최고의 금석문 포항 중성리비와 냉수리 비』주류성

한국역사연구회 고대사분과 편(2004)『고대로부터의 통신』푸른역사

이경섭(2013)『신라 목간의 세계』景仁文化社

권인한·김경호·이승률 편(2010)『죽간·목간에 담긴 고대 동아시아』성균관대학교 출판부

■ 이나리야마(稻荷山) 고분 철검의 「확가다지로(獲加多支鹵) 대왕」

上田正昭・申敬澈・大塚初重 外 (2001)『稻荷山古墳の鐵劍を見直す』學生社

齊藤忠・大塚初重(1980)『稻荷山古墳と埼玉古墳群』三一書房

橋本博文 外(2003)『ワカタケル大王とその時代』山川出版社

高橋一夫(2006)『鐵劍銘――五文字の謎に迫る』新泉社

白石太一郎・李尙律 外(2016)『騎馬文化と古代のイノベーション』KADOKAWA

大塚初重(2013)『古墳と被藏者の謎にせる』祥傳社

김두철 외(1999)『韓國의 馬具』한국마사회

金斗喆 外(2004)『古代東アジアにおける倭と加耶の交流』國立歷史民俗博物館

白石太一郎(2001)『東アジアと江田船山古墳』雄山閣

■ 한국, 일본의 신화와 大嘗祭

三品彰英(1980)『日鮮神話傳說の研究』平凡社

   〃   (1973)『古代祭政と穀靈信仰』 〃

松前 健(1970)『日本神話の形成』塙書房

   〃   (2001)『古代王權の神話學』雄山閣

   〃   (2016)『神神の系譜』吉川弘文館

大林太郎(1986)『神話の系譜』靑土社

肥後和男(1971)『日本神話傳承』雪華社

大山誠一(2007)『神話と天皇』平凡社

新谷尙紀(2013)『伊勢神宮と三種の神器』講談社

櫻井德太郎(1979)『日本のシャマニズム(上)』吉川弘文館

     〃   (2002)『民間信仰』塙書房

伊藤唯眞(2001)『日本人と民俗信仰』法藏館

福田アジオ・宮田登 編(1983)『日本民俗學概論』吉川弘文館

福田アジオ·新谷尙紀·湯川洋司·神田より子·中込睦子·渡邊欣雄(2000)『日本民俗大辭典(上.下)』吉川弘文館

西野儀一郎(1976)『古代日本と伊勢神宮』新人物往來社

前田憲二(2015)『祭祀と異界』現代書館

伊藤淸司·大林太郎(1977)『日本神話硏究 2. 國生み神話, 高天原神話』學生社

皇學館大學神道硏究所 編(1978)『大嘗祭の硏究』皇學館大學出版部

にひなめ硏究會 編(1978)『新嘗の硏究(1, 2)』學生社

阪橋隆司(1983)『踐祚大嘗祭と古事記』大塚書店

松前 健(1990)『古代傳承と宮廷祭祀』塙書房

平野孝國(1986)『大嘗祭の構造』ペリカン社

井上光貞(2009)『日本古代の王權と祭祀』東京大學出版會

工藤 隆(2017)『大嘗祭』中央公論社

土橋 寬·小西甚一 校注(1979)『古代歌謠集』岩波書店

이규보 씀 김상훈·류희정 옮김(2004)『동명왕의 노래』보리

金烈圭(1977)『韓國神話와 巫俗硏究』一潮閣

최광식(2006)『백제의 신화와 제의』주류성

한국여신학자협의회 한국여신상연구반 편(1992)『한국 민간신앙에 나타난 여신상에 대한 여성신학적 조명』여성신학사

황패강(1996)『日本神話의 硏究』지식산업사

朴時仁(1989)『日本神話』探究堂

남성호(2010)『일본 민속예능 춤추는 神 연구』어문학사

윤광봉(2009)『일본 神道와 가구라 神樂』태학사

무라야마 지준(村山智順) 지음 박호원 옮김(2016)『부락제(部落祭)』민속원

朴桂弘(1984)『比較民俗學』螢雪出版社

     〃   (1993)『韓國民俗硏究』 〃

최길성(1989)『한국민간신앙의 연구』계명대학교 출판부

金東旭·崔仁鶴·崔吉城·金光彦·崔來玉(2005)『韓國民俗學』새문社

임동권(2002)『대장군 신앙의 연구』민속원

     〃   (2004)『한국에서 본 일본의 민속문화』 〃

■ 지명

編纂委員會(1980년대)『角川日本地名大辭典(1~51)』角川書店

角川文化振興財團編(2000)『古代地名大辭典』 〃

吉田東伍(1992)『大日本地名辭書(1~6)』富山房

日本地名學硏究所編(1984)『大和地名大辭典(正.續 合本)』名著普及會

        〃   (1998)『大和古代地名辭典』五月書房

德久球雄·石井光造·武內 正(2004)『日本山名事典』三省堂

池 邊彌(1972)『和名類聚抄 鄕名考證』吉川弘文館

金澤庄三郎(1943)『日鮮同祖論』凡東洋社

     〃   (1985)『日韓古地名の硏究』草風館

加藤謙吉·關 和彦·遠山美都男·仁藤敦史·前之園亮一(2007)『日本古代史地名事典』雄山閣

吉田茂樹(1993)『日本歷史地名事典』新人物往來社
山中襄太(1976)『地名語源辭典』校倉書房
李鍾徹(2015)『日本地名에 反映된 韓系語源 再考』국학자료원
최선웅·민병준(2018)『해설 대동여지도』진선출판사
이병선(1987)『任那國과 對馬島』아세아문화사
　　〃　(1996)『日本古代地名硏究』〃

■ 고대 일본어
이원희(2015)『일본 천황과 귀족의 백제어』주류성
　　〃　(2018)『일본열도의 백제어』〃
沖森卓也(2005)『日本語の誕生』吉川弘文館
　　　〃　(2009)『日本古代の文字と表記』吉川弘文館
橋本進吉(1986)『國語音韻の硏究』岩波書店
馬淵和夫(1999)『古代日本語の姿』武藏野書院
岩井良雄(1971)『日本語法史 奈良. 平安時代編』笠間書院
권경애(2014)『고대일본어의 음 탈락 연구』제이엔씨

■ 어학사전류
編輯部(2003)『日本國語大辭典 (1~13)』小學館
大槻文彦(1935)『大言海(1~4)』富山房
中田祝夫·和田利政·北原保雄(1983)『古語大辭典』小學館
丸山林平(1967)『上代語辭典』明治書院
大野 晋·佐竹昭光·前田金五郎(2002)『岩波古語辭典』岩波書店
平山輝男 外(1994)『現代日本語方言大辭典(1~8)』明治書院
德川宗賢·佐藤亮一(1989)『日本方言大辭典(上.中.下)』小學館
佐藤亮一(2004)『標準語引き日本方言辭典』小學館
　　　〃　(2009)『都道府縣別 全國方言辭典』三省堂
東條 操(2010)『全國方言辭典』東京堂出版
中井幸比古(2003)『京都府方言辭典』和泉書院
남광우(2005)『古語辭典』교학사
劉昌惇(2000)『李朝語辭典』연세대학교 출판부
배대온(2003)『歷代 이두사전』형설출판사
김병제(1995)『방언사전』한국문화사
崔鶴根(1978)『韓國方言辭典』현문사
오쿠라 신페이(2009)『조선어방언사전』한국문화사
이기갑(1998)『전남방언사전』태학사
이상규(2000)『경북방언사전』　〃
(사)경남방언연구보존회(2017)『경남방언사전(상, 하)』경상남도
송상조(2008)『제주말 큰사전』한국문화사

■ 고대, 중세한국어, 방언

허웅(2001)『국어음운학』샘문화사

李基文·金鎭宇·李相億(1987)『國語音韻論』學硏社

　　　〃　　　　(1985)『訓蒙字會硏究』서울大學校 出版部

　　　〃　　　　(1991)『國語語彙史硏究』동아출판사

劉昌惇(1973)『語彙史硏究』선명문화사

金鎭奎(1993)『訓蒙字會 語彙硏究』螢雪出版社

申景澈(1993)『國語 字釋 硏究』太學社

안병호(1984)『계림류사와 고려시기 조선어』민족문화사

姜信沆(1995)『朝鮮館譯語硏究』成均館大學校出版部

金亨柱(1991)『國語史硏究』東亞大學校出版部

千素英(1990)『古代國語의 語彙硏究』高麗大學校 民族文化硏究所

천소영(2000)『우리말의 속살』창해

兪昌均(1996)『鄕歌批解』螢雪出版社

류렬(2004)『향가연구』박이정

金完鎭(2008)『鄕歌解讀法硏究』서운대학교출판부

李鍾徹(1983)『鄕歌와 萬葉集歌의 表記法 比較硏究』集文堂

김정대(2007)『경남 창원 지역의 언어와 생활』태학사

　〃　(2009)『경남 창녕 지역의 언어와 생활』〃

이기갑(　〃　)『전남 진도지역의 언어와 생활』〃

■ 한자음

周法高·張日昇·徐芷儀·林潔明(1982)『漢字古今音彙』

香港中文大學出版社

藤堂明保(1967)『漢字語源辭典』學燈社

Bernhard Karlgren(1975)『漢字古音辭典(Analytic Dictionary of Chinese and Sino-Japanese)』

　　　亞細亞文化社

兪昌均(1991)『삼국시대의 漢字音』民音社

南光祐(1973)『朝鮮(李朝)漢字音硏究』一潮閣

김무림(2015)『고대국어 한자음』한국문화사

이승재(2013)『漢字音으로 본 백제어 자음체계』태학사

이경철(2004)『한일 한자음 체계의 비교연구』보고사

　〃　(2013)『日本漢字音의 理解』책사랑

沼本克明 著·金正彬 譯(2008)『한국인을 위한 일본 한자음의 역사』한국 학술원

『일본서기』는 위서僞書다
− 백제의 왜국 통치 −

지은이 | 이원희
펴낸이 | 최병식
펴낸날 | 2024년 5월 20일
펴낸곳 | 주류성출판사
서울특별시 서초구 강남대로 435
TEL | 02-3481-1024 (대표전화) • FAX | 02-3482-0656
www.juluesung.co.kr | juluesung@daum.net

값 25,000원
잘못된 책은 교환해 드립니다.

ISBN 978-89-6246-532-7   03910